本书由郑州电力职业技术学院资助出版

赓续·转化

唐代至近代国民素质与素质文化演进

单培勇　著

人民出版社

前　　言

在中国国民素质发展的历史进程中，唐代至近代由高峰到低谷的素质发展变化及其中内涵的观念性变革，反映了不同历史时期的社会发展态势及其水平对国民素质发展的不同影响。而不同历史时期国民素质的发展水平，映射了当时精神生产的深度和广度。因此，历史发展与国民素质发展之间存在着必然、本质的关系。

人既是实践的存在，又是文化的存在。这两个命题告诉我们，实践的人与文化的人，不是自然形成的，而是作为实践主体与文化主体，通过实践不断提升自身素质的文化生成。因而研究素质文化问题，把素质文化摆在国民素质研究领域的前沿位置，就显得非常重要和迫切。进入 21 世纪，明确提出素质文化研究问题，强调素质文化是素质教育研究的重要领域，并从人类社会发展中形成的民族智慧和民族精神在国民素质发展方面的文化积淀与个体素质发展的有机结合中，对素质文化的内涵进行了初步提炼①。之后，我们又提出素质文化学建构问题，认为素质文化学以人通过文化创造、文化引领来规范素质发展价值观念与思维方式为研究对象，是一门研究影响国民素质发展的文化的表现

---

① 单培勇：《国民素质文化：国民素质教育研究的重要领域》，《河南师范大学学报》（哲学社会科学版）2001 年第 3 期。

形态、发展规律的学问①。为使素质文化学建构的可能性、必要性在学理上得到确证，我们出版了《国民素质发展路径选择与素质文化学建构》一书，从当代国民素质发展路径选择的维度为素质文化学建构提供实践依据。而从历史的维度即国民素质发展的历史验证意义上为素质文化学建构提供实证基础，是我们的研究旨归。

本书围绕不同历史时期国民对儒道佛文化、商品文化、市民文化、民俗文化和革命文化的认同、内化和外化实践，由观念主体转化为素质实体展开研究。既呈现出一种跨学科的理论研究样式，又表现出历史性的素质文化阐释逻辑。以此为依据，为素质文化学建构研究得出合乎历史逻辑的结论，将是我们的研究任务。

"在当代文化理论各分支中，尽管彼此存在着许多歧义甚至对立，但是他们明显有着这样一个共识，即当代社会已经进入到一个轻生产逻辑而重文化逻辑的发展阶段"②，强烈地表达出文化在推动全民族文明素质提高中的作用亟待加强的价值诉求。进而言之，我们今天愈加处在一个由文化所塑造的国民素质外化的世界之中，弘扬中华优秀传统文化，用中华民族创造的一切精神财富来以文化人、以文育人，形成了以历史纵深感和现实迫切感推进国民素质发展的维度；建设社会主义核心价值体系，培育和践行社会主义核心价值观，形成了以中华优秀传统文化创造性转化、创新性发展解决现时代国民素质文化与经济社会发展不相适应问题的维度；新时代国民素质发展深受中华优秀传统文化的熏陶浸染，其表现形态必然携带着中华优秀传统文化的基因，而中华优秀传统文化资源，尽管与当下社会情境和生活境遇有诸多不同，但这些不同之处都是通过时空差异显现出来的，长期发展创新所积淀的文化精神及传承下来的价值理念、道德规范和行为准则，对于提升国民素质文明水平仍有着滋养功效，形成了以继承中华优秀传统文化推进国民文明素质明显提高的维度。这一切，既

---

① 单培勇：《国民素质文化学：国民素质均衡发展需要的学理建构》，《上海师范大学学报》（哲学社会科学版）2014 年第 2 期。

② 欧阳谦：《当代文化理论与社会转型问题》，《社会科学战线》2017 年第 1 期。

反映着新时代文化发展的逻辑关系，又为国民素质研究领域带来了理论活力。

本书由单培勇负责全书的主体框架设计和定稿，并撰写引论、第六章；单一飞撰写第一章；王若飞撰写第二章的第一节、第二节；刘奇征撰写第二章的第三节、第三章、第四章；高居家撰写第五章。

本书撰写与成书得到了国际著名教育学家、美国密西根大学教授、香港中文大学客座教授、北京大学客座教授杜祖贻先生亲历指导，并为本书框架与内容提出了一些调整、修订和增益。为此，我们谨表谢忱！

概而言之，中华传统素质文化研究的构想旨在彰显民族性、推进国民素质向现代文明转型，并进一步说明文化是推动国民素质发展的强大力量，推进国民素质发展是素质文化的价值旨归。

单培勇

2019 年 7 月 20 日

目　录

引　论

国民素质的提高是国家发展的永恒主题。国民素质发展是一个综合性问题，既受政治、经济的作用与影响，又被文化所塑造。因此，提高国民素质发展水平，一直是历代政治家、思想家和教育家孜孜以求的问题，他们"仁者见之谓之仁，知者见之谓之知"，从不同的立场或视角提出了诸多见解，形成了自成系统的学说。然而，从总体上看，对唐代至近代国民素质发展规律研究较少，从素质文化的意义上以国民素质发展问题进行研究者更少，因而对此有待深化研究。

一、关于国民素质的定义

我国思想界把国民素质作为独立问题提出并加以研究，是从近现代社会转型期间严复、梁启超、陈独秀、鲁迅等人开始的。正如梁启超所认为的，"处各国以民族主义立国之今日，民弱者国弱，民强者国强"①。而国强则取决于国民素质的全面提高，"凡一国强弱兴废，全系于国民之智识与能力。而智识、能力之进退增减，全系于国民之思想。思想之高下通塞，全系国民之习惯与所信仰"②。对此，严复提出，要提高国民素质，必须增民力、开民智、新民德，

---

① 梁启超：《新民说》，《梁启超全集》第 2 册，北京出版社 1999 年版，第 663 页。
② 梁启超：《论支那宗教改革》，《梁启超全集》第 1 册，北京出版社 1999 年版，第 263 页。

"至于其本，则亦于民智、民力、民德三者加之意而已。是使民智日开，民力日奋，民德日和，则上虽不治其标，而标将自立"①。进而强调，"言教人之术也，以浚智慧、练体力、厉修德三者为之纲"②。由此明确了国民素质问题是国家强弱的本源问题，"民德、民智、民力"问题是提高国民素质的主要问题。之后，陈独秀、鲁迅等人高举"新民"思想的旗帜，在继续开展对国民劣根性批判的基础上，进而提出"立人""树人"的思想，以确立新型的现代价值观、伦理道德观。"欲根本之救亡，所需乎国民性质行为之改善"③，以全面提高国民素质。

（一）国内学界对国民素质内涵的界定及评估

从1949年中华人民共和国成立到"文化大革命"结束，受种种因素的影响，国内学界对国民素质问题的研究很少。1978年中国共产党十一届三中全会之后，随着社会现代化进程的加快，国民素质发展文化缺失性问题日益凸显。对于如何解决这一重大现实性社会问题，相关学者著书或发文对解决国民素质发展文化缺失性问题进言献策，教育界提出实施素质教育并对此展开了较为系统的研究，同时也推动了人学与国民素质学等新兴学科的建立，从学科意义上对国民素质问题进行了学理研究。在上述研究中，学者们对国民素质内涵的界定提出了较多观点。

从人的自身条件进行界定，人的素质是人在先天遗传基础上，经过后天的实践活动而形成的。其代表性观点认为："人的素质是指构成人的各种基本要素的内在规定性，即人的各种属性、特性在现实的人的身上的具体表现（包括它们所达到的质量和水平），这是人从事各种活动的主体条件。这样定义素质，素可解释为素养、修养，质可解释为品质，比较切合现在人们使用'素质'这个词所表达的意义。"④

---

① 严复：《原强》，《严复集》第1册，中华书局1986年版，第14页。
② 严复：《原强修订稿》，《严复集》第1册，中华书局1986年版，第17页。
③ 陈独秀：《我之爱国主义》，《陈独秀著作选》第1卷，上海人民出版社1993年版，第212页。
④ 陈志尚主编：《人学原理》，北京出版社2005年版，第387页。

　　从人的素质的相对稳定特质进行界定，国民素质是指国民在先天禀赋和接受各类教育的基础上，同期社会的经济、政治、文化制度的作用与影响下，通过对获得的素质观念内化后在实践中所表现出来的相对稳定的特质。其内涵是国民在生活、生产劳动和社会实践活动中所具备的自身条件，以及认识世界和改造世界的能力①。

　　从人的总体水平进行界定，"国民素质是一个国家的人民在改造自然和改造社会过程中所具有的体魄、智力、思想道德的总体水平"②。

　　从人的内在规定性进行界定，"国民素质是指一个国家在一定历史阶段上的国民整体能力的内在规定性"③。

　　从人具有的一般品质或品格进行界定，"国民素质是在扩展意义上使用素质的。它主要是指在各个历史时期内，一个国家或地区的社会公众在与社会互动过程中所表现出来的或应当具有的思维、心理、行为、身体诸方面的一般品质或品格"④。

　　从人的素质系统意义进行界定："（1）素质是一种系统，因为它具备了系统的这种有机性。在素质系统中，个体素质与群体素质之间及各自内部都是相互渗透和交融的。（2）素质是人经由先天自然遗传和后天在社会文化环境中实践积淀而成的生理、心理的内在基础条件，其结构是一个稳态的开放系统。（3）人的素质是综合素质，是一个极其复杂的系统"⑤。

　　从人的特质规定性进行界定，"'人的素质'系指由人具有的特质所规定的活动能力及其状态"⑥。

　　从人的身心组织要素、质量水平进行界定，"人的素质本来指个体先天的生理解剖特征，又称禀赋。目前教育领域中广泛运用的素质概念主要是指在先

①　单培勇：《国民素质发展规律研究——国民素质学新论》，人民出版社2010年版，第29—30页。
②　《着力提高国民素质》，《人民日报》1997年10月20日。
③　韩庆祥、王为民：《国民素质与中国社会发展》，《党政干部学刊》2000年第6期。
④　杨兴林：《国民素质论》，湖南教育出版社2001年版，第1页。
⑤　王为民：《人的素质问题研究述评》，《求实》2000年第9期。
⑥　沙莲香等：《中国人素质研究》，河南人民出版社2000年版，第55页。

天禀赋基础上，个体与后天环境相互作用而形成的、相对稳定的个体身心组织结构的特征或属性，是制约人的活动方向、水平、质量的内在因素"①。也有学者概括为，人的素质是"以人在先天禀赋为基础，在环境和教育的影响下形成和发展起来的相对稳定的身心组织的要素、结构及其质量水平"②。

从人的素质是"'人的属性、特性、本质在现实的人身上的具体实现'"进行界定，人的素质"是一个跨学科、综合性、基础性的概念，也是先天因素和后天因素共同作用的产物。先天的生理条件是人的素质的自然物质基础，而人的素养和品质主要靠后天教育和训练"③。

从个人人格结构进行界定，所谓"'人的素质'是指个人人格结构中可以经由后天教育或自我锻炼而改进的几个重要层面，这些层面不仅关涉到个人生活品质，而且会影响到个人社会生活的适应"④。

由上可以看出，学者们从多学科、多角度对人的素质概念进行了界定，这些学术见解各有其理论依据，为推进国民素质研究起到了积极作用。但从学理意义上进行审视与评估，这些对人的素质概念的界定没有把人的素质共同的本质特点抽象出来，忽略了人的素质的本质属性，造成了人的素质内涵界定的不完整性。因此，应依据人的素质内涵所特有的属性，对其内涵所具有的本质特点给予概括，从而科学界定其概念。

（二）国民素质基本属性是国民素质概念界定的依据

要实现对国民素质内涵和外延的科学界定，必须透过国民素质的基本属性规范国民素质的概念。

其一，国民素质内涵具有个体先天遗传性与后天发展属性，决定着个体素

---

① 班华：《素质结构·教育·素质教育》，《教育研究》1998 年第 5 期。
② 毛家瑞、孙孔懿：《素质教育论》，人民教育出版社 2000 年版，第 26 页。
③ 宋德勇：《"人的素质与社会发展"学术研讨会暨中国人学学会第十六届学术年会在河南焦作召开》，《山东社会科学》2015 年第 2 期。
④ 《"人文关怀与社会实践"系列学术研讨会：人的素质（1999）论文集》，法鼓人文社会学院 1999 年版，第 16 页。

质遗传不同性与后天发展权利平等性。人具有自然属性，人的繁衍必然受上一代遗传基因的影响，这种影响也必然对下一代遗传素质表现出不同的特征。在一定意义上，"遗传不仅决定我们体征的确定发展方式，还决定我们的能力、性情及可教育的程度和其他一切我们与生俱有的可以称之为模糊的心理倾向的东西"①体现出来的价值，为人的后天发展提供着巨大的潜力。而这种潜力的挖掘只有通过后天的教育才能实现，"要改变一般的人的本性，使它获得一定劳动部门的技能和技巧，成为发达的和专门的劳动力，就要有一定的教育或训练……"②并在家庭、团队或与他人直接或间接交往的责任实现中，反映出个体素质的发展。

其二，国民素质内涵具有历史文化继承性与同期社会核心价值观引领属性，决定着国民素质生成的历史文化继承性与同期文化塑造性。文化是国民共同具有的思想观念和行为准则，其功能"将会解放我们每个人身上潜在的理想"③。一方面，任何历史条件下的人的素质都不可能是悬空存在的，它必然携带着前期社会境遇的影响和文化的丰厚信息，表现出历史文化继承性；另一方面，同期社会核心价值对国民素质发展具有引领与影响性，国民素质在最终意义上是由文化塑造而成的。

其三，国民素质内涵具有文化认同、内化与外化互动实现属性，决定着国民素质形成对实践主体自觉性的要求。人的素质的生成、发展是由主客体条件实现的，既需要社会的经济、政治、文化、教育、卫生等客体条件，又需要主体对文化认同、内化与外化自觉等主体条件。究其原因，人在接受终身教育和参加社会实践的活动中，所获得的素质文化观念具有动态性特征，必须通过长期社会实践的内化、积淀、丰富和发展后，才能形成素质结构的组成部分并在一生中发挥持久作用的品质。

---

① [美]查尔斯·霍顿·库利：《人类本性与社会秩序》，包凡一、王源译，华夏出版社1999年版，第7页。
② 《马克思恩格斯全集》第42卷，人民出版社2016年版，第161页。
③ [英]特瑞·伊格尔顿：《文化的观念》，方杰译，南京大学出版社2003年版，第8页。

（三）国民素质概念的界定

基于国民素质内涵特有的本质属性，对国民素质概念进行界定，应以遗传（自然属性）为基础，文化（国家核心价值观）为引领，素质观念认同、内化与外化为要求等三个方面的本质属性为依据，才具有逻辑性与科学性。所谓国民素质内涵，是指国民在先天遗传和接受后天教育的基础上，在国家核心价值观的引领下，通过对获得的素质知识与观念经过内化与外化的双向互动，所形成的生理、心理、思维、社会文化结构的相对稳定特质。从外延上说，它不仅涵盖古代国民素质、近代国民素质、当代国民素质及个体素质，还包括一定历史时期的各地区、各阶层、各群体素质。

二、关于国民素质结构划分及内在逻辑关系

所谓国民素质结构，是指国民素质内涵的身体观念、心理观念、社会文化观念形态相互联系的方式，是国民素质内涵的表现形式，是作为完整的特质表现出来的有机整体。既是国民素质观念形态，现实人素质观念的价值标准；又是国民素质实践形态，现实人素质观念的实践依据。

（一）国内外学界对国民素质结构划分及分析

关于国民素质结构划分及各要素的关系问题，国内外学者分别从不同的角度进行了研究，提出了各自的见解，为我们划分国民素质结构提供了理论依据和实践验证。从国内学者对此问题研究的成果来看，具有代表性的观点，可概括为四种。

第一种观点从基本与深层两个层面划分国民素质结构，阐述各要素之间的关系。有学者把国民素质初步分为两个层面，即国民基本素质或国民素质之本，包含国民身体素质和智力素质；深层国民素质概括为国民人格素质、道德素质和角色素质。简言之，国民素质由身体素质、智力素质、人格素质、道德素质和角色素质五部分构成。他们认为，国民基本素质和深层国民素质之间是

层层递进的关系。身体素质和智力素质是国民素质的立足点和基石。无此，深层国民素质便会如无根之木，缺乏原动力。而国民素质的关键在于以人格素质、道德素质和角色素质所构成的深层国民素质之中。尤其是角色素质，它是国民素质的一个综合性标志，是各项素质的汇集点。因为一个人的社会实践活动，必然是他通过扮演某个社会角色的形式来开展的。①

第二种观点以人的属性为依据划分国民素质结构，阐述各要素之间的关系。有学者把国民素质划分为身体素质、心理素质、社会文化素质（文化与科技知识素质、思想素质、道德素质）和动态性角色素质。② 它们的关系是：国民身体素质是其结构的物质载体，规定着个体素质发展潜在开发的自然限度。心理素质在其结构中具有独特地位，起着先天的生理因素和后天的社会因素的中介作用，人的遗传素质改善和后天身体素质的发展程度，文化观念在自身中的内化、积淀的程度，都是通过心理的交互作用而得到反映的。社会文化素质规定着人生目的和人生道路的选择，规定着为人处事的态度，规定着各种知识的学习和各种能力的发挥。国民身体、心理、社会文化素质分别属于国民素质结构的不同层次，各有独特的内涵和功能，三者相互渗透、相互作用、协同整合，共同构成国民素质内在结构，而动态性角色素质则是国民素质的外在表现，反映着国民素质的发展水平。③

第三种观点从"三角形结构"划分国民素质结构，阐述各要素之间的关系。有学者认为，"国民素质包括国民的综合身体素质、科学文化素质和思想道德素质三种素质。三种素质分别由三个互相制约的要素构成三角形结构，三角形结构在实践活动的基础上有机结合、相互联系，构成国民综合素质的立体角锥结构。综合身体素质是其他素质的物质载体，科学文化素质是国民适应和改造社会技能的核心，是国民的深层次素质，思想道德素质则是国民素

---

① 沙莲香、干春松：《国民素质的结构分析》，《开放时代》1995 年第 3 期。
② 单培勇：《对国民素质结构与分类的再探讨》，《河南师范大学学报》（哲学社会科学版）2002 年第 4 期。
③ 单培勇：《中国国民素质学论纲》，当代中国出版社 2002 年版，第 36—39 页。

质的灵魂，是国民的高层次素质。三者在实践过程中有机统一，构成完整的国民素质"①。

第四种观点从静态意义上划分国民素质结构。有学者在中国人学学会第十六届学术年会上认为，"从静态结构上看，人的素质分为三个层次，一是人的自然性素质，即'人直接地是自然存在物'；二是人的社会性素质；三是个性个人所独有的气质、爱好、意志、品性、人格、情商、审美等。但也有学者不同意这种分类，认为人的素质应该分为生理素质、心理素质、社会文化素质等"②。

也有学者从阶层划分国民素质结构，认为国民素质由公务员、知识分子、工人、农民及其他阶层构成。

还有学者从单项排列划分国民素质结构，提出国民素质建构有政治、思想道德、民主法制、科学文化、能力、心理、健康、审美等八个方面的素质。

国外学者分别从个体人的发展层次、身体性素质和精神性素质、外在表现和潜在特征等三个方面对国民素质结构进行划分。

心理学家洛莫夫认为："无论是对人类起源和发展问题的研究，还是对人类个体发展问题的研究，都可以分出三个主要的层次：生物层次、心理层次和社会层次。"③心理学家列昂节夫提出，"'我们很容易地将对人的研究划分出不同的水平'：'生物的水平''心理的水平''社会的水平'"。他进而认为，"这些水平的存在，就提出了使心理水平与生物水平、社会水平联系起来的内部关系"④。英国教育思想家斯宾塞著的《教育论》一书中也认为，"科学对于人类行为的调节，其价值是无穷无尽的；所以人们应该了解人生——身体方面、心

① 冯石岗、贾建梅：《论国民素质的角锥结构》，《廊坊师范学院学报》2007年第1期。
② 宋德勇：《"人的素质与社会发展"学术研讨会暨中国人学学会第十六届学术年会在河南焦作召开》，《山东社会科学》2015年第2期。
③ [苏] 洛莫夫：《人学的系统》，《国外学者论人和人道主义》第2辑，社会科学文献出版社1991年版，第26、13页。
④ [苏] 阿·尼·列昂节夫：《活动·意识·个性》，李沂等译，上海译文出版社1980年版，第175页。

理方面和社会方面——的科学"①。由上可见，对人的研究划分为三个层次或三个不同的水平，实质上，也是人的素质三个层面的构成，即生理（身体）素质、心理素质和社会素质。

日本权威的《新教育学大事典》把"素质分为身体性素质和精神性素质，精神性素质又被分为智力性素质（智能）、感情性素质（气质）、意志性素质和精神活动"②。这一观点，重视智力性素质，尤其是重视心理素质，同时认为人的认识过程、情感活动、意志和行为也具有实践性，是一个实践活动的过程。

美国一家管理咨询有限公司 HAY 的研究小组从人的外在表现与潜在特征划分国民素质结构，并认为："人的素质结构就像浮在大海上的一座冰山，冰山显露的部分即一个人的行为、知识与技能等外在的、可观察的特征，但这仅仅是人的能力的一部分。处于海面以下另一部分是包括价值观、态度、社会角色、自我定位、个性特质及动机等，是一个人潜在的特征。"并"对素质各组成部分作出了定义：动机是对某种目标状态或情形的高度关注；品质是指不同的个体对相同或相近的外界刺激所表现出来的不同的行为特征或处事方式；自我认知是指个人对其自身的看法和评价，包括自我观念及自我评价两个方面；角色定位是指个人对他所属的社会群体和组织所接受并认为是恰当的一整套社会准则的认识和看法；技能是指个体所展示出来的为达成某一特定的目标所采取的一组或一系列行为的能力；知识是个人对特定领域的了解"③。

综上可以看出，国内外学者从不同的视域对国民素质结构进行了划分，有些学者提出国民素质结构各要素所具有的功能，有些学者阐述了国民素质结构各要素之间的关系。但应该看到，国内外学者对国民素质结构的划分仍没有形成统一的认识，且忽视了思维素质问题。具体来说，如有些观点缺少具有中介

①　张焕庭主编：《西方资产阶级教育论著选》，人民教育出版社 1964 年版，第 423 页。
②　转引自陈磊等：《素质教育新论》，武汉理工大学出版社 2003 年版，第 3 页。
③　李玲：《国内外素质和素质模型研究述评》，《广西师范学院学报》（哲学社会科学版）2011 年第 2 期。

地位的心理素质，导致缺乏素质结构的整体要求性；有些观点侧重于应用性，而缺乏素质构建理论的依据，导致素质结构排列缺乏逻辑性；有些观点缺少社会（思想道德素质）素质，导致素质结构缺乏合理性，有待对国民素质结构划分的深化研究，以期揭示一种能以人的属性为依据，构建国民素质结构体系。

至于通常所说的能力素质或角色素质，其实质都是人们对获得的身体、心理、思维和社会文化素质知识、观念，通过内化与外化双向互动后形成整体素质的外在表现，既是口头、书面表达能力和自我控制能力，认知能力、创造能力、组织或管理能力、人际交往能力、职业能力的外在表现，又是不同角色素质的外在表现。就此意义上说，能力素质或角色素质，是国民素质内容构成的外在表现形式，而不应该被列为国民素质结构。

（二）国民素质结构的划分

对国民素质结构的划分应以人的属性为依据。人性是人在其实践活动过程中作为整体所表现出来的人所特有的特征，也是人所具有的共同属性。这种属性主要指人在自然、社会和自身三种关系中，作为自然存在物、社会存在物和有意识的存在物所表现出来的自然属性、社会属性和精神属性。它们之间相互联系、相互作用，形成人性系统结构，由此成为构建人的素质结构的依据。因而，国民素质结构应为身体素质、心理素质、思维素质、社会文化素质（文化与科技知识素质、思想素质、道德素质）等四部分构成。

所谓身体素质，是指国民通过优生优育、体质锻炼、合理生活方式，达到身体发育良好、肌体健康、思维敏捷、精力充沛的状态。这种状态主要是国民在学习、劳动与生活中表现出来的力量、速度、耐力、灵敏度、平衡力及柔韧等身体机能。身体素质包括先天性生理素质和后天性机能素质两大要素。

所谓心理素质，是指国民积极实现自我发展与社会发展相统一，在社会实践活动中所形成的相对稳定的心理品质，驾驭和把握心理情绪的一种较为稳定的能力。这种能力主要包括：适应力、个性力、人格力、意志力、承受力、应激力等六个要素。①

所谓思维素质，是指国民"思维活动能力方面的规定与特性，包括思维方式、思维方法、逻辑推理等。"②

所谓社会文化素质，是指国民对文化认同、内化与外化的过程中，所获得的知识、确立的价值取向、践行道德规范及其文明自觉。主要包括：文化与科技知识素质、思想素质、道德素质三大要素。文化与科技知识素质主要是指国民通过学习、实践的积累而获得的文化与科技知识容量，由此进一步形成的知识结构和体系，反映着人的文化、科学知识水平。思想素质是指客观存在反映在人的意识中，经过价值思维活动所形成的思想观念，在实践中所持的价值取向。由世界观、价值观、人生观构成。道德素质是指国民通过道德文化的社会教化在内化后所形成的内在稳定的道德品质，在调整自己与他人和社会之间的相互关系中所表现出来的符合社会要求的、良好的道德素养和文明行为。由社会公德、职业道德、家庭美德、个人品德构成。

（三）国民素质结构的主要特征及内在逻辑关系

通过上述对国民素质结构的划分，可以看出，国民素质结构具有两个基本特征：

首先，国民素质的构成要素具有多元性特征。人是世界上最复杂的存在物，一方面为了自身的延续，必须提高身体素质及其他素质，以满足繁衍后代的需要；另一方面，为了适应经济发展和社会进步，必须建构与经济发展和社会进步相适应的素质结构，以满足生理需求、心理需求和精神文化需求。简而言之，人的生存与发展涉及自然、思维、意识、精神文化等方面。因此，必须建构与此相适应的身体（自然）素质、心理（意识）素质、思维素质、社会文化素质结构。

其次，国民素质结构的要素突出社会性。从个体人意识上说，每个人都具有遗传不同性和发展独立性，都具有独一无二的内心世界，其素质发展也存在

① 单培勇：《国民素质发展规律研究——国民素质学新论》，人民出版社2010年版，第85、106页。
② 韩庆祥、王为民：《国民素质与中国社会发展》，《党政干部学刊》2000年第6期。

不平衡性，这种不平衡性需要通过教育的作用，尤其是在社会实践中进行调整和提高，更重要的是由于人的自身活动具有社会性。个体不能脱离社会而存在，每个单独的人，在与社会进行交往的同时，会形成这样或那样的社会关系，并在社会关系中提高自身的素质，"社会关系实际上决定着一个人能够发展到什么程度"①。是社会关系使个体的人变成社会的人，形成独特的社会品质。可见，人的素质发展程度如何，取决于他本人所处的社会关系的质量如何。从社会意义上说，国民素质发展与经济社会发展是互为前提、互为条件的。因此，国民素质结构要素具有明显的社会性特征。

国民身体素质、心理素质、思维素质、社会文化素质分别属于国民素质结构的不同层次，各有特定的内涵，既独立存在，又相互渗透，通过相互作用、相互影响，共同推动着国民素质的发展。

三、国家是影响规范国民素质的强大政治工具

国民伴随着国家的诞生而产生，正如恩格斯在《家庭、私有制和国家的起源》一文中所认为的："国家和旧的氏族组织不同的地方，第一点就是它按地区来划分它的国民。"②国家的诞生，原始人由此具有了国民意义的社会存在方式，其自身生存所具有的超越性在国家制度空间中，才具有了向着高目标发展的条件，并通过不断认识自己的素质水平和在社会实践中给予确证。因此，国家对国民素质形成和发展具有强大作用。

（一）古代中国对国民素质全面发展限制明显，对国民文化知识素质发展影响巨大

中国古代国家的产生与世界其他古代国家的产生相比，有着独特的方式，

---

① 《马克思恩格斯全集》第 3 卷，人民出版社 1960 年版，第 295 页。
② 《马克思恩格斯全集》第 28 卷，人民出版社 2018 年版，第 199 页。

是在部落征服的过程中，"氏族制强化的结果——国家权力机关由氏族制机关强化蜕变而成"①。表现出部落异地而居及相互融合的漫长过程，聚族而居生活方式，专制国家行政结构与家长制家庭结构一体化，根据血缘等级关系确定居民的政治等级基本特征。这一独特的国家产生道路与基本特征，决定着中国奴隶社会政治、经济和文化制度框架的搭建，影响着之后封建社会制度的形成和发展。

我们的研究以唐代国民素质高度发展为历史"坐标"。在明、清两代与其前封建社会一样，是高度专制主义中央集权的封建国家，通过国家权力系统与颁布各种法令，运用封建宗法思想与纲常伦理教义，以管理和教育国民，巩固政权。1397年，明代"正式颁布全国的《大明律》，共十二篇六百零六条，……条文简要，严酷异常。此外，朱元璋还先后发布《大诰》《大诰续编》《大诰三编》和《大诰武臣》等文诰四篇，完全以君主个人意志为法令，与《大明律》并行"②。强制士大夫必忠君效力，不忠者就是犯罪，就要抄家与惩罚。"寰中士大夫不为君用，是自外其教者，诛其身而籍其家。"③清代更加利用严刑峻法，扩大反逆罪范围与株连范围。《大清律》援引有关十恶罪的传统规定，并加重了刑罚：凡谋反、谋大逆，但共谋者，不分首从，皆凌迟处死；并株连其父子、祖孙、兄弟及同居之人，不分异姓及伯叔父、兄弟之子、不限籍之同异，年十六以上，不论笃疾废疾皆斩；其男十五以下及母、女、妻、妾、姐、妹，若子之妻妾，给付功臣之家为奴，财产入官。即使子孙不知情，年十一上，也要阉割发往新疆给官为奴。"④

仅以上明、清两代法律有关条款所反映出的是轻视人，不把人当作人，不仅摧残着无故的株连人的身体，还压抑着广大国民的心理，对国民素质发展具有强力限制的作用。

---

① 马振铎等：《儒家文明》，中国社会科学出版社1999年版，第9页。
② 詹子庆、田泽滨主编：《中国古代史》下册，高等教育出版社1986年版，第292页。
③ 《大诰三编》，苏州人才第十三。
④ 肖永清主编：《中国法制史教程》，法律出版社1987年版，第229页。

明代教育目的是培育奴才或忠君人才，禁锢人的思想，束缚人的发展。但与唐代相比，教育对象的范围有所扩大，增加了富家子弟受教育的机会。明代为培养后备官员，为其统治服务，在京师设有国子监，全国设有府州县学。在乡村增设社学，"明太祖洪武八年诏天下立社学。诏书说'……乡村之民未教化，有司其更置社学，延师儒以教民间子弟，导民善俗，称朕意焉'"①。就此发展意义上看，扩大民间子弟受教育的范围，推进了国民文化素质的发展。但其管理规定极为专制，不遵者以违制论，"生员家若非大事，毋轻至公门""军民一切利病，并不许生员建言"②"'监规'中有这样一条：'在学生员，当以孝悌忠信礼义为本，必须隆师亲友，养成忠厚之心，以为他日之用。敢有毁辱师长及生事告讦者，即系干名犯义，有伤风化，定将犯人杖一百，发云南地面充军'"③。在清代，国学和地方学基本上沿袭明代的学校制度。"各省地方除府州县学外，乡间设有社学。康熙九年曾令各省设社学置社师。'凡府州县每乡置社学，选择文艺通晓、行谊谨厚者，充社师'。"④对生员要求也是如此，禁止言论自由，不许干涉政治，"军民一切利病，不许生员上书陈言。如有一言建白，以违制论，黜革治罪"⑤。从明、清代两代学校制度来看，一方面以极端的专制主义管理学生，实质上以政治的需要实现忠君，钳制人的发展权利；另一方面，不断增加受教育人数，对推进全民文化素质提高具有积极意义。

由此可见，在古代中国，关心人所进行的教育，根本是为统治阶级服务。因此，对人的德、智、体发展限制非常明显，严重侵犯人的生存和发展权，尤其是禁锢人们的思维，阻隔人们的观念、视野。所以，古代教育是忠君的单一化教育。

---

① 毛礼锐、瞿菊农、邵鹤亭编：《中国古代教育史》，人民教育出版社1983年版，第357页。
② 《明大政纂要》卷6。
③ 毛礼锐、瞿菊农、邵鹤亭编：《中国古代教育史》，人民教育出版社1983年版，第356—357页。
④ 毛礼锐、瞿菊农、邵鹤亭编：《中国古代教育史》，人民教育出版社1983年版，第406页。
⑤ 《大清会典·学校典》。

（二）近代中国强调国民素质的重要性，有力推进了国民素质观念向现代转型

到近代，鸦片战争震开了中国紧闭的门户，打破了长期自给自足的发展体系，大清天朝至高至尊的皇权终于被侵犯，中国漫长的封建社会走到了尽头。帝国主义的入侵，呼唤着国内革命者的觉醒，他们理性地认识到"闭关锁国"之弊端。19世纪60年代到90年代的洋务运动，提出了"中体西用"的新思想，主要学习西方先进的科学技术，希望以此达到"自强""求富"的目的，由此开启了中国近代化的进程。

19世纪末20世纪初，洋务运动的失败，甲午战争、八国联军侵华、列强割地、赔款等一系列不平等事件，加深了中华民族的危机感，使康有为、梁启超等人从政治革新的迷茫中认识到，"民质而优则其国必昌，民质而劣其国必亡"[①]，国民素质提高问题，是中华民族振兴的根本问题。

五四新文化运动中，鲁迅、陈独秀等人高举"民主与科学"的大旗，更加强调国家的兴衰取决于国民素质的提高，国民素质是改造中国之本。而国民素质的提高，重在提高国民的民主意识与科学水平。五四新文化运动的主将陈独秀把民主概括为，法律上之平等人权，伦理上之独立人格，学术上之破除迷信、思想自由。提出所谓人权平等，是反对封建专制、反对尊卑、贵贱的封建等级制度，主张"在法律面前人人平等"。他认为科学是："一切有用的学问"，它包括"天文、地理、伦理、化学、物理、算学、图画、音乐"等。"国人而欲脱蒙昧时代，羞为浅化之民也，则急起直追，当以科学人权并重。士不知科学，故袭阴阳家符瑞五行之说，惑世诬民，地气风水之谈，乞灵枯骨。农不知科学，故无择种去虫之求。工不知科学，故货弃于地，战斗生事之所需，一一仰给予异同。商不知科学，故惟识闒取近利，未前之胜算，无容心焉。医不知科学，既不解人身之构造，复不事药性之分析，菌毒传染，更无闻焉"[②]，以此明确了民主意识与科学水平之基本标准。

① 《论社会改革》，《东方杂志》1906年第8期。
② 中国社会科学院近代史研究所编：《五四运动文选》，生活・读书・新知三联书店1959年版，第7页。

要提高国民科学文化素质的现代水平，必须改革教育制度，改变以经史子集为基干的传统知识结构，改变"帖括辞章"、背诵精句的学习方法，开凿新的知识源，调整知识结构。鸦片战争后，留学欧、美、日人数逐渐增多，他们在中西方文化的熏陶中知识结构体系和价值观念发生了全新的变化；教会学校、洋务学堂和戊戌变法以后各种新式学校所开设的课程是中学和西学并进，西学课程主要有：数学、化学、物理学、电学、声学、光学、力学、热学、生物学、动物学、植物学、地理学、天文学、医学、生理学、解剖学、农艺学、历史学、教育学、经济学、法学、哲学、外语等，使接受新式教育的青年学子的知识结构发生了全新变化，促使传统价值观向现代价值观的转变。对我国教育事业的发展有积极影响的是 1922 年公布的"壬戌学制"，该学制将以往的七四制改为六三三制，即规定小学年限为六年，初中与高中分别为三年，与中学平行的还有师范学校和职业学校；大学四至六年。其基本思想注重初等教育的普及和中等教育水平的提高；取消大学预科，使大学集中精力于专业教育和科学研究；实行选科制和学科教育，兼顾学生升学和就业，这表明国民主义教育转向平民主义教育。

总之，中国近代社会经历了物质层面到思想文化层面不断探索的过程，"五四"新文化运动所提出的"民主与科学"精神逐渐走向实际的社会变革活动，逐渐影响到国民的思想深处，促使传统国民素质观念向现代性转型。

从唐代至近代可以清晰地看出，"国家又是影响规范国民的文化——价值、制度以及政治行为——的一个强大政治工具"[①]。但不同的国家制度，对国民素质发展有着截然不同的作用，落后的国家制度对国民素质发展具有制约作用，先进的国家制度对国民素质发展具有积极的促进作用。

---

① ［美］菲利克斯·格罗斯：《公民与国家——民族、部族和族属身份》，王建娥等译，新华出版社 2003 年版，第 5—6 页。

四、环境对国民素质形成和发展的影响

环境由自然环境（大气、水、山川、江河、土壤、植物、动物等为内容的物质因素）和社会环境（观念、制度、民俗、宗教、行为准则等为内容的非物质因素）两大部分构成，成为人们赖以生存的物质条件和日常交往的社会舞台。因而人是环境的产物，环境对人的素质发展具有基础性和直接性影响。

（一）地理环境差异性，影响着国民之间某种素质的差异性

地理是一个国家或地区的自然环境（土色、河流、山川、气候等）与社会经济要素（物产、交通、居民点）的统称。地理环境的差异性，影响着人与人之间某种素质的差异性。因此，在研究国民素质基本特质生成的基础时，应考虑地理环境这一重要因素。

关于自然环境对人的影响问题，古今中外思想家都有鲜明的论点。在古希腊时代，被西方尊为"医学之父"希波克拉底（Hippocrates，约公元前460—前377年）认为，人类特性产生于气候。16世纪法国政治思想家、法学家近代主权学说的创始人让·博丹（Jean Bodin 公元1530—1596年）在他的《论共和国》著作中认为，民族差异起因于所处自然条件的不同。18世纪上半叶法国杰出的启蒙思想家孟德斯鸠（公元1689—1755年）在《论法的精神》一书中认为，人因气候的差异而不同，"炎热的气候使人的力量和勇气委顿；而在寒冷的气候下，人的身体和精神有一定的力量使人能够从事长久的、艰苦的、宏伟的、勇敢的活动"[1]。

中国东汉的班固撰写的《汉书·地理志下》载："凡民函五常之性，音声不同，系水土之风气，故谓之风；好恶取舍，动静亡常，随君上之情欲，故谓之俗。"[2]并认为：秦地人民俗质木，不耻寇盗；魏地人故俗刚强，多豪桀侵夺，

---

① ［法］孟德斯鸠：《论法的精神》上册，张雁深译，商务印书馆1961年版，第273页。
② （东汉）班固撰：《汉书》，中州古籍出版社1996年版，第576页。

薄恩礼，好生分；周地人巧伪趋利，贵财贱义，高富下贫，喜为商贾，不好仕
宦；……宋地人厚重多君子，好稼穑，恶衣食，以致畜藏；吴地人皆好勇。现
代著名作家、学者、翻译家、语言学家林语堂也认为，"南方与北方的中国人
被文化纽带连在一起，成为一个民族。但他们的性格、体魄、习俗上的区别之
大"。"粗犷豪放的北方，温柔和婉的南方，这些区别在他们各自的语言、音乐
和诗歌中都能看到"①。余守斌著的《中国人性格地图——一本书读懂中国人》
一书中认为，一方水土养一方人，截然不同的生活环境给每个区域人的性格造
成了不同程度的影响。北京人，皇城脚下的"京油子"；天津天，安贫乐道的
"卫嘴子"；河南人：中原崛起时，重塑河南人；山东人，路见不平就出手；东北
人，江湖中的"活雷锋"；山西人，昔日的晋商；陕西人，何日再现汉唐雄风；
安徽人，儒商子弟，人人议政；江西人，浪漫淳厚的"江西老表"；湖北人，天
上九头鸟，地下湖北佬；湖南人，舍得一身剐，敢把皇帝拉下马；川渝人，生
来辣辣；江苏人，吴韵楚风造就的温人；浙江人，江南水乡的才子佳人；上海
人，摩登冷艳的气张；广东人，永远走在中国时尚的最前沿；福建人，爱拼才
会赢；云南人，彩云之南，化外之人；内蒙古人，草原上的雄鹰；新疆人，俊
男美女跳起来；西藏人，雪域高原上虔诚的信徒，等等。②

　　由上看出，地理环境对人的影响是多方面的，不仅表现为对人的外在形象
上，而且对于人的体质、精神气质和内心感情具有自然性影响性。不同国家或
不同地区的气候、地形地貌、水文条件等地理环境因素的不同性，造就所在国
家或不同地区的人的身体特性、精神气质、性格及处事态度的不同性。因此，
从地理环境研究国民素质特质的形成是必要的。过去我们忽略了这一方面，应
予重视。但应该明确，地理环境并非是决定国民素质形成和发展的唯一条件。
这是因为，国民素质是一个综合性问题，一定历史时期的国民素质形成和发
展，既需要一定历史时期的经济、政治、文化条件，又受地理、民俗、宗教等

---

① 林语堂：《中国人》全译本，郝志东、沈益洪译，学林出版社1994年版，第31、33页。
② 参见余守斌：《中国人性格地图——一本书读懂中国人》，新世界出版社2013年版。

因素的影响，也是个体先天因素和后天因素共同作用的产物。所以，国民素质的"地理环境决定论"或"地理环境虚无论"都是错误的，采取"综合论"才是科学的。

（二）民俗的特征与功能，对国民素质发展具有直接作用

民俗是指一个国家、一个民族或一个地区、一定的社会群体在长期的生产劳动和社会生活实践中，经过逐渐积淀所形成的较为稳定的风尚、习俗。民俗对国民素质发展作用性主要表现在如下几个方面。

第一，民俗的细微性，对人的素质具有普遍化育性。中国传统社会是以农耕生产为主业的社会，因而围绕着农耕生活形成和累积的民俗有着浓厚的农业特点，从岁时岁末的节日，到人生礼仪的诸民俗事象，如上元张灯、社日聚饮、清明祭祖与踏青、端午驱疫与竞渡、七夕祭星与乞巧、中秋拜月与赏月、重阳避灾与登高、除夕祭祖与团聚等，或隐或显出来的文化都对人的素质形成起着普遍化育作用。

第二，民俗的地方性，对人的素质形成具有差异性影响。"广谷大川异制。民生其间者异俗。"[1] 凡人群居住之地，必然依据当地的气候条件和宽阔的谷地、大河流域等不同的地理环境划定生活范围，形成了自己的风尚、习俗。在独特自然的地区、特有的人文环境中直接生成的地方性民俗，必然作用其素质特质的形成。在古代，由于交通不便，族群之间很少交流，人们固守着传袭的民俗。因此，民俗有着十分鲜明的地方特质性，"中国、戎夷五方之民，皆有性也，不可推移"[2]。各民族的人，都有着自己的习性，不可改变，由此形成了不同地方的不同人的素质特质。

第三，民俗的神秘性，对人的素质形成具有深层性影响。在中国传统社会中，所形成的一些民俗具有神秘性特征，表现出浓厚的神秘气氛，如巫术信

① 邓柳胜、叶国译注：《曲礼·礼运》，广州出版社 2004 年版，第 77 页。

② 邓柳胜、叶国译注：《曲礼·礼运》，广州出版社 2004 年版，第 77 页。

仰、动物崇拜、图腾崇拜；各种形式的敬拜各路神仙或祭祖仪式；各种驱邪赶鬼的神秘仪式等。人们在从事这些活动时所带有的神秘心理、表现出的神秘力，从根本上说，是以自身生存发展需要为目的的。因此，民俗的内在神秘性、外在神秘力，给人们一种未知领域感，形成信仰或崇拜神仙。当人们发展遇到特殊困难、灾难时，升迁、求财、求学、求子时，就自觉或不自觉地寻求先祖或神的救助。所以，民俗的神秘性对人的素质形成有着深层性影响。

第四，民俗的礼仪性，对人的素质形成具有规范性作用。礼仪的形成源于人们祭祀鬼神仪式的恭敬行为，以表示其端庄有礼之心，后来经过传承、交流、融合、发展形成了人与人之间的礼仪模式，演化成了风俗礼仪，并不断赋予文明新内涵，调制民众的性情，"司徒修六礼以节民性"①，并通过长期的心理"灌输"，使人们养成了自觉的行为方式。礼仪集中体现了民俗特有的社会教化功能，它规范着人们的生活，维系着家庭伦理，调节着人的各种关系，使人们的生活愿望（想做的）与生活规范（应做的）统一于礼仪表达之中，不仅仅对于个人的成长尤其修德有着积极的促进作用，更重要的是对人的素质形成具有规范作用。

第五，民俗的实用性，对人的素质形成具有普遍性作用。民俗历史悠久，经过历代传承，门类繁多、内涵丰富、形态各异，但其最基本的功能是实用性。主要表现在：人们在生产与生活中遵循民俗；在结成相互关系中运用民俗；在繁衍后代中依赖民俗，都直接适应了民众精神与物质生活的需求。因此，民俗的实用性，对人的素质形成有着普遍性。

第六，民俗的稳定性，对人的素质形成与外部环境具有和谐发展作用。中国民俗的突出特征就是稳定性。"中国社会在数千年的发展中形成了自己的民俗文化特色。这种特色是通过我国民俗文化的稳定性体现出来的。比起世界上一些发达资本主义国家，我国的民俗文化的稳定性，主要是农业小生产制度的

---

① 邓柳胜、叶国译注：《曲礼·礼运》，广州出版社 2004 年版，第 79 页。

产物。"①传统节俗的祭祀与民众休闲结合的传统贯穿在年节系列中，至今仍在民间传承、习染沿用，如以二十四节气调节人与自然关系，春节期间祭祀先祖以保持人伦关系及娱人以调整人际关系，体现着民众心里的感受与释放，表现了人对自然、与社会、他人的和谐追求。实质上，也表现了对人的素质形成与环境和谐发展的作用。

在文化形态中，民俗属于文化的低级形态，普遍存在于人们的日常生产、生活中的文化观念，与每个人关系密切，息息相关，在潜移默化中影响着人们的思维和生活方式的改变，也影响着人的素质的形成与发展。

（三）宗教的精神文化作用，对国民素质发展具有深层影响

宗教是人类社会发展到一定历史阶段出现的一种文化现象，属于社会意识形态范围，是宗教意识的表现与表述形式。宗教一直影响着民众的生活，不管是教徒或非教徒最普遍的现象是人们在追问前因后果或因果报应时，往往上升到宗教领域。因此，宗教文化超人间的神秘境界，对民众具有神秘的吸进力，对人的素质形成有着深层影响。

宗教属于形而上的意识形态领域，追究人的生与死的价值意义。其内在属性是一种世界观、价值观、人生观，它对世界与人生的终极问题作出回答。一方面引导人们超凡脱俗；另一方面教义教规具有匡正世道人心之功能。宗教对人的心理健康也有一定的积极作用。宗教信仰与心理健康多数的研究结果表明，一般说来，宗教信仰可能与更好的精神健康有关，其中包括程度较低的抑郁。但研究者认为，宗教信仰本身不会直接引起精神健康水平的提高，与宗教信仰相关的一些特征可能有助于促进精神健康，如祈祷、来自宗教团体的社会支持等。② 这是因为，宗教信仰作为教徒的核心性认知因素，在他们认识活动的过程中，对其人格、心理健康、主观幸福感等诸多心理行为产生影响，以使

---

① 钟敬文：《民俗文化学梗概与兴起》，中华书局1996年版，第13页。
② 崔光成、赵阿勐、陈力：《宗教信仰与人的心理行为》，《齐齐哈尔医学院学报》2008年第14期。

其产生丰富多彩的神秘体验或安全感。

但应该看到，宗教对人的创新力及全面发展有着阻碍作用。比利时学者 Sarog lou 和 Jas pard 的研究发现，宗教信仰在某种程度上阻碍人的幽默感和创造力的发展。这一研究结果在 2004 年 Saro glou 的研究中得到进一步支持。更多研究表明宗教信仰不利于教徒的自我实现，因为他们把自己完全交给了上帝，认为上帝具有控制一切的能力，并且在教会中得到较多的社会支持，因而，他们缺乏自我成长所需要的动力。[①] 就此意义上说，宗教文化所具有的负功能、负能量，对国民素质发展具有消极影响。

五、国民素质与素质文化的区别

国民素质与素质文化是两个不同的概念，两者的内涵及其生成与实践方式、存在与表现形式不同。

国民素质是国民对素质文化认同、内化与外化而形成的，是素质文化主体转向素质文化实体的过程，反映着人的行为及其文明程度。而素质文化内涵是推动国民素质发展的价值取向、目标设定及路径，是素质文化教育完善国民素质结构的过程，集中体现在关怀人的完整性和促进其素质均衡发展上。因此，国民素质与素质文化的区别主要表现在以下两个方面：

其一，两者生成与实践方式不同。国民素质的生成和发展是由国民从事改造自然、改造社会、改造自身的实践活动所决定的，是一个自觉能动的过程。人的各类消费需要产生各类劳动，而各类劳动就是满足其各类消费的自觉能动的过程，也是不断提高其素质的过程。"消费的真相在于它并非一种享受功能，而是一种生产功能。"[②] "……生产不仅为主体生产对象，而且也为对象生产主体。……消费生产出生产者的素质，因为它在生产者身上引起追求一定目的的

---

① Saroglou V, Jaspard Jean-Marie, Does r eligion affect hum our creation? An experimental study, Mental Health, Religion & Culture, 2001, 4（1）: 33-46.

② 鲍德里亚：《消费社会》，刘成富、全志钢译，南京大学出版社 2008 年版，第 60 页。

需要。"①人的各类消费需要是其素质发展的根本动力，而人的各类消费实践活动就是国民素质发展需要行为的外化表现。因为，人的各类消费使在最初生产行为中发展起来的素质通过反复的需要发展到全面的程度。所以，国民素质的生成和发展是一个自觉能动的过程。而素质文化生成和发展的过程，不仅反映着人们对自然、社会不断改造的实践水平，而且反映着人们自身的生理与心理观念、文化与科技观念、自律与律人观念等方面的素质文化实践水平。实质上，素质文化生成源于人们的能动性、创造性与实践性，而实践的价值又不断检验改造对象世界的感性物质活动，并在检验的过程中创造出新的素质文化观念，扩展新的素质内涵，提升新型素质水平。因此，人的素质发展实践的过程就是素质文化生成和发展的过程。

其二，两者存在与表现形式不同。国民素质是国民在与外部世界接触过程中作为主体的文化属性表现出来的，反映国民的受教育程度、心理和谐状况与思想道德水平。素质文化则是指国民素质发展的价值取向、道德规范及行为准则等，它对国民素质发展有着价值规范性、引领性功能。国民认同了某种素质文化，就会认同这种素质文化所包含的一系列价值观念、道德准则，并会自觉遵从这种素质文化所制定的规范路径和方式，指导自身素质发展。具体而言，素质文化是一种文化观念，是一个国家或民族的核心价值观、思维方式及传统习俗、生活方式、文学艺术等在历史发展中传承和进化的结果，对国民素质起着教化作用。"我们的思想、我们的价值、我们的行动，甚至我们的情感，像我们的神经系统自身一样，都是文化的产物"②，因为文化将塑造每个人的不同的素质。因此，每个人的思维方式、价值取向、道德准则、心理态度及行为方式如何，都是素质文化作用的结果。

---

① 《马克思恩格斯选集》第 2 卷，人民出版社 2012 年版，第 692 页。
② ［美］克利福德·格尔茨：《文化的解释》，韩莉译，译林出版社 1999 年版，第 63 页。

第一章　唐代国民素质高度发展的历史"坐标"及素质文化特征

在中国历史发展的进程中，上承南北朝乱世，下启唐朝盛世的隋朝，文帝统治 24 年，为政举措有力，开科举制度之先河，稳定民生，着重发展农业生产，国家粮食储备丰富，民生富庶、人民安居乐业，在意识形态中倡导勤俭节约，为国民素质发展提供了相对稳定的社会环境。

到炀帝执政，尽管有开运河利中国百代；破突厥而宾服四夷；通丝路以威震殊俗之评说，却实行暴政，严重破坏了隋前期社会的安定秩序，对人民奴役征敛十分苛重，使生产遭到严重破坏，战争不断，百姓遭殃，哭泣之声响于州县，农业劳动力严重不足，造成"老弱耕稼，不足以救饥馁"的局面，经济崩溃，苍生涂炭，生存无望，信仰危机，全国到处发生饥荒，疫病流行，死于饥荒、疾病、战争者无数。人民陷于饥饿而得不到任何救济，造成人口大量死亡，对国民生存及素质发展造成了极大的破坏。《隋书》卷 24《食货志》载："自燕赵跨于齐韩，江淮入于襄邓，东周洛邑之地，西秦陇山之右……宫观鞠为茂草，乡亭绝其烟火，人相啖食，十而四五。"

公元 618 年李渊太原起兵推翻隋朝，到公元 907 年李氏唐朝灭亡，进入"五代十国"时期，可分为初唐时期（618—741 年），从国力逐渐复苏，到国力强盛，成就贞观之治；中唐时期（742—820 年），历经德宗改制、永贞革新，但藩镇叛乱，中兴时期结束；晚唐时期（821—907 年），内乱频繁，唐朝灭亡。

唐代享国 289 年，是中国封建社会发展的鼎盛时期，有"大唐盛世"之称。与此期相适应的国民素质代表着中国封建社会的最高水平，表现出内涵升华与结构扩展的高度发展形态，定格在历史的相册之中，在历史时空中镌刻下清晰的"唐代国民素质坐标"。

第一节 唐代国民素质发展形态及特征

唐代不同时期的国民素质表现形态，既是前代文化传承影响的结果，又是同期社会发展作用的结果；既体现出同期的经济发展状态，又反映着同期的社会文明程度。

一、国民身体素质发展形态及特征

因直接表述唐代国民身体素质方面资料迄今未查阅到，我们将从人口增长、人口平均寿命、人口死亡原因等相关研究中追探国民身体素质发展形态及特征。

其一，人口迅速增长，反映了国民身体素质可持续发展状态。从太宗贞观年间到玄宗开元间，中间经过一百一十余年，采取积极的人口政策，推行早婚，提高人口出生率，并对生育者给予资助，贞观三年（629年）四月有"赐妇人正月以来产子者粟一斛"的诏令。把户口增减、田野开辟等当作地方官政绩考核的主要内容，这对于发展生产，改善民生，提高人口的增殖能力，乃至实现人口的身体素质可持续发展起到了积极作用。

表1 唐代前期人口增长考证①

唐朝纪年	公元纪年	跨越年度	原书记载户口数		考证人口数	年均增长‰
			户数	口数		
高祖武德七年	624		2000000		15375920	

---

① 路遇、滕泽之：《中国人口通史》，山东人民出版社2000年版，第404页。

续表

唐朝纪年	公元纪年	跨越年度	原书记载户口数		考证人口数	年均增长‰
			户数	口数		
太宗贞观十三年	639	15	3080000	13280000	17789583	9.70
高宗永徽三年	652	13	3800000	——	20900000	12.37
中宗神龙元年	705	53	6156141	37140000	40850000	12.19
玄宗开元二十八年	740	35	8412871	48443609	64000000	12.62

进入天宝十三年（754 年），谓"有唐户口之盛极于此"。"按《旧唐书·玄宗纪》的记载，天宝十三年有户 9619524，口 52880488。按《通典》记载，天宝十四年有户 8914709，口 52919309。"就此意义上说，人口的增减，既是一个王朝兴盛衰败的标志，又是国民身体素质相对稳定健康的标志。

其二，人口平均寿命相对较高，反映了国民身体素质的水平。关于唐代人口平均寿命问题，有些学者从不同的资料中进行研究，李燕捷的《唐人年寿研究》一书，在搜寻聚集大量的正史、文集、碑刻资料的基础上，用社会学的统计方法，对正史及唐代墓志中有确切记载的 2944 人进行统计，制成《唐人年寿总表》，推算出了唐人的大致平均寿命为 57.55 岁，以此为基础对其性别、平均寿命与寿命的阶层差别、时代差别、性格差别及死亡原因进行了分析。[1]

冻国栋的《中国人口史·隋唐五代时期》一书，从《千唐志斋藏石》资料中整理出年龄样本 982 例，对唐五代时期人口的寿命问题进行研究，推算出唐五代男性的平均死亡年龄为 58.98 岁，女性的平均死亡年龄为 52.74 岁。[2]

裴成国的《试论 6—8 世纪吐鲁番地区人口平均年龄》一文，依据侯灿、吴美琳的《吐鲁番出土砖志集注》，已被刊印发表的所有的 328 方砖志，含人寿资料的 193 方，推算唐西州人口的平均死亡年龄为 59.60 岁，而西州平民百

[1] 李燕捷：《唐人年寿研究》，文津出版社 1994 年版，第 229 页。
[2] 冻国栋：《中国人口史·隋唐五代时期》第 2 卷，载葛剑雄主编：《中国人口史》（6 卷本），复旦大学出版社 2002 年版，第 485 页。

姓的平均死亡年龄只有 35.85 岁。①

　　蒋爱花的《唐人寿命水平及死亡原因试探——以墓志资料为中心》一文，以"整群抽样"为原则，选用周绍良先生等主编的 5100 余方墓志资料，其中《唐代墓志汇编》收录了 3600 余方，《唐代墓志汇编续集》收录了 1564 方。从中整理出有详细的生卒年代及享年记载的样本 5053 例，并从墓志中涉及的唐人生卒年、性别死亡年龄等作了整理、统计，兼及唐人死亡原因的分析，力求对唐人寿命问题作出较之前人更为精确的结论，即唐人平均死亡年龄为 52.2529 岁。②

　　勾利军在《唐代妇女人口素质初探》一文中，对唐代妇女平均寿命进行统计，采用抽样统计法，以对《新唐书》《旧唐书》《全唐文》《金石萃编》等书为抽样 80 名女性。对平均寿命的计算方法，是将所有被抽样者年龄相加后，除以人数。抽样对象一为生卒年记载确切者；二为虽记载不清，但可考证清楚者，考证过程略去。被抽样者的年龄依史料仍采用虚岁。被杀、自杀者，因不体现人口的身体素质，故不统计在内。共计 80 人平均寿命为 50.45 岁。年龄最高的法澄活了 90 岁，最小的姚婆仅活了 8 岁。③

　　从上述学者研究成果来看，尽管唐代人平均死亡年龄统计结果不一，介于 50.45—59.60 岁之间，但可以确证，唐代国民身体素质比前代是有较大发展的。

　　其三，人口死亡原因，反映国民身体素质问题。人的死亡原因，反映着国民的健康观念、生活方式、生活环境、遗传因素及医疗水平，因而也反映着国民身体素质水平。李燕捷从《隋书》《旧唐书》《新唐书》《资治通鉴》《诸唐人文集》《文苑英华》《全唐文》《唐文拾遗》《唐文续拾》《金石萃编》《金石续编》《金石萃编补正》《八琼室金石补正》《金石祛伪》《千唐志斋藏志》《曲石精庐藏唐墓志》为抽样范围，搜集有确切享年记载者共 2944 人，是为样本人口。

───────────

① 裴成国：《试论 6—8 世纪吐鲁番地区人口平均年龄》，《新疆师范大学学报》（哲学社会科学版）2005 年第 3 期。
② 蒋爱花：《唐人寿命水平及死亡原因试探——以墓志资料为中心》，《中国史研究》2006 年第 4 期。
③ 勾利军：《唐代妇女人口素质初探》，《河南师范大学学报》（哲学社会科学版）1996 年第 5 期。

在全部样本人口中，对 189 人死亡原因进行分析，平均死亡年龄为 49.28 岁，其中主要的死亡原因有五个：(1) 人为死亡 98 人，占死亡人数的 43.95%，平均死亡年龄 44.14 岁（实岁及下为实岁）；(2) 脑血管病 39 人，占死亡人数的 17.49%，平均死亡年龄 58.85 岁；(3) 传染病 23 人，占死亡人数的 10.31%，平均死亡年龄 51.09 岁；(4) 疮疡（在古代泛指多种外科疾患，包括所有的肿疡及溃疡，如痈、疽等)15 人，占死亡人数的 6.73%，平均死亡年龄 53.07 岁；(5) 服长生药 14 人，占死亡人数的 6.28%，平均死亡年龄 51.50 岁。仅从 23 人传染病病例可以看出，传染性疾病的较高死亡率，显然是因为唐代社会的生活卫生条件较差，易于传染病的流行，以及当时的医疗卫生水平和条件对各种传染病束手无策，难以控制。①

概而言之，唐代人口的迅速增长，为国民身体素质可持续发展奠定了基础；人口平均寿命超过 50 岁之高，标志着国民身体素质发展水平；人口死亡原因表现出了国民身体素质存在的问题，为我们研究唐代国民身体素质提供了客观依据。

二、国民心理素质发展形态及特征

国民心理素质既反映着社会的开放程度，又体现着国民对自身和现实社会所持有的社会态度、情感体验及心指所向等心理状态。唐代实行文化开放的政策，使文化开放与多元发展互促共进，形成了开放的社会心态，促使国民心理素质得到提高，表现出自信、大度、和谐与包容的鲜明特征。

从社会心态意义上说，唐代在公元 8 世纪至 9 世纪中期对外文化交流达到了高潮。一方面许多外国使节派往中国，许多外国商贾到中国进行贸易，许多外国学者、艺术家、僧侣不断来到中国进行交流、访问、求学。在开元年代，长安、扬州、广州等城市，云集着从海陆丝绸之路来华的胡商蕃客，各国留学生更是络绎不绝，已成为沟通中外经济、文化与政治联系的重要渠道；另一方

---

① 李燕捷：《唐代人口死亡原因统计与分析》，《河北师院学报》（社会科学版）1994 年第 3 期。

面，唐代派往外国的使臣、僧侣，出国经商的商人，也成为中外经济、文化、政治交流的重要方面。可见，唐代民族间的相互融合达到了新的高度，显示出国强开放而豪情满怀、奋发图强而自信。正如鲁迅先生在《看镜有感》一文所讲："汉唐虽然也有边患，但魄力究竟雄大，人民具有不至于为异族奴隶的信心。"①灿烂的开元盛世所形成的开放社会氛围，使国民社会心理显得更加自信、大度，充满着和谐与包容。

从知识分子阶层开放心态来讲，唐代统一强大的高度开放的经济、政治、文化形势，激发着士人浓厚的时代感和强烈的使命感，使他们以兼济天下为己任，积极入世，表现出了知识分子阶层特立独行的鲜明特征，代表了唐代国民心理素质的最高水平。他们立足于个人角度，独立认识社会和参与改造社会，有着一种慷慨激昂、蓬勃向上的雄心大志，渴望金榜题名，入仕为官、为君重用，集中体现了主体意识的觉醒。李白在《上李邕》一诗中，胸怀"济苍生""安社稷"的宏伟抱负，表现出"大鹏一日同风起，扶摇直上九万里"的雄心壮志。杜甫在《后出塞一》诗中，表现出"男儿生世间，及壮当封侯，战伐有功业，焉能守旧丘"②的人生志向。而他们具有极为可贵、特立独行的主体意识，表现出"天生我材必有用"③的自信；"长风破浪会有时，直挂云帆济沧海"④的远大抱负；"安能摧眉折腰事权贵，使我不得开心颜"⑤，对权贵的蔑视与抗争；"汉皇重色思倾国"⑥，对皇帝讽喻的公开；"行道不系今古，直挥笔为文"⑦的独创精神；"朱门酒肉臭，路有冻死骨"⑧，对人间不平等的批判，成为这一时期

---

① 黄政安编选：《新编鲁迅杂文集》上册，黑龙江人民出版社 1995 年版，第 103 页。

② 黄肃秋选，虞行辑注：《杜甫诗选》，人民文学出版社 1962 年版，第 13 页。

③ 萧涤非等撰：《唐诗鉴赏辞典》，上海辞书出版社 1983 年版，第 225 页。

④ 徐培均主编：《唐诗名句 300》，汉语大词典出版社 2000 年版，第 17 页。

⑤ 萧涤非等撰：《唐诗鉴赏辞典》，上海辞书出版社 1983 年版，第 296 页。

⑥ 马玮主编：《中国古典诗词名家菁华赏析·白居易》，商务印书馆国际有限公司 2013 年版，第 27 页。

⑦ （唐）李商隐著，（清）冯浩注，王步高、刘林辑：《李商隐全集》下册，珠海出版社 2002 年版，第 1025 页。

⑧ 王昶编：《古典诗词曲名句鉴赏》，山西经济出版社 2012 年版，第 79 页。

知识分子思想感情中最可贵、最具有代表性之特质。

从妇女阶层敢于追求美满生活的自主意识来看，唐代女性勇敢追求自由爱情，自择佳偶就是最有力证明。女性婚姻不幸福，离婚再嫁，并不为怪。从民间到宫廷莫不如是，唐朝公主再婚者 23 人，其中三嫁者 4 人，民间约束就更少了。①《旧唐书·烈女传》载：太宗时刘寂之妻夏侯氏，因父失明，"求离其夫，以终寿养"。《旧唐书·武宗纪》载：武宗时右庶子吕让亡兄之女，因丈夫患病，"心疾乖忤，因而离婚"。《全唐文纪事》卷 36 载：韩愈的女儿先嫁李汉，离婚后又嫁给樊仲懿。这些体现出唐代妇女阶层婚姻自主意识达到封建社会前期的较高水平，表现了较高的自主意识。

仅上述案例可以看出，在封建宗法制度和封建伦理中的贞节观念情况下，唐代女性表现出了敢于抗争、追求自主婚姻的精神。从根本上说，源于社会开放的氛围影响，才使广大女性敢于冲破礼教的束缚，大胆追求美满婚姻。这是因为，一个开放的社会决定着社会开放的心态，而开放的心态又映照着时代，决定着国民的心态，影响着每个社会成员的心理态度和行为方式。

正是这样一个开放的社会，使唐代国民在心理上显得雍容大度与自信，真实再现了唐代人心理素质的水平。

三、国民社会文化素质发展形态及特征

一定历史时期的国民社会文化素质水平，既是前期社会的文化积淀与传承力影响的结果，又是同期社会的文化发展水平作用的结果。

（一）国民文化与科技知识素质发展均衡

国民的文化与科技知识素质具有开化其思想素质、道德素质的基础性功能。因此，国民文化与科技知识素质的提高，能够促使其从蒙昧状态进入文明

---

① 高世喻：《唐代妇女》，三秦出版社 1988 年版，第 154 页。

层面。所以，国民文化与科技知识素质在社会文化素质发展中，既有基础性，又有启蒙开化性。

1. 庶民阶层文化与生产技术水平，是国民文化与科技知识素质的基本标志

唐代庶民内涵较为宽泛，在法国国立图书馆藏有敦煌文书（第 2518 号）《二十五等人图》中，有明确界定，"庶人者，白屋之士也。家无轩冕缙绅；既旷士风，或不知礼；输什一之税，役丁之夫，牧豕负薪，其体若一。井邑相望，其流实繁。或有业在典坟，心惟孝悌，竞从乡赋，自致青云，谨身节用，以养父母，以庶人之本也。"① 以此看来，庶人阶层包括自耕农民、中小工商业者、下层贫困的知识分子。

其一，农民科技素质有新的发展。就农学知识来讲，不管是农民的生产技术知识，还是农民的生产技术实践能力，与前代相比都有较大提高。就农业生产知识书籍来说，农学著作类较多，如武则天钦定的《兆人本业》3 卷及韩鄂的《四时纂要》5 卷、韦行规的《保生月录》1 卷、诸葛颖的《种植法》、王从德的《农家事略》、陆羽的《茶经》3 卷等，为农民掌握生产技术提供理论与实践上的指导。就农业生产工具改进来看，已经摆脱了秦、汉代比较单一的模式，创造了适用于南方水田耕作的曲辕犁，解决了深耕与宽耕的矛盾，提高了耕地效率；收割农作物的镰刀，把前窄后宽的形状改进为两头窄中间宽的弯月形状，提高了收割效率。就农业生产环节的科学性来谈，重视土壤翻耕，精种细作，保墒防旱，芟除杂草，按时施肥，保持土地肥沃。就品种不断创新来谈，由于水稻栽培技术的不断进步，在新品种选择中出现了金钗、箭子、红莲等优良品种，形成了"万顷稻苗新"的良田。由于"麦作物普遍推广，稻麦复种，一年两熟的地区形成稻麦复种区。与先进的稻麦复种制相适应，种植水稻的直播法很快被育秧栽培法所取代，粮食单位面积产量大幅度提高。南方粮食亩产已达到四百斤左右。根据全国耕地面积和粮食总产量计算，平均亩产量达到一石半，大约是汉代的两

---

① 孙昌武：《隋唐五代文化史》，东方出版中心 2007 年版，第 71 页。

倍。"①也正是由于农民科技素质的提高，在农业生产中有较大创新，在一定程度上解放了生产力，唐代农业生产才取得了巨大的成就。

其二，手工业者科技素质超过了前代。主要表现在：（1）纺织技术普遍较高。民间纺织作坊大量出现，如《朝野全载》卷3载：定州何明远，"资财巨万，家有绫机五百张。"纺织业有毛纺、麻纺、丝纺之别，其中以丝纺为最发达，产品种类很多，质量极高。在"敦煌千佛洞发现唐代薄绢，用作千佛洞绢幡，两面都绣有佛画，挂起来不阻光线。又据《太平广记》中记载，唐代有一种'轻绢'，'一匹够四丈，称起来只有半两'。可见，其纺织技术之高超。"②（2）造纸术有很大发展。造纸原料扩大到麻、楮皮、桑皮、藤皮、竹、麦秸和稻秆等，有各种颜色的各种特定的用途，所制造的纸匀细，洁整平滑，享有国际声誉，如安徽宣州的宣纸，江苏扬州、常州的贡纸。（3）制酒业、制茶业技术水平也较高。还需要提出的是，唐代的雕版印刷技术已相当发达，广泛应用于印刷书籍、日历、图像，对于后代文化科技、教育事业的发展，乃至国民素质的提高起到了巨大的促进作用。

其三，庶民阶层知识结构趋向合理，文化素养普遍提高。庶民处于社会的低层，占人口总数的绝大多数。因此，庶民的文化素养水平也就体现了唐代国民的文化素养水平。庶民文化基础知识较为普及，得益于通俗读物的普及。唐初名儒、高宗时曾任宰相的杜正伦所撰写的《百行章》一书（此书早已亡佚，敦煌遗书发现后，人们才得以睹其原貌）。其指导思想和目的正如杜正伦为该书所写序中所讲，以忠孝节义为基本伦理，把儒家经典中的"要真之言"摘录重编而成，目的是"教人为善，莫听长恶，劝念修身，勿行非法"。书中所引用的名言警句大多出自人们所熟悉的史传及《说苑》等书。其特点是通俗易懂、说理性强，能够把抽象的伦理观念具体化，贯穿到君臣、父子、夫妇、兄弟、朋友、邻里的日常生活中，同时也吸收

① 宋涛主编：《探索发现4》，辽海出版社2009年版，第832页。
② 孙健：《中国经济通史（远古—1840年）》上卷，中国人民大学出版社2000年版，第425页。

了不少佛教的内容。此书直到唐末五代，还是敦煌地区广泛流传使用的课本之一，① 在唐代影响巨大受众甚广。另有成书于唐前期的《珠玉抄》（作者迄今无可考证），亦称《杂抄》《益智文》《随身宝》，是迄今为止发现最为完整的庶民通俗读物，现存于法国国立图书馆，敦煌文书（第 2721 号）。5000 余言，内容包括历史、地理、天文历法、事物起源、社会常识与伦理道德，知识结构趋向合理，"'日月星辰，人民种类，阴阳寒暑，四时八节，三皇五帝，宫商角徵羽，金木水火土，九州八音，山川道径，奇形之物……天地宗祖之源，人事之矣'，无所不揽，称得上是一部生活小百科全书"②。此书在中唐以后在中原流行，后期传播到西北地区。其价值日本学者那波利贞把《珠玉抄》称之为"学海遗珠"和"天壤间的瑰宝"③。还有唐太宗时流传杜嗣先撰写的《兔园册》一书，又称《兔园册府》，内容丰富，浅显通俗，典故引用丰富，词精义微，已成为乡民俗子的通俗读物，供民间学习专用的书籍，为村塾盛行之书，称为人间瑰宝也。《新五代史》卷55《刘岳传》载："宰相冯道世本田家，状貌质野，朝士多笑其陋。道旦入朝，兵部侍郎任赞与岳在其后，道行数反顾，赞问岳：'道反顾何为'？岳曰：'遗下《兔园册》耳。'《兔园册》者，乡校俚儒田夫牧子之所诵也，故岳举以诮道。道闻之大怒。"再有《太公家教》卷1，作者不详，宋人王明清：《玉照新志》卷3《丛书集成初编》认为："当是有唐村落间老校书为之。太公者，犹曾高祖之类，非渭滨之师臣明矣。"其意是说，此处所谓太公并非指在渭水之滨钓鱼、八十始遇周文王，然后辅助周武王灭商兴周的姜太公吕尚。余嘉锡在《四库提要辨证》中也认为："名书之意，仍当以王明清说为是。要之无论如何，绝非伪托为齐太公所撰，则可断言也。"④ 书中主要内容或观点摘录《礼记》《论语》《孝经》等文化经典之书，经作者逻辑运

---

① 胡戟、傅玫：《敦煌史话》，中华书局 1995 年版，第 184 页。
② 吴枫：《吴枫学术文存》，中华书局 2002 年版，第 353 页。
③ ［日］那波利贞：《唐代社会文化史研究》，创文社（东京）1977 年版，第 221 页。
④ 余嘉锡：《四库提要辨证》卷 14，第 723 页。

思，成为系统家教读本，以实现"礼乐兴行，信义成著，仁道立焉"的目标，达到"助幼童儿，用传于后"的目的。此书在民间有较大影响，广泛流传，"这个童蒙读本的流传之广、使用时间之长，恐怕再没有第二种比得上它的"[1]。在唐玄宗时，命徐坚等撰写的《初学记》30卷，以知识为重点兼顾辞藻典故及文章名篇，等等，对提高少年文化水平和思想道德知识也有广泛影响。

上述通俗读物在唐代社会的普及，对于提高国民文化素养起到了极大的促进作用。主要表现在：

——庶民对思想道德基本观念较为普遍了解，突出体现在忠孝节义等儒家所倡导的思想和道德伦理知识，了解"事父尽孝，敬上爱下，泛爱尊贤"仁爱观；"立身之本，义让为先"道德观；"见人善事，必须赞之，见人恶事，必须掩之"是非观；坚持勤奋学习发展观，明白"勤是无价之宝，学是明月神珠"之理；树立"小儿学习如日出之光，长而学习如日中之光，老而学习如日暮之光"的终身学习观。

——庶民对历史地理基本知识有一定程度的了解。如对《珠玉抄》中的《论三皇五帝》《论三川八水五岳四渎》等知识，"何名三皇？伏羲、神农、黄帝。""三皇何姓？伏羲风姓，神农姜姓，皇（黄）帝姬姓。""何名三史？《史记》《前汉书》《东观汉记》。""何名五岳？东岳泰山，豫州；西岳华山，华州；南岳衡山，衡州；北岳恒山，定州；中岳嵩山，告城县。"一些庶民能出口成诵。

——庶民对天文历法基本知识大多了解。开元年间王希明写成的《丹元子步天歌》一书，既是认星歌诀，又划分了星空新体系(只按二十八宿划分星空)，内容易记，利于背诵，便于流传，促进了星象知识的进一步普及。流传到现代的唐代二十八宿铜镜，就体现了星象知识的传播与影响。在敦煌文书中所保存的敦煌郡布衣窦某抄录的《甲寅年日历》也是一个明证。

---

① 王重民：《敦煌古籍叙录》卷3，中华书局1979年版，第220页。

——庶民对简单的数学知识学习相当普遍。在敦煌文书中，至今保存着庶民抄录的相关数学残卷，如《立成算经》《算经》《算学》等；九九乘法口诀表书写在《敦煌十二咏》的卷末，一些庶民会背诵使用，在民间口口相传。

——庶民在文化交流中对文学、音乐舞蹈知识提高较快。唐代既是一个学习的社会，又是一个开放的社会。因而，庶民的文学、音乐舞蹈素养较高。从文学知识来说，如在英国伦敦博物馆所藏敦煌文书斯 6537 号，有《放妻书》一道（系唐代敦煌地区庶民离婚书），除个别地方有文字错误或缺漏外，总体上说文笔流畅，有较高文学修养。① 从音乐素养来看，诗人元稹《和李校书新题乐府十二首·法曲》中写道："自从胡骑起烟云，毛毳腥膻满咸洛，女为胡妇学胡妆，伎进胡音务胡乐……胡音胡骑与胡妆，五十年来竞纷泊。"② 就其意来说，自胡人风俗习惯传入中原以来，洛阳、咸阳到处可见胡人风俗，女人学胡人化妆，艺技学习胡人音乐，现在胡人的音乐、化妆艺术等方面的习俗已深入人心，五十年来人们竞相模仿。正如《全唐诗》卷 298，王建：《凉州行》所载：形成了"城头山鸡鸣角角，洛阳家家学胡乐"的局面。从舞蹈素养来讲，庶民中集体舞盛行，李白诗曰："李白乘舟将欲行，忽闻岸上踏歌声，桃花潭水深千尺，不及汪伦送我情。"③ 尽管作者以比兴手法形象性地表达与朋友汪伦真挚纯洁的深情，但也体现了庶民对集体舞蹈之喜爱，表现出歌舞已深入庶民的日常生活中。

与此同时，国民文化素养的普遍提高，从基础意义上说，更是妇女文化素养普遍提高的体现。这是因为，《唐律疏议》曰："妻者，传家事，承祭祀。"④ 妇女不仅担负着上承先祖下继万世及养教的责任，还承担着祭祀列祖列宗的风俗重任。所以，妇女文化素养的提高，对于传承民俗文化，教育子女，稳定

---

① 吴枫、郑显文：《唐代庶民阶层的文化素质初探》，《社会科学战线》1993 年第 1 期。
② 侯磊：《唐诗中的大唐》，安徽人民出版社 2013 年版，第 15 页。
③ 吴春荣：《唐人 100 名句赏析》，上海教育出版社 2008 年版，第 60 页。
④ 《唐律疏议》，中华书局 1983 年版，第 257 页。

社会是至关重要的。《朝野佥载》载：并州人毛俊子年四岁，千字文皆能默写，则天召见谢字。《唐诗纪事》卷78载："武则天如意（692年）年间，有女子年九岁，能吟诗，则天试之，皆应声而就。"据传，白居易诗稿初成后，常读给街头妇女听，而她们竟听得懂，可见这些妇女具有一定的文化素养。白居易在《与元九书》中称："自长安抵江西三四千里，……士庶、僧徒、孀妇、处女之口，每有咏仆诗者。"宦官及士大夫之家妇女更有文思敏捷、才高之特点。"有倚女才为夫征官求仕者，如开元年宋庭瑜之妻魏氏，'恨其夫为外职，乃作书（张）说'，为其夫申理，并寄《南征赋》一首，张说读诗后，感叹再三，结果魏氏如愿以偿。"再如，大历年间十才子之一的吉中孚妻张氏，与丈夫在闲暇之日，常一起吟咏诗篇。据季振宜《全唐诗》所录，"唐代诗人1895人，其中女性诗人有124人，占总数的6.5%"[①]。由此比例可以看出，唐代女性文化素养普遍较高。

2.知识人物地区分布，代表着该地区国民文化与科技知识素质发展水平

一个国家一定历史时期的知识人物地区分布情况，既表现出这个地区的社会、家庭的教育水平，又表现出这个地区的国民文化与科技知识素质发展水平，乃至整个社会发展的程度。关于唐代知识人物地区的分布情况，王世举从统计新旧《唐书》《登科记考》《全唐诗》《全唐文》的历史人物，筛选出其中的知识人物为研究对象，以定量研究的方法对唐代知识人物地理分布的状况、特征、时代变化进行了探讨，同时从知识人物地理分布的角度再次审视了唐代文化地理的分布状况。[②]

唐代初期（618—741年）知识人物统计到1217人，约占整个唐代知识人物总量的39.31%，是整个唐代最多的一个时期。人物分布涉及18个省（道）区的310个县。

---

① 何世剑：《中国艺术美学与文化诗学论稿》，江西人民出版社2013年版，第240页。
② 王世举：《唐代知识人物的地理分布》，华东师范大学硕士学位论文，2002年。

表2　唐初期知识人物分布概况

省（道）	知识人物数量	占本期总人数比例	排名	备注
陕西	289	23.75%	1	——
河南	242	19.88%	2	——
河北（含辽宁）	175	14.38%	3	唐初辽宁大部同属河北道，1人
山西	136	11.18%	4	——
江苏	102	8.38%	5	——
山东	86	7.07%	6	——
浙江	47	3.86%	7	——
甘肃	32	2.62%	8	天水地区最多，16人
湖北	29	2.38%	9	——
四川	27	2.22%	10	——
安徽	16	1.31%	11	——
江西	11	0.90%	12	——
广东	10	0.82%	13	——
湖南	8	0.66%	14	——
福建	3	0.25%	15	——
广西	1	——		——
新疆	1	——		——

通过初唐时期知识人物分布可以看出，其基本特征，以南北方（淮河—秦岭为界）比较，北方多于南方；从地理条件看，黄河流域多于其他地区；从政治文化发达意义上说，陕西、河南两省多于其他省区，占总知识人物的43.63%。这说明唐代初期知识人物分布不均衡。

唐代中期（742—820年），产生知识人物1063人，约占整个唐代知识人物总量的34.33%。分布在20个省（道）的258个县，比唐初期减少52个县。

表3　唐中期知识人物分布概况

省（道）	知识人物数量	占本期总人数比例	排名	与唐初期相比
陕西	214	20.13%	1	比唐初期的23.75%明显下降
河南	212	19.94%	2	比唐初期的19.88%稍有上升

续表

省（道）	知识人物数量	占本期总人数比例	排名	与唐初期相比
河北	150	14.11%	3	比唐初期的 14.38%稍有下降
山西	117	11.01%	4	比唐初期的 11.18%稍有下降
江苏	86	8.09%	5	比唐初期的 8.38%略有下降
浙江	65	6.11%	6	比唐初期 3.86%大幅上升
山东	58	5.46%	7	比唐初期的 7.07%下降较大
甘肃	35	3.29%	8	比唐初期的 2.62%明显上升
四川	26	2.45%	9	比唐初期的 2.22%稍有上升
湖北	25	2.35%	10	比唐初期的 2.38%稍有下降
福建	22	2.07%	11	比唐初期的 0.25%大幅上升
安徽	12	1.13%	12	比唐初期的 1.31%有所下降
广东	11	1.03%	13	比唐初期的 0.82%稍有上升
江西	10	0.94%	14	比唐初期的 0.90%稍有上升
湖南	8	0.75%	15	比唐初期的 0.66%稍有上升
宁夏	5	——	——	——
辽宁	4	——	——	——
吉林	1	——	——	——
青海	1	——	——	——
新疆	1	——	——	——

　　唐中期知识人物分布，除统计到知识人物地区的数量减少因素外，从总体上看，陕西、河南两省区仍然具有多数优势，但与同期相比，呈现出南方多数省区知识人物比例增大，北方多数省区知识人物比例有所下降态势。

　　唐代晚期（821—907 年）产生知识人物 816 人，占整个唐朝知识人物总数的 2.636%。分布于 19 个省（道）的 226 个地区，分布地区的数量较初唐的 311 个、中唐的 258 个地区又有减少。

表4 唐晚期知识人物分布概况

省（道）	知识人物数量	占本期总人数比例	排名	与唐中（初）期相比
河南	146	17.89%	1	比唐中期的19.94%明显下降
陕西	138	16.91%	2	比唐中期的20.13%明显下降
河北	81	9.93%	3	比唐中期的14.11%明显下降
浙江	65	7.97%	4	比唐初期的3.86%、中期6.11%继续上升
江苏	62	7.60%	5	比唐中期的8.09%有所下降
山东	58	7.11%	6	比唐中期的5.46%大幅上升
山西	56	6.86%	7	比唐中期的11.01%减少近半
福建	56	6.86%	7	比唐初期的0.25%、中期2.07%继续上升
江西	33	4.04%	9	比唐初期的0.90%、中期0.94%继续上升
安徽	27	3.31%	10	比唐中期的1.13%增长两倍之多
四川	24	2.94%	11	比唐初期的2.22%、中期2.45%继续上升
甘肃	20	2.45%	12	比唐中期的3.29%明显下降
湖北	16	1.96%	13	比唐初期的2.38%、中期2.35%继续下降
广东	13	1.59%	14	比唐初期0.82%、中期1.03%继续上升
湖南	11	1.35%	15	比唐初期的0.66%、中期0.75%继续上升
广西	6	0.74%	16	——
宁夏	2	——	——	——
青海	1	——	——	——
云南	1	——	——	——

　　唐晚期知识人物分布，除北方的省区统计到知识人物地区的数量减少因素外，呈现出北方知识人物下降与南方知识人物增多态势，表现出南方省区的广西、云南省知识人物增多；南方省区的浙江省、福建省、江西省、安徽省、四川省、江西省、广东省、湖南省等知识人物持续增加。就此意义上说，我国文化南移现象开始显现。

3.科技发展与创新，体现了国民科技知识发展的最高水平

唐代科学技术的进步，不仅体现着这一时代的科技水平，也反映着国民的科技知识水平。

其一，天文科学发展尤为明显。天文学家张遂（683—727年），出家嵩山，法号一行，又称僧一行，天文历法研究成果突出，率领考察队，到河南滑县、浚仪、扶沟、上蔡等地观测太阳的运转情况，测量滑县、汴州、许州、豫州一线纬度，"得出子午线长一度为351.27唐里，合今129.22公里，打破了'日影千里差一寸'的传统说法"[①]，领先于世界近一个世纪。张遂于开元十五年（727年）所修订的历法——《大衍历》，依据日影实测以确定历法，纠正前代历法中的错误，计算较为准确，是当时世界上最为精密的历法，曾在日本等国广为流行影响甚大，代表了唐代的天文知识水平。

其二，算学有显著进步。著名算学家李淳风在广泛地搜集整理了古代算学遗产的基础上，所注的《算经十书》达到了当时算学的最高水平。《旧唐书》卷79《李淳风传》载：高宗下令"国学行用"，为当时数学知识的普及和发展提供了学理上的指导。另一位唐初大算学家王孝通，对算学的研究更有重要成果，他所著的《辑古算经》提出三次方程式的正根解法，对中国古代代数上的方程式论证有重大贡献。还有韩延其著作《算经》重点研究了实用数学知识和计算技术，简化了过去繁杂的演算过程，不仅为手工业、建筑业的蓬勃发展奠定了坚实的基础，而且代表了唐代的算学知识水平。

其三，医学科学取得新成就。从敦煌遗书医学卷中可以看出，医科学已分为医经、针灸、本草、医方四类[②]。医疗分科已非常清晰，对疾病诊断已基本掌握。著名医师孙思邈（581—682年）所著的《千金方》一书，是一部具有代表性的伟大医学著作，不仅总结了前人的医学成果，提出了医病新见解，而且搜集了民间新单方，汇制了新秘方，对我国古代医学发展具有里程碑的作

---

① 赵毅、赵轶峰主编：《中国古代史》，高等教育出版社2002年版，第548页。

② 赵健雄、苏彦玲：《敦煌遗书医学卷考析》，《敦煌研究》1991年第4期。

用。同期的 659 年（显庆四年），药物学发展也具有新的标志，苏敬等二十余人编撰完成的《唐新本草》53 卷，收录药名 844 种，纠正了以前医药学著作中的许多错误。"这是世界上第一部由国家颁布的药典，比欧洲最早的佛罗伦萨药典早 800 多年。"① 可以看出，唐代医学水平之高。

唐代的建筑艺术有很大成就，尤其是桥梁的建筑，更有卓越的贡献，赵州石桥便是中国古代劳动人民的杰出创造。这种空撞券桥，在欧洲始见于 14 世纪法国泰克河上的赛雷桥，比我国迟了七百多年，且早已经毁掉。由此可以证明，唐代国民建筑技术领先于世界。

总之，一个社会的科学技术普及程度，是国民文化与科技知识素质的重要标志，关系到经济振兴、科技进步和社会发展的全局。唐代科学技术的普及和发展进一步证明，只有国民科学技术水平的提高，才能从根本上促进经济发展，推动社会进步。

（二）国民思想素质发展特征明显

思想素质所具有的价值取向性，引导着国民素质发展。唐代国民在社会环境的影响与文化的作用下，形成了鲜明的思想素质特征。

其一，强烈的重教重学意识。唐代是一个重教重学的社会，庶民家教成风，子弟奋发学习成才有作为，其例举不胜举。《唐语林》卷 4 载：薛元超考进士不中，对人说："吾不才……平生有三恨，始不以进士及第。"岑参有诗云："归去新战胜，盛名人共闻，乡连渭川树，家近条山云。夫子能好学，圣朝全用文。"②《新唐书》卷 166 列传第 78 载："颜真卿字清臣，秘书监师古五世从孙。少孤，母殷躬加训导。即长，博学，工辞章，事亲孝。开元中，举进士，又擢制科。"《新唐书》卷 160《扬凭传》载：扬凭"虢州弘农人，少孤，其母训道有方，长善文祥，与弟凝、凌皆有名。大历中，躃擢进士第，时号'三扬'"。

---

① 赵毅、赵轶峰主编：《中国古代史》，高等教育出版社 2002 年版，第 549 页。
② 王启兴主编：《校编全唐诗》上，湖北人民出版社 2001 年版，第 760—761 页。

《旧唐书》卷 166《元稹传》载：元稹"八岁丧父，其母郑夫人，贤明夫人也，家贫，为稹自授书，教之书学。稹九岁能属文，十五两经擢第。"《旧唐书》卷 173《李绅传》载："李绅字公垂，润州无锡人。……绅六岁而孤，母卢氏教以经义，绅形状眇小而精悍，能为歌诗，乡赋之年，讽诵多在人口，元和初，登进士第。"《旧唐书》卷 177《扬收传》载：扬收"七岁丧父，居丧有如成人，而母长孙夫人知书，亲自教授，十三，略通诸经义，善于文咏，吴人呼为'神童'。"以上成才案例充分证明，成才者早年都得益于母亲的教育和自身的奋发学习，也体现了唐代社会强烈的重教重学意识。

其二，积极的参政议政意识。唐代创建科举制度，革除前代社会选人、用人的弊端，打破封建地主阶级垄断仕途的特权，对于治国用兵之良才，或通过科举考试，或直接由政府通过考察的方式任命，所选拔的人才包括孝行卓著的人、品德高尚的人、才华横溢的人、有特殊才能的人等，为庶民子弟进入仕途，取得参政议政机会提供了广阔的舞台。

以"唯孝唯悌"选官。因孝被选拔做官的典型可谓不少，唐初王少玄，其父在隋末年间被乱兵所害，是遗腹子，十多岁时向母亲询问父亲在哪儿，母亲告诉他实情后，哀泣不已，想找到父亲的尸体来安葬。由于其父被害时正值战乱时期，白骨蔽野，根本无法辨识。少玄突然想到，儿子的血沾到父亲的尸骨上，一定会渗入尸骨中，正所谓父子连心。有了一线希望后，少玄刺伤身体尝试，经不懈努力，找到了父亲的尸骨，并好生将其安葬。但是在这之后，少玄全身长满了病疮，过了好多年才痊愈。鉴于少玄的表现，贞观时州长官推荐他做官，后拜为徐王府参军。高宗时有个叫元让的人，年少时考取明经及第，其母生病了，所以就不愿意做官，亲自为母亲端药膳，尽心尽力地侍奉母亲，数十年间没有出家门。其母去世后，永淳元年时，巡察使向朝廷禀报，认为元让是至孝之人，推荐其做官，后擢拜其为太子右内率府长史。①

以吟诗才华选官。《隋唐嘉话》卷中载：贞观时期，庶民李义府，经寒门

---

① 张晓、侯吉庆：《以孝选官：孝与古代选官制度》，中国国际广播出版社 2014 年版，第 89 页。

出身的马周、刘泪所推荐，唐太宗召见他，试令咏乌，以检验其之文才，李义府立吟诗一首，云："日里飏朝彩，琴中闻夜啼。上林多许树，不借一枝栖。"前两句以借喻描述飞鸟沐浴在太阳的光辉之中，内含歌颂皇恩浩荡之意；后两句以借上意，委婉含蓄，巧妙地向太宗求官，以进入仕途，孝忠朝廷。太宗听后极为满意曰："吾将全树借汝，岂惟一枝！"不久就提拔李义府为监察御史，后至官为宰相。

以推荐形式得官者。约在开元前后，《弘治易州志》卷上，《官绩》云："苏灵芝，武功人，初为逸士，以文学举，玄宗时授登仕郎，行本州录事。"

以上选官方式，不仅为庶民百姓参政议政提供了广阔的舞台，而且说明了庶民百姓参政议政意识较高。

其三，浓厚的自主与开放意识。主要体现在妇女阶层婚姻观念，呈现出封建社会前所未有的独立自主与开放性特征。表现在：（1）恋爱自由，如《全唐诗》卷800载：女子晁采自小与邻居一个书生文茂相好，"约为伉俪"。长大后文茂还经常寄诗文给晁采。偶有机会还偷偷媾欢。晁采的母亲知道此事后，慨叹道："才子佳人，自应有此。"遂将女儿嫁给文茂。（2）婚姻自主，如唐牛憎孺《玄怪录》卷1载：有京兆韦氏女，"及笄二年"，随有"父母之命，媒妁之言"，然而不合意者，"终不结"。其后"有进士张楚金求之，母以告之，女笑曰：'吾之夫乃此人也。'"其女许可，择吉日成婚。（3）思想开放，正如"《古今图书集成》所列的'闺节''闺烈'两部书中收入的烈女节妇，唐代只有51人，宋代增到267人，而明代竟达36000人。"[1] 三个朝代的烈女节妇数字证明了高世喻在《唐代妇女》一书中所认为，唐代女性阶层是"身份最为独立，同时最具开放性的一个阶层"[2]。

概而言之，唐代妇女独立自主意识较强，坚持婚姻自主，从封建礼教束缚中解脱出来，也在一定程度上反映了国民自主与开放意识水平的真实性。

---

[1]　汪玢玲：《中国婚姻史》，武汉大学出版社2013年版，第204页。

[2]　高世瑜：《唐代妇女》，三秦出版社1988年版，第92页。

（三）国民道德素质中的诚信特征凸显

道德素质形成过程中所具有的动变性、反复性与不稳定性特征，成为国民素质提高的难点。正如严复所认为的："民德之事，尤为三者之最难。"① 这是因为，素质是人固有的、基本的发展体现。所以，人的道德生活实际存在于素质的发展系统之中，其道德素质的诚信要素必然是整体素质发展的集中体现。就此意义上说，人们的诚信水平如何，其道德素质也就如何。《新唐书・太宗本纪》中载："（六年）十二月辛未，虑囚，纵死罪者归其家。""（七年）九月，纵囚来归，皆赦之。"② 其意是说，贞观六年十二月二十二日，唐太宗李世民讯察记录囚犯的罪状，放死刑罪犯回家探视。贞观七年九月，上年放回探家的死罪囚犯都返回监狱，全部被赦免死刑。《新唐书・刑法志》也有关于此事的记载："六年，亲录囚徒，闵死罪者三百九十人，纵之还家，期以明年秋即刑；及期，囚皆诣朝堂，无后者，太宗嘉其诚信，悉原之。"③ 唐太宗李世民和囚犯约定放他们回家，结果时间到了囚犯果然一个不少地回来了，皇帝赞赏囚犯讲求诚信，就把他们都放了。白居易《新乐府・七德舞》诗中"怨女三千放出宫，死囚四百来归狱"④ 再次说明了此事的真实性，讲求诚信为荣的道德性，以德感人，人心归顺，诚信有德，无信不立，"知义之道""与华夏同风"。

反映唐代国民道德素质水平的另一个标志就是罪囚减少。"到贞观四年的时候，房玄龄报告，府库甲兵，远胜于隋世"，与此同时，社会财富积累也到了相当程度，社会治安良好。这一年，判死刑的人只有二十九人，刑法几乎停止。夜不闭户，路不拾遗的和谐景象出现。⑤ "史载开元十八年（730 年），一年之中天下犯罪的仅二十四人。"⑥ 体现出《旧唐书・玄宗本纪・史臣曰》："贞观之风，一朝复振。"

---

① 严复：《原强修订稿》，《严复集》第 1 册，中华书局 1986 年版，第 27 页。
② （宋）欧阳修、宋祁撰：《新唐书》，中华书局 2000 年版，第 21、22 页。
③ （宋）欧阳修、宋祁撰：《新唐书》，中华书局 2000 年版，第 928 页。
④ 彭黎明、彭勃主编：《全乐府》第 5 册，上海交通大学出版社 2011 年版，第 44 页。
⑤ 孟宪实：《孟宪实讲唐史：从玄武门之变到贞观之治》，广西大学出版社 2007 年版，第 124 页。
⑥ 陈致平：《中华通史 第 4 卷 隋唐五代史》，花城出版社 2003 年版，第 171 页。

也正如史书所记载的"海内升平""夜不闭户"的太平景象,真实反映出国民的道德素质水平。

第二节　唐代国民素质高度发展成因

在唐代尤其是发展的鼎盛时期,形成了恢宏壮阔的盛唐画卷。唐太宗贞观之治、玄宗开元之治,使社会发展达到鼎盛,标志着生产力发展、政治清明、文化繁荣、教育与学风大兴的人民安居乐业太平治世出现。《通典·卷一五·选举典·历代制》载:"家给户足,人无苦窳。四夷来同。海内晏然。"言明了社会物质财富极大丰富,周边邻邦纷纷服膺的太平盛世的形成。儒、释、道三教并立的多元意识形态形成,文人张扬,胡风弥漫,都市繁华,诗赋辉煌,呈现出博大开放的社会景象。王之涣《登鹳雀楼》曰:"欲穷千里目,更上一层楼",反映着国民充满自信心、积极进取的时代精神。良好的社会环境、富裕的经济条件、开放进取的社会心态与国民奋发向上的精神追求,互为基础、相互给力,推动着国民素质向高层次发展,成为国民素质高度发展的根本原因。

一、经济发展和繁荣:国民素质发展的保障原因

唐代从建国至玄宗的天宝一百余年间,社会生产力空前发达,促进经济快速发展,出现了经济繁荣的局面,形成与社会生产力发展水平相得益彰的国民素质水平。唐代国民素质是什么样的,"……这同他们的生产是一致的——既和他们生产什么一致,又和他们怎样生产一致。因而,个人是什么样的,这取决于他们进行生产的物质条件"①。所以,个人有什么样的素质,也取决于他们

---

① 《马克思恩格斯选集》第1卷,人民出版社2012年版,第147页。

进行生产的物质条件。

（一）"贞观之治"民物蓄息，为国民素质发展提供了物质条件

唐太宗常以隋亡"赋繁役重，官吏贪求，饥寒切身"为戒，坚持推行"国以民为本，民以衣食为本"的重民政策，表明了国民素质发展价值取向。他在《帝范》务农曰："夫食为人天，农为政本。仓廪实则知礼节，衣食足则知廉耻。"[①] 内在包含着经济发展对提高国民文明素养的价值。正如马克思所指出的："……当人们还不能使自己的吃喝住穿在质和量方面得到充分保证的时候，人们就根本不能获得解放，'解放'是一种历史活动，不是思想活动，'解放'是由历史的关系，是由工业状况、商业状况、农业状况、交往状况促成的……"[②]，也包含着基础性的农业状况促成的。

其一，"使民衣食有余"，为国民素质发展提供基本生活保障。唐太宗为"使民衣食有余"，推行均田制与租庸调制。关于均田制实施，即把国家掌握的土地（主要是无主荒地）按一定数量分配给臣民。对百姓受田的规定，主要内容为：(1)《新唐书·食货志》载："人一顷，其八十亩为口分，二十亩为永业。"中男（16岁以上）和丁男（21—59岁）者，每人受口分田八十亩，永业田二十亩。(2)《新唐书·食货志》载："老及笃疾废疾者，人四十亩。""寡妻妾三十亩。""当户者增二十亩，皆以二十亩为永业。"老男、笃疾、废疾者受口分田四十亩，寡妻妾受口分田三十亩；这些人如果为户主，每人受永业田二十亩。(3)《唐六典》卷3《尚书户部》载："凡道士给田三十亩，女冠二十亩，僧尼亦如之。"道士、和尚给田三十亩，尼姑、女冠给田二十亩。此外，一般妇女、部曲、奴婢都不再受田。(4)《通典》卷2《食货》《田制》下载："诸以工商为业者，永业、口分田各减半给之，在狭乡者并不给。"工商业者受田减百姓之半。同时，对贵族官吏受田的也作出明确规定。对土地买卖的规定，贵族官僚的永川田和赐田，可

---

① 郑宏峰主编：《中华家训》第 1 册，线装书局 2008 年版，第 114 页。

② 《马克思恩格斯选集》第 1 卷，人民出版社 2012 年版，第 154 页。

以自由出卖；百姓迁移和无力丧葬的，准许出卖永业田。由此可以看出，在以土地为经济基础的封建社会，人人有田种，就实现了人人有饭吃、人人有衣穿，也就基本保障了人的生存和发展，其素质提高就有了基本的物质条件。

关于租庸调制。唐代前期，"在均田制的基础上推行的赋税徭役制度。这一制度的特点是只以丁为征收单位，只问丁身，不问财产。另外，不服徭役可以折'庸'代替。租庸调制是'有田则有租，有家则有调，有身勋有庸'。丁男每年向国家交纳粟二石，称作租。交纳绢二丈、绵三两或序二丈五尺，麻三斤，称作调。每丁每年服徭役二十天，如不服役，每天输绢三尺或布三尺七寸五分，称作庸，也叫'输庸代役'"①。进证言之，《通典》卷6《食货》《赋税》（下）载："武德二年（公元619年）制：每一丁，租二石。另记开元二十五年令：诸课户一丁租调，准武德二年之制，其调绢绵布并随乡土所出，绢绵各二丈，布则二丈五尺，输绢绵者绵三两，输布者麻三斤。"

由于唐太宗对农民采取推行均田制度，恢复农业生产轻徭薄赋的政策，一方面，租庸调制规定农民能纳绢代役，保证了农民的生产时间，对农民"省徭赋，不夺其时"，并招徕流亡，奖励垦殖，调动农民和流落逃亡者生产劳动的积极性，大量荒地被开垦出来，收获种地成果，使其基本素质发展得到保障。《通典》卷7《食货》7载："自贞观以后，太宗励精为理，至八年、九年，频至丰稔，米斗四五钱，马牛布野，外户动则数月不闭。至十五年，米每斗值两钱。""大唐贞观户不满三百万。三年，户部奏，中国人因塞外来归及突厥前后降附开四夷为州县，获男女一百二十余万口。十四年，侯君集破高昌，得三郡、五县、二十二城，户八千四十六，口三万七千三十一，马四千三百匹。"另一方面，发展租佃关系，增加国家收入，为发展工商业，促进经济繁荣奠定基础。正如有学者所认为的的："唐代经济的繁荣发展，原因是多方面的，而且租佃关系的发展则是其重要原因之一。"②实现了与生产力的高度发展相适应，改善了生产关系。

---

① 陈顺增主编：《土地管理知识辞典》，中国经济出版社1991年版，第105页。
② 潘镛：《论唐代租佃关系的积极意义》，《昆明师范学院学报》1984年第2期。

其二，手工业迅速发展，与劳动者素质相互促进。唐代无论私人手工业，还是官手工业都比较发达，构成了这一时期高度发展的封建经济的重要组成部分。私人手工业种类有纺织、染坊、纸坊、冶成坊、铜坊等，在城市、镇处处可见。《洛阳伽蓝记》载：洛阳大市，"市东有通商、达货二里，里内之人，尽皆工巧屠贩为生，资财巨万""市西有延酤、治觞二里，里内之人多酿酒为业""市北有慈孝、奉终二里，里内之人以卖棺椁为业，货辆车为事"；……"凡此十里，多诸工商货殖之民。"造纸、印刷、制茶、制糖、矿冶、酿酒业较为发达；官方手工业种类繁多，生产规模较大，分布地区较广，如冶炼、丝织、造纸、制瓷、制盐业发展迅速。由此看来，此间手工业迅速发展，显示出了劳动者素质水平之高，促进了商业的发展与繁荣。

其三，商业发展与繁荣，有利于国民开阔新思路、接受新观念、发展新素质。商业在长安、洛阳、扬州等城市呈现出空前繁荣景象。当时工商业城市最发达的是扬州，除扬州外，南是广州，西是成都，其次为洪州、江陵、江州，其地在扬、广之间，长江之岸，为贸易必经之路。有水路可通饶州。饶州有瓷器及银山铜铁之饶，官府钱币铸造集中于此。洪州为木材集散大市，故能成其经济之繁荣。梁州（治所今汉中）在长江中上游，控蜀益之货运，在唐时亦极繁荣。其地"水陆所凑，货殖所萃，盖一都之会也"①。在此期间，商业发展与繁荣，水、陆路通达四方，不仅为满足人们生活多样化需求提供了条件，在物品上给予保障，还为人们之间的相互交往提供了便利条件，在交往中开阔新思路、形成新观念、发展新素质。在其现实性上，人们在狭隘封闭中生活，其视野是不可能宽广的，他的发展或素质的提高也只能局限于他所生活的地域性的观念文化，而商业的发展与交通的便利，为人们相互间交往铺平了道路，实质上，也是为人们开阔新思路，接受新观念，发展新素质铺平了道路。

总之，"贞观之治"时期，农业、手工业和商业的迅速发展，与劳动者素质互为条件，互相促进，正如《贞观政要》卷1《政体》所载："至贞观三年，

---

① 朱伯康、施正康：《中国经济史》（上卷），复旦大学出版社2005年版，第458页。

关中丰熟，咸自归乡，竟无一人逃散。其得人心如此。""商旅野次，无复盗贼，囹圄常空，马牛布野，外户不闭。又频致丰稔，米斗三四钱，行旅自京师至于岭表，自山东至于沧海，皆不赍粮，取给于路。入山东村落，行客经过者，必厚加供待，或发时有赠遗。此皆古昔未有也。"既显示出了经济发展的水平和繁荣景象，为国民素质发展奠定了物质基础，促进社会生活和谐，在相互交往中生成新观念；又显示出劳动者素质在经济发展中的促进作用，主要表现在提高农业科学与劳动者技术水平等方面。

（二）"开元盛世"民丰物阜，为国民素质发展进一步奠定物质基础

唐玄宗在统治初期，就极为重视经济发展，在承继武则天"政启开元"经济发展成就的基础上，针对当时经济发展的弊端，采取重大改革措施，短短几年，就开创了"赋役宽平，刑罚轻省，百姓富庶"灿烂辉煌的"开元盛世"局面。实践也进一步证明，"人们自己创造自己的历史，但是他们并不是随心所欲地创造，并不是在他们自己选定的条件下创造，而是在直接碰到的、既定的、从过去承继下来的条件下创造"①的社会发展规律。

其一，采取多种措施，深化农业改革，促进农民素质的提高。主要体现在：（1）兴修水利，为农业生产发展创造条件。《新唐书》卷39、40、42《地理志》3、4、6载：开元年间，多次兴修农田水利，直接促进农业生产的发展。开元二年（714），在文水东北开甘泉渠、荡沙渠、灵长渠，引文谷水溉田数千顷。开元四年(716)三河(今河北三河)修渠河塘、孤山陂，溉田三千顷。开元中，彭山（今四川彭山）开通济大堰一，小堰十，溉田一千六百顷。开元二十七年（739），武陵（今湖南常德）修北塔堰，溉田千余顷。不仅使"百姓大获其利"，而且改善了农业生产条件。（2）改变食封制度，从经济上削弱贵族的势力。唐代初期，凡受封的王公贵族，封户的租调由受封者征收。但唐初受封者仅二三十家，封户也不过千余户。中宗以后，受封者增多，所封户数也远远超

---

① 《马克思恩格斯选集》第1卷，人民出版社2012年版，第669页。

过唐代初期。中宗时的受封者多达一百四十余家,封户遍及五十四州,安乐公主食封四千户,长宁公主三千五百户。睿宗时太平公主食封一万户。食封者不仅征收租调,影响朝廷收入,还任意敲诈封户,使封户增加许多额外负担。玄宗改变旧制,封户的租调由朝廷统一征收,食封者到朝廷定额领取。这样,既加强了朝廷对全国财政的控制能力,也减少了封家对封户的许多苛索,有利于提高农民的生产积极性①,为提高其素质提供生活条件。(3)进行兵制改革,有利于农民安心农业生产。《资治通鉴》卷 214,玄宗二十五年载:开元二十五年 (737),根据边防的需要,"于诸色征人及客户中招募丁壮,长充边军,增给田宅,务加优恤"。朝廷供给兵勇衣粮,安心长期戍边,减轻农民负担。

正是由于唐玄宗在农业政策上采取重大改革措施,极大地促进了农业发展,生产力水平才得到新的提升,表现出两大特点:一是调动了农民种田的积极性,土地开发利用程度显著提高。"根据现有史料推算,当时全国实际耕地面积约八百五十万顷,折合今亩达 6.6 亿亩(当下的中国为 18 亿亩),人均占有达 9 亩多,远远超过我国今日的平均数(1.4 亩)。"② 二是农民不断改进生产工具,提高了生产力水平。据史载,唐初期 130 年,修建水利工程 160 多项,灌溉工具有翻车、连筒、桶车、水轮等,提水上高地,发明割麦工具钐子等。一名青壮劳力使用钐子一天内可以收割 4 至 5 亩小麦,大大提高了劳动效率。毫无疑问,农业的丰收为人的素质基本发展提供了必要的条件。《通典》卷 15《选举·历代志》载:开元时"家给户足,人无苦窳,四夷来同,海内晏然。"《新唐书·食货志》卷 51 载:"是时(开元时),海内富实,米斗之价钱十三,青、齐间才三钱。绢一匹,钱二百。道路列肆,具酒食以待行人。店有驿驴,行千里不持尺兵。天下岁入之物,租钱二百余万缗,粟千九百八十余万斛、庸调绢七百四十万匹,绵百八十余万屯(绵六两为屯),布千三十万五余端。"《通典》卷 12 载:"天宝八年(749),全国各地存粮共有九千六百零六万二千二百二斗

---

① 白寿彝总主编,史念海主编:《中国通史第 6 卷中古时代·隋唐时期》上册,上海人民出版社 2013 年版,第 319 页。

② 张国刚:《唐玄宗之路》,《光明日报》2007 年 5 月 24 日。

石。开元天宝之中，耕者益力，四海之内，高山绝壑，耒耜皆满。人家粮储皆及数岁，太仓委积，陈腐不可校量。"①

从以上记载可以进一步证明，一方面生产力是人自身实际具有的体力、智力和能力的总和，也是现实人的素质的总体水平；另一方面，生产力决不是单一的主体的物质力量，也包括主体的精神力量和科学技术水平。因此，发展生产力与提高国民素质具有内在一致性。

其二，手工业获得空前发展，积极作用着国民新发展观念的形成。农业的发展为手工业提供了原料，带动着手工业的发展。唐代官府手工业，从大的土木工程建筑到小的精细织锦刺绣，从兵勇用的兵器到官吏用的笔墨纸张，从宗庙祭礼到宫廷日用物品，都极为富有与精练，表现出了技术革新的成就。民间私营手工业尤其是丝织业、铜铁锻造业发展突出。而"唐代私营手工业不仅有一般作坊手工业，且有大资本之邸店与绫机作坊联营之大型工场手工业，个别有官僚势力支配下使用奴隶劳动的以营利为目的家庭工场手工业。还有依靠聚居一处出卖劳动力之车工经营车行之手工业。这些都表示唐代手工业已发展到商人资本与手工业相结合的前夜。如再向前发展，可能出现资本主义生产方式的萌芽。"②

从这一时期的手工业发展水平可以看出，一方面，体现了手工业者的科技素质水平与创新能力，而其科技素质水平与创新能力的提高，又积极作用着手工业向高层次发展；另一方面，不仅为国民素质发展提供新的物质产品，也为国民在新的生产中形成新的发展观念。"……生产者也改变着，他炼出新的品质，通过生产而发展和改造着自身，造成新的力量和新的观念，造成新的交往方式，新的需要和新的语言"③，形成新的国民素质形态。

其三，商业进一步发展与繁荣，为人们在消费需要中发展和不断完善自身素质创造条件。农产品与手工业产品的交换，提高了社会购买力，从而促

① 元结：《问进士第三》，《元次山集》卷9，中华书局1960年版，第140页。
② 朱伯康、施正康：《中国经济史》上卷，复旦大学出版社2005年版，第445页。
③ 《马克思恩格斯文集》第8卷，人民出版社2009年版，第145页。

进着商业的发展和繁荣，其中长安、洛阳、扬州最为典型，呈现出空前繁华景象。长安和洛阳既是唐代的政治、文化中心，也是商品经济繁盛的中心。长安、洛阳两市商业区有东西二市，市肆（店铺）设在坊里，市场内四方珍奇，皆所积聚，供商品买卖。"长安城周约七十里，有宫城、皇城、京城三个部分。南北大街十四条，东西大街十一条。这些纵横交错的街道，将城内分隔成一百一十四个方块形区域，称为'坊'，坊间设东西两市，是著名的商业区。东市占两坊，共有二百二十个行业，数千家店铺，市上集中四方生产的商品，品种繁多。西市大体与东市相同。店铺设在市内，商人住在市的四面。"①当时，长安居住着许多知名商人，如邹凤炽，《太平广记》卷495《邹凤炽》载："邸店园宅，遍满海内黔。"还如王元宝，他以天下最富有者自称，敢同玄宗皇帝比富。在"八方称辐辏，五达如砥平"的扬州，有一条十分繁荣的商业市街，帆樯如林、灯火烛天，众多人进行商品买卖。扬州有着如此繁荣的市场，国际国内的商人正如《平山堂记》载："自淮南之西，大江之东，南至五岭蜀汉。十一路百州之迁徙贸易之人，往返皆出扬州之下。"在开元年间，"随着商业的繁盛，出现了一些藏镪巨万、邸店遍海内的大商人，他们多从事远地转运，获取巨额利润。更多的是小本经营、逐月食利的小商小贩。由于域外通商的发达，胡商遍布各大都会、名城"②。

由此可以看出，商业的进一步发展与繁荣，反映出了人们消费需求在不断地扩大，而在人的素质发展中，人的消费需要是发展和不断完善自身素质的动因。这是因为，人的消费需要就是人的素质发展需要行为的外化表现，是人为满足自身素质发展需要而进行的有效活动。

其四，交通发达与对外贸易的发展，有利于流动交往中获得新的素质观念。一方面，交通工具种类较多，有舆、马、舟、车，其中舆有腰舆、步舆，车有马车、牛车、手挽车；另一方面，人工道路向四面八方延伸，陆路以长安

---

① 十院校编写组：《中国古代史》，福建人民出版社1982年版，第249页。
② 白乐天主编：《中国通史》第2卷（图文版），光明日报出版社2002年版，第581页。

为中心，有许多干线通往四面八方。"长安通东都洛阳、开封，东达山东半岛，北达河西，南下扬州；从长安往西北经兰州，通西域中亚，或从兰州经青海去吐蕃；从长安往西南经汉中达成都，再达云贵南诏；从长安经河东到太原，再去幽州到东北一带；从长安南经襄阳，过长江，经长沙到广州，以及印度支那一带。"水陆交通线贯通全国，水路有大运河伸向南北，沟通南北水系，"经漕渠直达潼关，为大码头。30 里一驿，水驿 260，陆驿 1297，水陆兼驿 86 所，共 1643 所。当时陆上丝绸之路与海上丝绸之路是世界上东西水陆要道"①。据《唐六典·兵部尚书·驾部郎中》载："当时天下共设驿 1639 所，其中，水驿 260 所，陆驿 1297 所，水陆相兼驿 86 所。"各驿站负责传递官府文书，借供官吏往来驻足，同时也为国内商业贸易的发展提供了方便条件。《旧唐书》卷94 载：武后时，崔融说："且天下诸津，舟航所聚，旁通巴、汉，前闽、越，七泽十薮，三江五湖，控引河路，兼包淮海，弘舸巨舰，千舳万艘，交贸往返，昧旦永日。"这讲的是水路商品交换的盛况。《通典》卷 7 记述了东西南北商路的盛况："东至宋汴，西至岐州，夹路列店肆，待客酒馔丰溢，每店皆有驴赁客乘，倏忽数千里，谓之驿驴。南诣荆襄，北至太原、范阳，西至蜀川凉府，皆有店肆，以供商旅。"同期，唐代非常重视对外贸易关系的发展，在边界四境与各少数民族间贸易及与外国商人贸易，物品各需，与西域少数民族后突厥、回纥等，以丝、锦、绫罗、绢帛、金铁等物交易马匹、牛羊、珠宝等物。唐经南海航路与各国通商，外国商人如波斯、阿拉伯、印度、罗马人、犹太人皆有。唐代西北方陆路的国际贸易与南方水陆的国际贸易，形成了"两路"国际贸易之途径，不仅促进了经贸发展，还促进了国际文化交流。

由此而言，这一期间交通发达与对外贸易关系的发展，为人的流动与交往提供了便利，有利于克服主体在狭隘的地域内封闭发展，使人们突破国家、种族的限制，在流动交往中获得新的素质观念，正如马克思所指出："一个人的

---

① 车宝仁：《唐代的全面开放与经济文化的繁荣》，《西安教育学院学报》2002 年第 2 期。

发展取决于和他直接或间接进行交往的其他一切人的发展。"① 也就是说，一个人的发展程度如何，取决于与他人的交往程度如何，其素质发展也是如此。

二、政治开明：国民素质发展平台的支撑动因

唐太宗贞观年间（627—649 年）的"贞观之治"；唐玄宗在位的开元年间（713—741 年）的"开元盛世"，是唐代政治开明最具有代表性的时期，而作为统治阶级的政治开明是处于统治地位的政治开明，"统治阶级的思想在每一个时代都是占统治地位的思想。这就是说，一个阶级是社会上占统治地位的物质力量，同时也是社会上占统治地位的精神力量"②。其统治阶级占统治地位的物质与精神力量，与庶民的观念需求和利益需求基本一致性，必然成为支撑国民素质发展平台的主要动因。

（一）"贞观之治"清明的政治风气，促进国民素质观念的升华

贞观年间，君王李世民，在治国大政方针上，进行政治改革、解决民族矛盾、促进中外经济文化交流、以诚治国、崇俭，等等，具体体现在贞观二十二年（648 年）所写的《帝范》一书，这是一部论述人君之道的政治文献，指导社会发展的纲领。"饬躬阐政之道，皆在其中"③，从君体、建亲、求贤、审官、纳谏、丢谗、戒盈、崇俭、赏罚、务农、阅武、崇文等十二部分论述施政措施，使他的执政理念在实践中得到进一步升华，形成了"治国有良策，正君有帝范"的"贞观之治"局面，所表现出来的清明的政治风气，积极促进着国民内心世界的升华，不断形成新的价值观念，推动着国民思想素质的提高。

其一，制度与观念创新为"贞观之治"注入活力，也为国民素质发展提供了良好政治环境。唐太宗在制度创新中，设三省（尚书、中书、门下三省）六

---

① 《马克思恩格斯全集》第 3 卷，人民出版社 1960 年版，第 515 页。
② 《马克思恩格斯选集》第 1 卷，人民出版社 1995 年版，第 98 页。
③ 郑宏峰主编：《中华家训》第 1 册，线装书局 2008 年版，第 133 页。

部（吏、户、礼、兵、刑、工六部）制度，使决策、审核、执行各环节有机衔接，较为系统地形成了既分工明细，又相互监督的国家管理体系；既提高行政管理效率，又把政管运作中可能出现的失误或偏差降到较低的程度，集中体现了贞观时期君明臣贤、团结统一、高效廉洁的制度创新特征。特别是在太宗执政的 24 年中，励精政道，善于倾听不同意见，大臣力图竭尽所能，知无不言，进谏的官员近 30 人，魏征就是一个典型的代表。《旧唐书》卷 71 载："太宗尝劳之曰：'卿所陈谏，前后二百余事，非卿至诚奉国，何能若是？'"如不是卿竭诚为国效力，怎么能如此。在政治建设中，官员进谏切中时弊，不仅对太宗决策朝政帮助极大，为国家大治、国泰民安的宏伟目标实现起到积极的促进作用，而且对以诚信为主要内容的国民道德素质及法律观念发展影响极大。《贞观政要》卷 1，《政体》载：贞观四年，"法令严肃，谁敢为非？"此年，全国被判处死刑的仅有 29 人。① 在此意义上，反映出这一时期的政治清明与促进国民道德素质发展的必然性联系。

在民族观念创新中，改前代"华夷之辨"之风，禀执"中国既安，四夷自服"② 的方针。在对待少数民族态度上，正如唐太宗所曰："自古皆贵中华，贱夷、狄，朕独爱之如一，故其种落皆依朕如父母。"③ 正是唐太宗制定了友善的民族政策，促进了各民族间的经济文化交流，北方各族才把唐太宗尊奉为"天可汗"，成为当时天下的共主。他在社会发展的实践中奉行华夏一统，积极解决民族矛盾，不仅为中华民族的大融合不断输入亲和力，出现了"九重阊阖开宫殿，万国衣冠拜冕旒"的盛大场景，"华夷无别九州同""胡越一家华夏同乐"的和谐局面；而且增强了各民族间文化相互交流，有利于消除人与人之间交往的民族隔阂，扩展各民族成员发展视野。在贞观年间，佛教经典大量传到中国，并被译成汉文，广泛传播，促进着国民素质观念的调整和拓宽。中国先进的封建文化，也对亚洲各国乃至世界其他地区产生了重要影响，如丝绸、茶

① 邓晓宝主编：《强国之略战略史鉴卷》，解放军出版社 2014 年版，第 136 页。
② （宋）司马光编纂：《资治通鉴》卷 3，岳麓书社出版，第 528 页。
③ （宋）司马光编纂：《资治通鉴》卷 3，岳麓书社出版，第 596 页。

叶、瓷器、纸张等商品大量销往波斯等亚洲国家，又通过他们销往西方。可以说，唐太宗开明的民族观念和民族政策，是古来的帝王所不可比拟的。其执政理论的创新，不仅加强了民族友好往来，有利于相互学习与借鉴，而且为国民素质发展提供了新的观念和交流渠道，丰富了其新的素质内涵。在一定意义上，可以说，一个民族的素质观念发展如何，取决于其他民族交往的程度如何。

其二，科举取士方法创新，激发国民奋发向上、提升自身素质的热情。唐太宗在执政的实践中，改革科举取士方法，坚持选拔有才能的寒素之士，让有才能的庶民通过自己的奋斗努力，进入官吏队伍。如贞观年间，诏令各级州县举孝廉、茂才、好学、异能、卓荦（卓越超群、不甘受拘束者）之民，通过考核后，优秀者录用授予官职。这既极大地激发了庶民奋发向上、全面发展的热情，也尊重了人的"勇气奋发，性自然也"的发展规律。毫无疑问，人的发展平台拓宽，必然为国民提升自身素质带来希望和动力。这是因为，"外部世界对人的影响表现在人的头脑中，反映在人的头脑中，成为感觉、思想、动机、意志，总之，成为'理想的意图'，并且以这种形态变成'理想的力量'"①。

其三，涵容万物和开放接纳的和谐环境，为国民素质发展营造出宽松环境。唐太宗以"海涵一切，虚怀若谷，宽容包纳"的博大胸怀进行治国。他认为，国君应有"宽大其志，足以兼包"②的良好心态。他强调，国君不能以己为尊，不应以己为才，不应以一人之智为智，而应以众人之智为智。因此，他主动求谏，善于纳谏。《帝范》纳谏曰："言之而是，虽在仆隶刍荛，犹不可弃也。"③不管是地位低下的供役使的仆人，还是草野鄙陋之人，若说得对，就应该接受。《旧唐书·太宗纪》载：他任人唯贤，"拔人物则不私于党，负志业则咸尽其才"。表现在人才任用上，不别亲疏，唯才是举，如接受魏征等大臣的犯颜直谏，闻过则喜，这样的例子举不胜举。"考察'贞观之治'的历史，可

---

① 《马克思恩格斯选集》第4卷，人民出版社1995年版，第232页。
② 郑宏峰主编：《中华家训》第1册，线装书局2008年版，第135页。
③ 郑宏峰主编：《中华家训》第1册，线装书局2008年版，第140页。

以看出这一时期之所以达封建社会'治世'的极致，就是因为他上下弥漫着'和谐'的气度，内外渗透着'和谐'的血液。正是由于社会处于和谐状态，使得贞观一朝的社会政治生活呈现出祥和安定的氛围，形成了政通人和、上下同心的局面。"① 就此意义上，君臣和谐，则政治和谐，政治和谐，则社会和谐，社会和谐，则人人和谐，为国民素质发展营造宽松与和谐的环境。

（二）"开元盛世"政治新气象，为国民素质向新文明发展提供了宽松的政治文化环境

唐玄宗李隆基称帝前期，经历了七年的动荡，即 705 年唐中宗复位至 712 年玄宗李隆基称帝；称帝第二年，即在开元元年（713 年）太平公主阴谋发动政变，玄宗先发制人，诛除了太平公主及其党羽，改元开元，至此，唐代动荡的政治局面才趋向稳定。

唐玄宗统治时期，在政治上，承继了"贞观之治"的政治文明和文化遗产，借鉴贤君治国之道，励精图治，孜孜求治，重用贤能，任用贤臣姚崇为宰相兼兵部尚书，采纳他的抑权幸、爱爵赏、纳谏诤、却贡献、不与群臣亵狎的建议；针对弊政进行整顿改革，修订律法，裁汰冗官，抑制食封贵族，使唐王朝的政治、经济、文化进入极盛时期，史称"开元盛世"，形成了强大的、繁荣的、和谐开放的社会。《旧唐书》卷 9《玄宗纪下纪论》载："我开元之有天下也，纠之以典刑，明之以礼乐，爱之以慈俭，律之以轨仪。黜前朝微幸之臣，杜其奸也；焚后庭珠翠之玩，戒其奢也；禁女乐而出宫嫔，明其教也；赐酺赏而放哇淫，惧其荒也；叙友于而敦骨肉，厚其俗也；搜兵而责帅，明军法也；朝集而计最，校吏能也。庙堂之上，无非经济之才；表著之中，皆得论思之士。而又旁求宏硕，讲道艺文。昌言嘉谟，日闻于献纳；长辔远驭，志在于升平。"疆域达到《旧唐书》所载：中亚的绿洲地带亦受大唐支配，一度建立了南至罗伏州（今越南河静）、北括玄阙州（今俄罗斯安加拉河流域）、西及安

---

① 黄朴民：《"贞观之治"的三大特征》，《光明日报》2007 年 2 月 26 日。

息州（今乌兹别克斯坦布哈拉）、东临哥勿州（今吉林通化）的辽阔疆域。国土面积为 1076 平方公里。① 杜甫亲身经历了"开元盛世"，写诗《忆昔二首》第二首对当时的盛世概貌描述为：忆昔开元全盛日，小邑犹藏万家室。稻米流脂粟米白，公私仓廪俱丰实。九州道路无豺虎，远行不劳吉日出。齐纨鲁缟车班班，男耕女桑不相失。

就其社会的政治发展原因来说，革新体制是铸就"开元盛世"的根本原因。唐玄宗即位后，先后任用姚崇、宋璟、张嘉贞、张九龄、韩休等人为相，君臣相得四十余年，在政治、经济、军事和文化领域等进行一系列改革，执政水平有很大提高。中唐诗人李涉，在唐文宗大和年间（公元 827 至 835 年），途经骊山下的温泉宫，回想起一百年前的"开元盛世"，感发写下了七绝《题温泉宫》一诗，"能使时平四十春，开元圣主得贤臣。当时姚宋并燕许，尽是骊山从驾人"，确切地证实了开元年间君臣相得，获四十余年太平的盛世。与此同时，唐玄宗高度重视多元文化发展，也是形成盛世的主要因素，他提倡文教、整理古籍、大兴教化之风、促进中国化的佛教大发展，对于升华国民素质价值内涵和增加新的元素起到了推动作用。

由此看来，"开元盛世"首先是"政治清明的盛世"，不仅为人的自主性或自愿发展提供了宽松的政治文化环境，还为国民素质向新文明发展提供了宽松的政治文化环境，表现在诗歌创作方面人才辈出，创造了唐诗的灿烂辉煌，为后世称赞。著名诗人高适、岑参、王维，特别是李白、杜甫都生活在这个时代，而唐代中期的著名诗人(所谓大历十才子)即李端、卢纶、吉中孚、韩翃、钱起、司空曙、苗发、崔洞（一作峒）、耿湋、夏侯审等，也是这个时期培育出来的。在音乐、绘画、雕刻、塑造等艺术也无不有显著成就。在此期间，之所以诗人辈出、人才众多、硕果累累，国民文化素养普遍较高，一方面，说明了每个人发展的出发点总是他们预设自己的出发点，或依据自身特长和兴趣的出发点；另一方面，是处于既有的历史条件和社会关系范围内的自己，或借助

---

① 宋岩：《中国历史上几个朝代的疆域面积估算》，《史学理论研究》1994 年第 3 期。

现实的政治清明所搭建的平台发展自己。因而，才有选择自己发展的空间，提高素质的愿景。

三、以唐为中心的文化全面开放：国民素质发展的价值原因

在中国封建社会盛世的唐代，文化发展如同政治清明、经济繁荣一样，出现了昌盛的局面，既继承发展了秦汉文化的气象、魏晋文化的风度，又并蓄兼收外来文化的元素，形成了中外文化汇聚融合、开放发展的态势。研究唐代历史的一些学者曾形成基本共识，认为"唐代之所以朝气蓬勃、富有生机，一是唐代的社会和文化能条贯、折中前此数百年的遗产，二是能兼容并包地摄取外来的各种文化营养"[1]，使文化发展形成了以儒家思想为主导的儒、道、释教（佛）等各种思想意识的全面发展的基本特征。"儒学之盛，古者未之有也"，同时又承认和鼓励佛教的传播和道教的发展，三者独存，同行并进，形成一种互相吸引、开放的文化心态。《新唐书·徐岱传》载：德贞元年，佛道儒三家大论辩于麟德殿，"始三家若矛楯然，卒而同归于善"。唐代因多种文化汇聚而形成的瑰丽多彩景象，使佛教、道教和儒家文化思想都得到了极大的发展，使国民文化观念得以丰富、发展，视野得到拓宽，推进着国民素质发展迈向新的高度。

（一）"贞观之治"新文化观念，为国民素质发展增加新内涵

一定历史时期的文化繁荣昌盛，究其原因有多种因素，除同期社会的政治清明、经济繁荣因素外，还有前期文化成果及特质的积淀与同期文化开放、交融、深化的两种因素。在前唐期，文化发展呈现出了南方文风华靡，北方文风质朴的态势，正如《隋书·文学传序》中所论南北各自文化特点时所曰："江左宫商发越，贵于清绮；河朔词义贞刚，重乎气质。气质则理胜其词，清绮则

---

[1]　张广达：《唐代的中外文化汇聚和晚清的中西文化冲突》，《中国社会科学》1986 年第 3 期。

文过其意；理深者便于时用，文华者宜于咏歌，此其南北词人之大较也。"又载：南朝的"文"装点了北朝的"质"，北朝的"质"充实了南朝的"文"，"各去所短，合其两长，则文质彬彬，尽善尽美矣"。这主要取决于隋统一全国后，由于大运河的通航，为南北方人们交往增加了新的交通条件，开启了南北文化相互交融与互补的局面。南北地区的文化交融，随着时代的前行逐渐深化，必然生成新文化观念的特质，形成新的文化发展形态，"唐朝继隋之后，经过太宗贞观之治，文化交融的过程大大地加速了。一种融合了南北文化之长的、与唐帝国的政治、经济形势相适应的新文化达到了成熟的地步。盛唐气象正是这种富有深厚内涵的新文化的升华"[1]。

其一，以开放的思想积极吸收外来文化，为国民形成新的素质文化观念起到积极的作用。唐太宗胸怀开阔，气魄博大，坚持贵贱无别，爱之如一，"华夷一家"的仁爱思想；秉承"天子之于万物也，天覆地载，有归我者则必养之"的旨意；实行"偃武兴文，布德施惠，中国既安，远人自服"的政策，以坚定的自信力容纳世界各地、各民族的思想文化观念，积极吸收外来文化。如在"贞观十九年（645年）西行求法的玄奘法师回到长安，奉旨任大慈恩寺上座，主持翻译佛经，宣讲唯识宗等佛教教义，使大慈恩寺成为唯识宗（又称'法相宗'）祖庭。在此后十九年中，玄奘译出经论25部，共1335卷，所译经籍，文义连贯，准确流畅，开辟了中国译经史上的新纪元"[2]。由此可以证明，唐太宗允许信仰自由，采取了儒、佛、道文化思想兼收并蓄的发展策略，既改变汉代"独尊儒术"的政策，也不排斥道教的发展，又积极吸纳佛教文化思想。这样一来，儒学、佛教、道教同存共生所表现出来的文化影响力，对于拓展国民的视野，开阔国民的胸襟，形成多元价值取向起到价值引领作用。

其二，积极推进民族文化大融合，为国民素质文化观念发展注入新活力。在"贞观之治"盛世形成的过程中，正是由于政治清明、经济繁荣，为民族

---

① 本书编委会编：《中国大学人文启思录》第4卷，华中理工大学出版社2000年版，第289页。
② 朱立挺：《古都西安·长安胜迹》，西安出版社2007年版，第263页。

文化大融合提供了社会保障，才使多元文化融合并充分发展，熔铸而成的儒、佛、道三位一体的文化更加瑰丽多彩。这主要得益于民族融合性的种族性开放，"万国""四海""华夷""蕃汉""胡汉"等名词得到社会认同并广泛流行于民间，显现出了开放性的大民族观念的形成。除因战争外，外族人、外国人可以自由地进入唐代疆域或内地，而唐代商人可以自由出国贸易，居住经商。"唐代少数民族可以自由居住内地，如贞观年间，突厥人居长安的万家、史家估计十几万人。而五品以上的官员上百人，几乎是朝官的一半。贞观末年，有几千回族人在朝廷任各种官职"①，使民族间文化在现实生活实践中得到相互交融，互学互鉴。一方面，唐代不保留地对外输出优秀文化，积极招收各国留学生来唐学习先进文化与科技知识，传播国家管理、科学技术、文化观念，在当时的日本、高丽、新罗、百济和越南等国家，不仅在政治制度、宗教信仰与生产技能、文学艺术、生活习俗等方面深受影响，而且文字建造与学术思想发展也都受到了很大的熏染；另一方面，对西方和印度等地区文化的积极吸收，如立身处世及婚姻、家庭、女性解放、娱乐、休闲、节庆文化，积极影响着人们思想观念和社会风俗开放的形成，具有了西域文化的色彩。在思想观念的更新中，以推崇佛祖为最高权威，敢于对君权最高权威进行挑战。《旧唐书·傅奕传》载："礼本于事亲，终于奉上，此则忠孝之理著，臣子之行成。而佛矞城出家，逃背其父，以匹夫而抗天子，以继体而悖所亲。"其意就是有悖于儒家的君臣、父子等伦理道德观，这尽管是傅奕所提出的反对观点，且证明了唐代开放所形成的文化价值力，对国民固有的道德伦理观念的冲击。可以看出，在唐代中外文化的交融过程中，没有佛教的兴盛及其他外来文化的输入，也就没有人们观念的革新，更没有人的个性张扬及妇女的解放。

其三，在继承与发展中形成新文化核心内涵，在实践中规范国民素质发展。唐太宗吸纳儒家所倡导的以"民本为务"的治国理念，正如《贞观政要·君道》中所载："为君之道，必须先存百姓。"因而他现实政治统治的出发

---

① 车宝仁：《唐代的全面开放与经济文化的繁荣》，《西安教育学院学报》2002 年第 2 期。

点和归宿点都是建立在民本基础之上的，所以其治国之道也是建立在"富民教民"基础之上的，把发展经济（富民）与文化发展（教民）有机统一起来，在重视吸收外来文化与推进民族文化大融合中，改变自魏晋以来"儒道坠泥途，《诗书》填坑穽"的局面，提升包括儒家在内的礼治观念与伦理德性教化的核心内涵，在教化的实践中规范国民素质发展路向，表现出文化发展创新与践行核心价值观高度统一的特征。

——重视礼文化传播与倡导国民自觉践行相统一。礼作为人的内心情感外在表现出来的对社会生活的一种秩序的内心调节与内在规范，唐统治者极为重视对礼文化的建设，把人的礼仪自觉和全方位践行提升到新的高度。《旧唐书·礼仪》载："制礼以检其情，俾俯仰有容，周旋中矩。故肆觐之礼立，则朝廷尊；郊庙之礼立，则人情肃；冠婚之礼立，则长幼序；丧祭之礼立，则孝慈着；搜狩之礼立，则军旅振；享宴之礼立，则君臣笃。是知礼者，品汇之璇衡，人伦之绳墨，失之者辱，得之者荣，造物已还，不可须臾离也。"历经太宗、高宗两朝撰写成 150 卷的《大唐开元礼》颁布于天下作为圭臬，作为国民立身处事及言行的准则，其素质发展的法度。

——以忠孝为本与倡导国民自觉践行相统一。封建社会秩序是以血缘关系为核心纽带的，因而忠孝在政治与社会生活中具有特有的功能，作人之本的意义，是维系家天下的道德基石。唐太宗在亲自注释的《孝经》中认为，孝是政治之本，把孝理、孝治奉为最高的政治原则。《唐太宗集·赐孝义高年粟帛诏》载："百行之本，要道惟孝"，人的言行惟忠惟孝才是守道。

——崇俭养德与国民自觉践行相统一。唐太宗在《帝范》崇俭篇中认为，"夫圣世之君，存乎节俭。"把保持节俭美德提升到新的高度。"斯二者荣辱之端，奢俭由人，安危在己。"把一个人崇尚节俭与奢侈浪费作为荣与辱的开端，衡量荣与辱的标志。"乃处薄而行俭。故风淳俗朴，比屋可封。"① 提出既然君如此节俭感化百姓，天下百姓家家有德就能受到积极影响，普天之下淳厚之风

---

① 郑宏峰主编：《中华家训》第 1 册，线装书局 2008 年版，第 143 页。

气就能实现。

——儒家德性教化与佛、道德业教化相统一。唐代统治者在重视外在制度性自觉恪守以感召民众外，把德礼作为政教之基，对百姓以仁义之心，"养化为本"。一方面，运用儒家文化的核心思想即以仁义待民，礼义教民，促使民众在心理与事理上的诚服与认可，以提高民众的思想素养；另一方面，在德业和教化功能作为佛、道二者存在先决条件的基础上，为在精神、情感、哲理上吸引广大民众，利用其教义、教规的信仰引导民众确立价值取向，以发展自身素质。

由此看来，唐代初期在继承发展本土文化和吸收外域文化时是依据其统治需要选择取舍的。在对待本土文化态度上，也不是无选择地兼收并蓄，而对儒家仁义礼智信文化观念的特别推崇，体现出了文化发展的选择性；在对待外民族文化的态度上，不因其为外来文化而盲目排斥，在民间流传并改变一些人的观念而不扼杀，体现出了文化开放的包容性。正是由于唐代初期文化建设，对本土文化发展具有选择性，对外来文化吸收具有开放包容性，才给国民价值取向的确立提供了较大空间，为人生观、世界观的形成提供了选择条件，并在其选择、思考的过程中，汇聚新的素质文化力，推动新国民素质的形成。

（二）"开元盛世"文化进一步开放发展，为国民素质发展注入新的活力

唐代从"贞观之治"到"开元盛世"近一百年间，通过崇道、礼佛、尚儒三教共弘的过程，继承创新本土文化和兼容异域文化的积累，孕育了自由、开放、宏阔的文化心态与气度，把唐代的文化推向了最高峰，形成了宏阔而艳丽的局面。诗歌的发展不仅成为文化昌盛的标志性亮点，而且为国民素质发展注入新的活力。

其一，文治成就巨大，为国民素质发展创造知识和提供价值选择。唐玄宗重视文化研究，推进学术发展，取得了巨大的文治成就。一方面，他开展修书运动，下令创建集贤院，网罗人才，并聘请著名学者来京，如张遂任天文学顾问，李白亦应聘入宫，另《旧唐书》卷 190 中《文苑传》载：集贤学士徐安贞"尝应制举，一岁三擢甲科，人士职之"。曾任中书舍人、集贤院学士，玄宗诏，常命安贞视草，颇得器重。学士们校写典籍、编撰经史，承担起缔造盛唐典制、建设文化的任务，如流传后世影响极大的《唐六典》，知识丰厚的生活工具用典《御刊删定礼记月令》；再如经史文献类的《老子疏》《春秋音义》《道德经御注》《道德经疏义》《孝经注》《摩尼光佛教法仪略》《南华经》《博闻奇要》《注解删定礼记月令》《开元文字音义》《国史》《尚书》《唐春秋》《唐书》等，不仅对后期封建社会的政治、经济、文化、教育发展产生了巨大影响，而且对国民文化与科技知识素质发展具有积极的作用。另一方面，广泛收集和藏书，《新唐书》卷 57《艺文志一》载："藏书之盛，莫盛于开元，其著录者，五万三千九百一十五卷，而唐之学者自为之书，有二万八千四百六十九卷。鸣呼，可谓盛矣！"这不仅对文化承传有着重大意义，而且对国民文化素养发展有着持续的推动作用。

其二，中外文化交流互动频繁，为国民素质发展提供新的源头活水。"开元盛世"文化开放而多元，各种思想观念和文化价值兼容并包，使文化发展充满活力。一方面，以唐为中心向外传播文化，对东亚、东南亚、南亚、中亚及西北、北非各国输出文化观念与科技知识，正如《古兰经》讲："你要得到知识，就应该到中国去。"《旧唐书》卷 189《儒学传》记载："四方儒士，多抱负典籍，云会京师。俄而高丽及百济、新罗、高昌、吐蕃等诸国酋长，亦遣子弟请入于国学之内。"[①] 另一方面，积极吸纳外来文化，为我所用，在开元二十四年（736 年），唐玄宗在全国颁布了《御注金刚般若波罗蜜经》，并把《金刚经》和道家的《道德经》、儒家的《孝经》相提并论，还认为此三经是释、道、儒三家具有代表性的经典之作。由此看来，在中外文化交流中，各国根据自身文化互补需要，所选取其认同的文化观念，经过调适、消化、整合融为一体，进而相互吸收、渗透，形成一种新的文化体系。

---

① 宋祁：《旧唐书》，中华书局 1975 年版，第 4941 页。

其三，佛教文化在民间得到大的发展，对国民素质观念的调整与转型具有重大影响。佛教虽然在东汉初期已传入中原，但到唐代武则天当朝之后才达于鼎盛期。这主要得益于唐代实行文化兼容并包的较为开放政策，在崇道、礼佛、尚儒，三教共弘的同时，对佛教极力扶植，使其得到大力发展。据《大慈恩寺三藏法师传》，《大正藏》卷50记载：唐太宗时有寺3716所；《法苑珠林》卷100。《兴福部》，《大正藏》卷53记载：高宗时有4000所；《唐会要》卷49。《旧唐书》卷43记载：玄宗时5358所。由此可看到，佛教发展的水平和普及程度，尽管有唐武宗灭佛，但佛教在民间的传播仍是广泛的，所具有超传统教育的广泛社会性，在精神上的安慰性、情感上的说服性、因果理论的哲理上，吸引了广大民众，信佛、拜佛之风盛行。在教育宗旨上，坚持"人人能成佛"的主导思想，其内容包括经典、戒律及对经典的注疏或对某些义理的阐述与发挥，向受教育者"灌输"佛教人生观与道德观。从人生观上说，认为人的今世善行，在来世必定得到好报，否则必得恶报，因而在生活中诸恶莫做，尚善而行，以求成佛。依此而言，人们要掌握自己的命运，创造自己的未来，必须一生行善。从道德观来说，佛教所宣扬的尊父母的教义与儒家的"孝"观是同一的，佛教的"五戒"与儒家的"五常"具有内在统一性，都把"孝"作为人的根本。佛教教育既有利于维护唐代的统治和社会的安定，又对小说、戏曲及建筑、雕刻、绘画价值观的转变起到了作用，形成了"家家观世音，户户阿弥陀"的局面，使社会生活面貌发生很大变化，对国民素质观念的调整与转型产生了重大影响。

其四，宗教文化与民俗文化互生共进，潜移默化地影响着国民素质发展。宗教是人类社会的精神活动，在经历不断沉淀、传播的过程中，其衍生而出的民俗文化已经成为人们日常生活的一部分。与此同时，原有的民俗文化活动形式与宗教活动形式在历史的汇集、交流、融合中互生共进，对国民素质发展产生着潜移默化的影响。因而在唐代无论是本土的道教，还是外来的佛教，就一同构筑了国民精神信仰的家园，无论是朝廷权贵，还是庶民百姓，都在不同的传统节日中与宗教形式相结合，以民俗的方式，表达着各自的内心情感和精神依托。唐代人在欢庆或纪念许多传统节日中，都表现出了浓厚的宗教色彩和原有的民俗文化内涵。庆祝节日的过程，既是他们宗教生活的体验过程，又是风俗习惯形成的过程，这两个过程潜默易化地影响着国民素质的形成和发展。

——以除旧布新、迎禧接福的年日节（现春节）。年日节以祭祀祖神、祭奠祖先、除旧布新、迎禧接福、祈求丰年为主要内容，形式丰富多彩，人们表达对未来一年的热切期盼和新生活的美好祝愿，也是人的情感得以释放、心理诉求得以满足的重要载体。俗以阴历十二月末日为除日，其夜称之为除夕，明日即另换新岁。除日之后是元日，元日为一岁之始，"一元肇始，万象更新"，因此唐人通常将除日与元日连在一起庆祝，一方面，祭祀神佛、祖先，置备供品对神佛或祖先行礼，以表达对神仙敬仰之心，对祖先思念之情；另一方面，以表达辞旧迎新，新生活、新起点，内含着人对自己发展的新希望；再一方面，表现出珍惜时间和人间友情，正如元稹在《酬复言长庆四年元日郡斋感怀见寄》曰："贺人虽闹古人稀，去日渐加余日少。"宗教节日的民俗化，不仅具有佛教文化的缘由，而且民众积极参与，如佛诞节，即四月八日为佛教的宗教节日，此日相传为释迦牟尼生日，故亦称"佛诞日"。

——以"孝"为主旨的清明节与宗教节日一体化，使"孝"文化不断得以传承。在唐代，清明节（又称"扫坟节""鬼节""冥节"，目的是怀旧悼亡）与寒食节（又称"禁烟节""冷节""百五节"，在农历冬至后一百零五日，清明节前一两日，目的是求新护生）一道，首次被列入国家法定节假日，唐玄宗将清明节扫墓正式编入礼典，属当时的"五礼"之一，清明节的重要性由此得到进一步提高，促进了孝文化的进一步发展。农历七月十五日，早在佛教流行前民间社会就已有之鬼节，或称为七月半，道教中则称之为中元节，是在本土礼俗基础上发展起来的传统节日，佛教称之为盂兰盆（节）会，主要形式是乡村百姓上坟祭墓，集中表现在以孝道为主旨的中国传统文化思想。

——寄托思念故乡与期盼的福祉的中秋节。中秋节是唐人通过节日活动表达内心企盼团圆的日子。一方面寄托思念故乡，思念亲人之情，祈盼丰收、幸福；另一方面求仙降福祉愿望，如"大和末岁……钟陵有西山，山有游帷观，即许仙君逊上升地也。每岁至中秋上升日，吴、越、楚、蜀人，不远千里而携挈名香、珍果、绘绣、金钱，设斋醮，求福祐。时钟陵人万数，车马喧阗，士女栉比，数十里若阛阓"①。吴、越、楚、蜀四地有些百姓在中秋节前几天不辞劳苦、远行千里到钟陵（今江西南昌一带）西山游帷观施舍财物，让道士设坛为自己做法事，目的是求仙降福祉，以满足心中的愿望。车水马龙，人数上万，场面非常壮观，"数十里若阛阓"。

　　——唐代很多节序活动是与人们休闲游乐、释放内心情感紧密联系在一起的。如元宵、寒食、清明、端午、七夕、中秋、重阳、除夕等，人们聚在一起，进行娱乐游戏、体育竞赛、歌舞庆贺、祭典等活动，或表达对生活追求，或寄于精神依托，或祭祖尽孝。毫无疑问，民俗文化普遍存在于国民的日常生产、生活的场景中，生活的直接性、情感真实性、践行虔诚性潜移默化地影响着国民的思维方式、生活方式和行为方式。从国民素质形成发展意义上对其审视，民俗文化是人们在长期的社会生活实践中认同的精神意愿所表现出的风俗性文化观念，其独有的礼仪性、"孝"观念的文化内涵，反映着对国民思想素质启蒙教化、道德素质规范和身心素质调适的属性，通过其实用性和相对稳定性的历代传承，塑造着国民素质的形成。因此，国民素质的特质可从民俗文化中看到其表现形态。

　　概而言之，唐代文化的昌盛，所生成的新的价值取向、思维方式及习俗、生活方式、文学艺术等新文化观念，成为支撑着国民对存在和发展价值确认的精神内涵，形成了国民素质发展的鲜明特征和表现形态。这就进一步证明，任何文化的创建活动都是作为主体人的创建活动，而这种创建活动都是为人的素质发展服务的，与人自身素质发展和提高相统一的。对推进国民素质发展的价值功能，表现出：一方面"真正把人们维系在一起的是他们的文化，即他们所共同具有的观念和准则"②，促进着全体国民素质发展；另一方面，"文化将我们

---

① 丁如明等校点：《唐五代笔记小说大观》，上海古籍出版社 2000 年版，第 1151 页。

② ［美］露斯·本尼迪克特：《文化模式》，王炜等译，生活·读书·新知三联书店 1988 年版，第 18 页。

塑造成一个单一的物种——而且毫无疑问还在继续塑造我们——从而使我们成为不同的个人。"①既塑造人们成为不同的个人特征，也塑造着每个人形成不同的文化素质特质。

四、多元文化教育：国民素质发展的基本路径

唐统治者所制定的重教、重学政策，是其与政治清明、生产力快速发展、文化昌盛和教育发展之间形成良性互动关系的表现。唐代的政治清明、经济发展与繁荣，在为教育发展提供政策、物质保障的同时，又为国民素质发展新精神文化需求提供条件，而国民素质发展新精神文化需求，积极促进着教育的进步。

（一）"贞观之治"教风与学风大兴，促进国民素质发展

"贞观之治"教风与学风大兴，形成了优育与早学、劝学与自学和上下重教的奋发向上的氛围，教育层次与教育规模扩大的态势，以儒家思想为主要内容的教育价值取向，促进着国民素质发展与社会文明进步。

其一，在全社会出现重教重学之风大兴盛景，为国民素质发展营造良好氛围。唐开国不久，高祖李渊就明确规定地方上设置乡学，于武德七年（624 年）下令，"诏诸州县及乡，并令置学"。令州县及乡设置学校。从此，乡学在全国范围开始设置，教育下移进一步显现，全社会重教重学之风迅速形成。

——更加重教。主要表现出两大鲜明特点：一是优生优教理论进一步发展和不断完善，对提高出生人口素质有着重要意义。孙思邈（581—682 年）从医学角度出发，根据婴儿成长发育的需要，对孕妇提出了较为系统的胎儿保教方法，并在有条件的家庭引起重视。《千金要方·妇人方·养胎第三》认为，妊娠一月始胎，二月始膏，三月始胞，四月形体成，五月能动，六月筋骨立，

---

① ［美］克利福德·格尔茨：《文化的解释》，韩莉译，译林出版社 1999 年版，第 66 页。

七月毛发生，八月脏腑具，九月谷气入胃，十月诸神备。孙思邈根据胎儿在母体内逐月生长发育的特点，提出"徐之才逐月养胎方，如妊娠一月，饮食要'精熟酸美'""寝必安静，无令恐惧"，二月要"无食辛臊，居必静处，男子勿劳"，三月要"见物而化"，四月要"静形体、和心志、节饮食"，等等，从体质和智力等方面提出优育的方法。孙思邈在总结前人经验的基础上，进一步提出了较为全面的科学胎教理论，如欲得见贤人君子，盛德大师；焚烧名香，口诵诗书，古今箴诫；居处简静，割不正不食，席不正不坐；弹琴瑟，调心神，和性情，节嗜欲。庶事清净，生子皆良，长寿忠孝，仁义聪慧，无疾。以他的《千金要方》问世为标志的优生优育思想，对于提高胎儿的文学素养、音乐感知、文化品质、身体智力有着重要的价值，对于提高人口先天素质有着深远的历史意义。二是把后天教育提升到新高度。唐代统治者不仅重视直系长辈对子女的教育化，而且增加学校招收学生数量，为受教育者提供教育机会。《旧唐书·礼仪志四》载：武德七年（624年）下诏兴学，令"吏民子弟有识性明敏，志希学艺，亦具名申送，量其差品并即配学"。《通典》卷53载："贞观五年，太宗数幸国学。遂增筑学舍千二百间。国学、太学、四门亦增生员，其书、算各置博士，凡三千二百六十员。其屯营飞骑亦给博士，授以经业，高丽、百济、新罗、高昌、吐蕃诸国酋长，亦遣人国学之内八千余人，国学之盛，近古未有。"中唐杰出的大诗人刘禹锡对唐太宗的"养才之道"曾高度赞扬，《新唐书·刘禹锡》载："贞观之风，粲然可复。"

　　——更加重学。《旧唐书·太宗本记》载：贞观六年七月，唐太宗"诏天下行乡饮酒"，也就是劝人学行礼之意。强调学习是成才之道，赞扬苏秦、董仲舒专心治学精神，据《贞观政要》第7卷《崇儒学第二十七》载："唐太宗尝谓中书令岑文本曰：夫人虽禀定性，必须博学以成其道。亦犹蜃性含水，待月光而水垂。木性怀火，待燧动而焰发。人性含灵，待学成而为美。是以苏秦刺股，董生垂帷，不勤道艺，则其名不立。"唐太宗为鼓励儒生读经，从贞观五年以来，多次亲临国子监，参加"释奠"仪式或亲自听讲经义。例如，贞观十四年春二月，唐太宗到国子监观看"释奠"，请国子祭酒孔颖达讲解《孝经》。

孔颖达讲完后，特地敬献《释奠颂》。唐太宗手诏褒美之，并以绢帛赏赐祭酒以下诸学官以及高才生。依此而言，"贞观之治"时期出现了学风大兴盛况，正如《新唐书·儒学传》序曰："四方秀艾，挟策负素，坌集京师，文治焜然勃兴。"证明已经形成了各地学子勤奋读书、蓬勃兴起的图景。

其二，大办教育并使学制臻于完备，扩大国民素质培养路径。唐建国后，随着经济社会的快速发展，人才需求问题、国民素质发展问题日益突显。而大办教育事业，并建立独立的学制系统，是社会培养人才之必需，提高国民素质之必需。大办教育并使学制臻于完备是在唐太宗执政时期。一是贞观元年，将原来的国子学改名为"国子监"为全国最高学府，分设国子学、太学、四门学、律学、书学、算学等六馆。学生名额分别为三百、五百、一千三百、五十、三十、三十等。前三种学校接纳三品、五品、七品以上的官僚子弟入学，后三种录取的则是八品以下的官吏和一般地主子弟入学。二是确立中央、州、县三级官学制。地方学校包括京都、都督府、州、县等所设立，但主要是州学和县学两级，学生多数来自士庶地主。另据《旧唐书·太宗本记》记载：唐太宗于贞观三年九月下令："诸州置医学"，设医药博士一人，从九品上，掌疗民疾，教授学生，对于各地医学教育事业的发展起了积极的作用。三是从学校内部体制来看，《旧唐书·百官志》载：国子监置祭酒一员、司业二员，为最高学官，"掌邦国儒学训导之政令"。六种学校各有博士、助教，进行具体的教学活动。由此可见，在"贞观之治"期间，专业性教育开始确立，学校形式开始多样化，受教育者人数开始增多，对国民素质发展扩大了教育路径。

其三，以儒家思想培育学生，丰富国民素质内涵。唐太宗把弘扬儒家思想作为教学目的，高度重视教育质量的提高。一是重视儒学大师的选拔。唐太宗大征"天下名儒为学官。数幸国子监，使之讲论"①，以实现教育一统的目标，面向全国招聘教师。在所招聘的儒学大师中，如著名经学大师孔颖达（574—648年），在贞观六年召为国子司业，贞观十二年拜国子祭酒，前后在国子监

---

① （宋）司马光编纂：《资治通鉴》卷3，岳麓书社出版，第555页。

掌教十多年;"专精儒业"的经学家马嘉运(?—645年),贞观十一年征为太学博士,贞观十九年迁升国子博士;还有经学家司马才章,博涉五经,由房玄龄推荐为国子助教;名儒王恭,贞观初被任为太学博士等等,不胜枚举,对于提高师资水平和教学质量起到了至关重要的作用。二是以儒家经典为统一教材。唐太宗针对师说多门、章句繁杂的弊病,严重影响教学质量问题,不仅颁布了《五经定本》,而且命令孔颖达等编撰《五经正义》,作为国子监试用教材,令学者习之。《贞观政要》第7卷《崇儒学第二十七》载:"贞观四年,太宗以经籍去圣久远,文字讹谬,诏前中书侍郎颜师古于秘书省考定五经。……颁其所定书于天下,令学者习焉。太宗又以文学多门,章句繁杂,诏师古与国子祭酒孔颖达等诸儒,撰定五经疏义,凡一百八十卷,名曰《五经正义》,付国学施行。"由此证明,学校教育内容是儒家经典著作,儒学占主导地位。

由上可以看出,"贞观之治"期间,形成了全社会重教重学之风,大办教育并使学制臻于完备,以儒家思想培育学生的教育发展态势,基本体现了"贞观之治"期间的教育发展特点,也集中反映了教育发展对国民素质提高起到的积极推动作用。

(二)"开元盛世"教育事业发展在封建社会达到鼎盛时期,推进着国民素质向新的高度发展

进入"开元盛世",全社会重教重学观念进一步加强,教育体系更加完善,学校教育规模进一步扩大,学校教育内容趋向全面,教育事业发展在封建社会达到鼎盛时期,推进着国民素质向新的高度发展。

其一,家庭教育形式多样化,国民重教重学观念前所未有。"开元盛世"所形成的重教重学的社会文化心理环境,是封建社会教育事业发展鼎盛时期的一个重要因素。国民把接受教育、学习知识作为发展之重,把个人前途、家族兴旺与科举联系起来,已形成了《通典》卷15《选举典三》所载的"父教其子,兄教其弟,无所易业""五尺童子,耻不言文墨焉"的社会风气。主要表现在:(1)父母授业,如柳宗元曾在《先太夫人河东太君归祔制》中回忆母亲对他的教育："某始四岁，后京城西甲庐中，先君在吴，家无书，太夫人教古赋十四首，皆讽传之。"(2) 亲友授业，如薛播早年丧母，其伯母林氏，"通经史，善属文，躬授经诸子及播兄弟"①，后来薛播兄弟七人都考中了进士。(3) 专建学馆授业，如和州刺史穆宁专门建立学馆，对四个儿子"播礼乐，务忠孝，正名器，导人伦"②。(4) 父兄开学校授业，如元稹就完整地经历了在外家的教育过程，"八岁丧父，家贫无业。……幼学之年，不蒙师训。因感邻里儿稚，有父兄为开学校。涕咽发愤，愿知诗书。慈母哀臣，亲为教授。"元稹在年幼时，邻里家的孩子"有父兄为开学校"③。这里的"学校"正是邻里儿童的"父兄"所开。当时的家学对子女实施的启蒙教育和基础文化知识教育，主要是进行儒学教育、音乐美术教育、书法教育等，其教材主要有《千字文》《兔园册府》《开蒙要训》《蒙求》《女论语》《太公家教》等。家庭教育无论是哪种形式或哪些内容，都为受教育者的成长成才发挥了重要作用。不管是富足之家，还是贫困之家，都竭力培植子女，旨在本家族人才辈出。如李白、杜甫、韩愈、柳宗元等著名诗人都是经过家庭或乡里接受教育的，"教化之兴，始于家庭"。

其二，学校教育规模进一步扩大与教育体系进一步完善，为国民素质发展提供多种教育路径。从"贞观之治"到"开元盛世"，统治者都大力提倡教育，广泛设立公私学校，学校教育规模进一步扩大，从高水平的京师学堂到各地的郡学、县学、乡学，更多的是星罗棋布于各地的私学，共同构成了盛唐时期教育事业兴旺发达的繁盛局面，为广大热衷于求知的士子提供了学习途径，为他们入仕创造了有利条件。(1) 私学教育发展繁荣，打破了"学在官府"的传统。《唐会要》卷35《学校》载：开元二十一年（733年）五月敕："许百姓任立私学，欲其寄州县受业者，亦听。"此间屡次重申此令。开元二十六年（738年），唐玄宗再次下诏令兴建乡校："古者乡有序，党有塾，将以弘长儒教，诱进学徒，仕人成俗，率由于是。其天下州县，每乡之内，各里置一学，仍择师资，令其

---

① （宋）欧阳修：《新唐书》，中华书局1975年版，第4952页。
② 董浩等编：《全唐文》，中华书局1983年版，第4192页。
③ （唐）元稹：《元稹集》，中华书局1982年版，第383—384页。

教授。"正是在中央政府三令五申下，促使乡里学校普遍设置。同期，"玄宗尤注意兴复学校。开元七年（719 年）敕州县学生选送'聪悟有文词史学者'入四门学为俊士，贡举不第愿入学者亦听（天宝十二载即 753 年停俊士）。后世贡举入监的制度，从这时开始。又规定学生补阙的制度，国子监所管学生，由尚书省补，州县学生，由州县长官补。许百姓任立中学，愿寄州县受业（非正式生）的亦可。这说明当时要求入学的人大为增加，以致官学不能容纳"①。（2）教育多层次发展，低、中、高不同等级的学校呈现出金字塔形结构。按当时全国"各里置一学"规定计算，"全国共有乡学、里学十万余所，学生当有数十万之多。州县也皆设学校，州县学校的学生名额：京都 30 人，大、中都督府 60 人，上州 60 人，下都督府 50 人，中州 50 人，下州 40 人，京县 50 人，上县 40 人，中县 35 人，中下县 35 人，下县 20 人，总计全国州县学校其有学生六万多人。最高学府为京师设的六学，其中国子学有学生300 人，太学 500 人，四门学 1300 人，律学 50 人，书学 30 人，算学 30 人，总计有学生 2210 人，最盛时达八千多人。龙朔二年（662 年）东都也置六学。天宝五年（746 年）又置广文馆，收进士及第者 20 人为大成，故又称七学。另外，门下省设弘文馆，有学生 30 人；东宫设崇文馆，有学生 20 人"②。（3）国家教育体系都更加完善。京师有国子学、太学、四门学、律学、书学、算学等。在地方设有府、州、县学，同时允许私人办学。（4）学校管理制度校为严格，保证学校的正常秩序和教学质量。国子监为教育行政管理机关。设祭酒一人，从三品。司业一人，从四品下。《唐六典》卷 21 载：祭酒和司业掌典"邦国儒学训导之政令。……每岁终考学官训导功业"。主持六学生徒的毕业考试。丞一人，从六品下，掌管学校的日常行政管理。主簿一人，从七品下，掌管印章，管理学籍。教师有博士，分经主讲，助教辅助博士分经讲授；直讲协助博士和助教讲授经术。

---

① 毛礼锐、瞿菊农、邵鹤亭编：《中国古代教育史》，人民教育出版社 1983 年第 2 版，第 253 页。
② 刘恩惠：《唐代教育略述》，《松辽学刊》1987 年第 4 期。

其三，学校教育内容趋向全面，对国民素质发展的全面性产生极大影响。主要表现在两个方面：一是学校教学内容设置、各门课程学习年限都有明确的规定。一般学校的教学内容是以儒家经典为主的。有学者考证，各门课程的学习年限：《礼记》三年，《春秋左氏传》三年，《易经》二年，《诗经》三年，《尚书》一年半，《春秋公羊传》一年半，《春秋谷梁传》一年半，《孝经》《论语》共一年，《周礼》二年，《仪礼》二年。同时，学习书法，每日写纸一幅，间学时务策，读《国语》《说文》《字林》《三苍》《尔雅》。另外，还学习吉、凶二礼。专科学校也学习儒家经典，另外开设各种专业课。书学：《石经三体》三年，《说文》二年，《字林》一年。算学分为两组：第一组的学习《孙子算经》《五曹算经》共一年，《九章算术》《海岛算经》共三年，《张丘建算经》《夏侯阳算经》各一年，《周髀算经》和《五经算术》共一年。第二组学生学习《缀术》四年，《缉古算经》三年。《记遗》《三等数》两组皆兼习之①。二是重视科技教育，是"开元盛世"教育发展的新标志。除设置一般性质的学校外，又设一些专科性质的学校。《新唐书》卷四八《百官志三》载：设有书学、律学、算学学校，书学为书法专科学校，律学为法律专科学校，算学为数学专科学校。司天监设博士、助教，招收学生，培养天文历法人才。太医署附设医学专科学校，设博士、助教分科教授。各都督府和州县也设医学，招收学生多者20人，少者为10人。太仆寺设有兽医专科学校，有学生100人。需要提出的是，唐玄宗时又置梨园，这是一所综合性的音乐、舞蹈、戏曲学院②。就此重要意义上说，此间律学、书学、算学、医学等专科性质学校的创建，对国民科技素质的提高起到了开拓性作用。中国封建社会传统教育的一大通病，就是轻理工而重文教，并占据了绝对的统治地位，视科学技术为雕虫小技而得不到应有的重视。正是由于唐统治者和民间的双重努力，使这一缺陷得到了一定程度的纠正，从而使唐人的文化与科技知识素质得到大幅度提高。

---

① 刘恩惠：《唐代教育略述》，《松辽学刊》1987年第4期。
② 刘恩惠：《唐代教育略述》，《松辽学刊》1987年第4期。

　　综上所述，唐代"贞观之治""开元盛世"期间的国民素质发展的基本路径，主要有政治、经济、文化和教育四个方面，四者之间互为基础、相互作用、互动共进，推进着国民素质和社会文明程度的提高。表现出"农为政本"，促进农业的发展，为手工业、商业、交通业的快速发展提供了条件，促进了经济的繁荣。"西京、东都米斛值钱不足 200，绢匹的价格也十分低廉。当时，天下雄富，史称'东由汴、宋，西径岐、凤，夹路列店，陈酒馔待客，行人万里，不持寸刃'。不仅中原地区和江淮地区及成都平原繁富如此，而且户口稀少的陇右河西地区也出现了'闾阎相望，桑麻翳野'的繁荣景象了。"①《资治通鉴》卷 216，玄宗天宝八载：各地"州县殷富，仓库积粟帛，动以万计""帑藏充牣，古今罕俦……国用丰衍"的情况，正是以开元年间的生产发展为基础的。"这一时期，经济持续发展，社会富足安定，斗米价仅十几文钱，唐朝进入了其最鼎盛的时期，史称'开元盛世'。"②国民素质发展才具有了"仓廪实则知礼节，衣食足则知荣辱"的文明程度。

　　正是经济繁荣，国力才得以强盛，疆域才实现广阔。《新唐书》卷 37《地理志一》载：在唐全盛时其疆土"东至安东，西至安西，南至日南，北至单于府"，成为当时世界疆域最辽阔、最强大的大帝国。"唐代曾将我国封建社会推向鼎盛，唐朝（618—907）疆域曾南至中印半岛，西抵中亚阿姆河、锡尔河流域，北达西伯利亚南部，东临日本海，与地跨亚、非、欧的阿拉伯帝国、继承西罗马帝国版图的加洛林帝国同为其时世界性的三大帝国。"③国民素质发展才具有了广阔的、安定和谐的环境。

　　也正是国力的强盛，疆域的广阔，提供和平环境，人们才安居乐业，使身体素质得到提高，人口快速增长。《通典》卷 7《食货》七载：755 年天宝十四载，管户总八百九十一万四千七百九，（应不课户三百五十六万五千五百一，应课户五百三十四万九千二百八十。）管口总五千二百九十一万九千三百九，（不课

①　李楠主编：《中国通史》第 8 卷，河南大学出版社 2006 版，第 1707 页。
②　张新国编著：《中国通史》，北京时代华文书局 2014 年版，第 172 页。
③　何云波、彭亚静主编：《中西文化导论》，中国铁道出版社 2000 年版，第 39—53 页。

口四千四百七十万九百八十八，课口八百二十万八千三百二十一。）此国家之极盛也。"到了开元二十八年（740 年），全国有民户 8 412 871，人口 48 143 690，较之唐初户口数，增加近两倍。"[1] 而人口得到快速发展与国民身体素质的提高，与此相适应的体育事业丰富多彩、斑斓多姿，无论是盛极的马球，还是拔河、围棋、百戏，上至帝王将相，下至平民百姓都十分热衷，积极参加，呈现出空前兴盛的局面，表现出了唐代人对美好社会的追求和昂扬向上的精神风貌。而社会精神风貌与精神文化价值进一步彰显，多元化教育体系扩大了受教育者的范围，以及文化政策宽松所带来的重视科技教育，使得在漫长的封建社会中，唐人素质之高是空前绝后的。其国民素质发展成因也进一步证明，"政治、法、哲学、宗教、文学、艺术等的发展是以经济发展为基础的。但是，它们又都互相作用并对经济基础发生作用。并非只有经济状况才是原因，才是积极的，其余一切都不过是消极的结果。这是在归根到底总是得到实现的经济必然性的基础上的相互作用"[2]。

第三节　唐代两大"盛世"社会进步与国民素质发展的逻辑统一及素质文化基本内涵的形成

唐盛期间的社会进步，积极影响着国民素质内涵的提升，而国民素质内涵的提升，又积极推动着社会的进步。这是因为，一定历史时期的国民素质发展水平，反映着同期社会的进步状态，而同期社会的进步状态内在地包含着国民素质发展水平。所以，国民素质发展与社会进步之间是互为前提、相互促进的关系。

---

[1]　李楠主编：《中国通史》第 8 卷，河南大学出版社 2006 年版，第 1707 页。

[2]　《马克思恩格斯选集》第 4 卷，人民出版社 1995 年版，第 732 页。

一、政治清明与国民素质发展的逻辑统一

唐盛期间政治清明的发展态势，正如《旧唐书·文苑传下》刘蒉贤良对策语所载："太宗定其业，玄宗继其明。"集中体现"贞观之治"与"开元之治"继承与发展的关系，表现出社会意识形态比较宽松，促使万民向学奋进的科举制度，各地又招贤纳才，创造了清明的政治风气，为庶民百姓获得更多的发展机会，提供了心系国政、满怀抱负、有所作为、建功立业的政治环境，搭建了任意发挥、自由驰骋的社会平台，形成了思想感情鲜明爽朗、积极进取的风格。显然，社会政治清明表现在对国民素质发展的意义上，在于为国民生存和发展提供了宽松自由的环境，才使国民心理上具有了自我发展意识和自我超越的信心，促进国民心理素质的提高，而心理素质所固有的中介和调整功能，也必然积极作用着国民其他素质均衡发展。国民素质内在发展实践证明，心理素质发展是其他素质要素发展的前提和动力，其他素质要素发展水平如何，取决于心理素质发展水平如何。这是国民素质内在发展逻辑的必然体现。从国民素质外在发展逻辑上说，唐代两大"盛世"的政治清明，外部的政治环境清风气正，政治文明水平不断提升，积极作用着国民心态的健全，使其个性（思想、性格、品质、意志、情感、态度）得到充分发挥，所具有的自觉性、能动性引领全部心理活动改造客观世界和主观世界，其素质的发展也就具有了主动性和自由度。只有实现政治对国民素质内在发展逻辑与外在发展逻辑的有机统一，即社会政治清明→政治文化环境宽松→国民心理超越→心理素质中介和调整功能充分发挥→作用着国民素质均衡发展趋向，才能促进国民素质的发展。

概而言之，唐代两大"盛世"的政治开明，不仅为经济发展提供了良好契机，促进了文化教育发展，而且孕育了自由、开放、宏阔的社会文化心态，积极作用着国民素质均衡发展的、较为完整形态的形成。

二、经济繁荣与国民素质发展的逻辑统一

唐代两大"盛世"的经济快速发展与繁荣，是在政治清明与文化昌盛、教化大兴的相互作用中实现的。也就是说，两大"盛世"的政治、文化、经济和教育是协调发展的。政治清明、文化开放与教育的快速发展，促使生产力得到充分发展，不仅使国家强盛、国民富裕，为国民素质发展提供物质条件，而且为国民在生产中改变原有的思维方式和不适应生产力发展的素质结构内容提供了认识与实践条件。正如马克思所指："发展着自己的物质生产和物质交往的人们，在改变自己的这个现实的同时也改变着自己的思维和思维的产物。"[1]因此，国民素质观念的内容或调整或升华是由物质生产实践所决定或赋予的，物质生产和物质交往制约着整个社会生活、政治生活、精神生活过程的同时，也制约着整个国民素质发展的过程。就此意义上说，生产力的发展水平，制约着国民素质的发展水平。有什么样的生产力水平，就有什么样的国民素质水平。这是因为，"……生产力是由协作本身产生的。劳动者在有计划地同别人共同工作中，摆脱了他的个人局限，并发挥出他的种属能力"[2]。人们在共同的生产活动过程中逐渐摆脱了小生产的束缚，扩大了人与人之间的交往范围，使各种不同的个体生产力（不同个人的分工协作）相互结合和相互作用，形成统一的社会生产力，同时也形成了新型社会关系，而"……社会关系的含义在这里是指许多个人的共同活动……而这种共同活动方式本身就是'生产力'"[3]。可见，人们的"共同活动方式"中发挥出来的个人种属能力，也是人所具有的特质所规定的活动能力，也就是通常所说的人的素质。生产力主体的素质水平是以对象化的过程和结果展现出来，表现为物质生活资料的生产、人自身素质的生产、人的社会关系的生产，并在此基础上形成其新的素质文化观念，"通过生产而发展和改造着自身，造成新的力量和新的观念，造成新的交往方式，新的

---

① 《马克思恩格斯文集》第 1 卷，人民出版社 2009 年版，第 525 页。
② 《马克思恩格斯全集》第 42 卷，人民出版社 2016 年版，第 336 页。
③ 《马克思恩格斯选集》第 1 卷，人民出版社 2012 年版，第 160 页。

需要和新的语言"①。在实践中生产着人的思想素质、道德素质和审美素质，从而形成新型国民素质形态。也正是因为唐代两大"盛世"的生产力快速发展，使个人摆脱了交往的局限性，不断开阔视野，不断形成新型社会关系，在"共同活动方式"中发挥出个人种属能力即素质。所以，形成了国民素质外在的发展逻辑，即社会生产力发展→为个人扩大交往范围创造条件→形成新型社会关系→充分发挥个人种属能力（素质形成）。

新型国民素质不断向高层次发展，是在社会再生产过程的不断消费中实现的，也就是人们把生产出来的物质资料和精神产品用于满足自身素质需要的观念在实践外化过程中实现的。因为，消费引出新型生产力发展的需要，成为再生产动力的同时，消费生产出新型国民素质与国民素质发展追求新的目标需要。"消费生产出生产者的素质，因为它在生产者身上引起追求一定目的的需求。"② 所以，消费作为社会再生产的最终环节，"消费完成生产行为，只是由于消费使产品最后完成其为产品，只是由于消费把它消灭，把它的独立的物体形式消耗掉；只是由于消费使得在最初生产行为中发展起来的素质通过反复的需要上升为熟练技巧……"③ 即在消费使得在最初生产行为中发展起来的素质通过反复的需要达到完美的程度，进而与新型生产力发展相适应的国民素质得到新的发展，表现出了对国民素质内在发展逻辑，即生产力发展→物质财富丰富→个体通过消费物质资料和精神产品过程→生产出新型国民素质观念→内化与外化→追求新的素质发展目标。

国民素质外在发展逻辑是其内在发展逻辑的基础，国民素质内在发展逻辑是其外在发展逻辑的保证。因此，国民素质内在发展逻辑与外在发展逻辑具有内在统一性。一方面没有唐代两大"盛世"的生产力发展和物质财富的极大丰富，国民素质内在发展是无条件实现的；另一方面，没有唐代两大"盛世"的政治清明与文化宽松的氛围，就没有对人的发展权利的尊重，人的积极性、主

---

① 《马克思恩格斯选集》第2卷，人民出版社2012年版，第747页。
② 《马克思恩格斯选集》第2卷，人民出版社2012年版，第692页。
③ 《马克思恩格斯选集》第2卷，人民出版社2012年版，第693页。

动性和创造性就得不到充分的发挥，也就没有生产力的大力发展，也就不可能实现经济的繁荣与物阜民丰，更不可能实现国民素质外在发展。

三、文化昌盛与国民素质发展的逻辑统一

唐代两大"盛世"文化发展达到中国封建社会的高峰，不仅统治集团以高度的文化自觉和文化自信接受佛教重要宗派华严宗所主张的"周遍含容"的文化发展观，秉持容纳、兼收并蓄各国、各民族文化思想的积极态度，实行崇道、礼佛、尚儒的三教共弘政策，表现出了政治清明、经济繁荣、教化大兴与文化开明的统一性，集中体现了文化政策的包容性，而且在文化继承和创新的路径上，形成了既融合发展本土南、北文化之长，又对外在文化兼容并蓄，还对文化创造主体有容乃大的广阔胸怀的鲜明特色。具体来说，（1）以坚持继承本土文化为基础，不断发展新文化。例如，古代文献传到隋末后，由于战争等原因，丢失很多。《旧唐书·魏征传》记载：贞观年间，太宗命魏征等四处购募，并招请学士校定四部书乡，雇人缮写，"数年之间，秘府图籍，繁然完备"。另据《旧唐书·经籍志》记载："隋著定书目，凡三万余卷……开元时四部库书，两京各一本，共一十二万五千九百六十卷。"从文献图书数量增长之快，在一定意义上反映了唐代文化的发展。（2）采取对外来文化包容而合理的选择态度，"在唐代的中外文化汇聚过程中，组成唐王朝的各个民族在对待外来文化的态度上，既不是因其为异己文化而排斥，也不是漫无选择地一律吸收。唐王朝根据自身社会的层序结构，各个民族也根据各自所处的不同社会环境和不同文化水平，分别对外来文化作出遴选和抉择"①。（3）在对待文化创造主体知识分子的方法上，允许其言论自由、学术自由和创作自由。正因为唐代文化发展路径选择的包容性和开放性，其实践的创造功能内在地包含着人作为主体文化价值的自我创新，实践才具有了自由、开放、宏阔的文化心态，妙气（豪侠、

---

① 张广达：《唐代的中外文化汇聚和晚清的中西文化冲突》，《中国社会科学》1986 年第 3 期。

灵妙之气)盈胸的气度、多元文化价值发展的意义,表现出文化繁荣昌盛的局面,正如陈寅恪在《李唐氏族之推测后记》中所说:"则李唐一族之所以崛兴,盖取塞外野蛮精悍之血,注入中原文化颓废之躯,旧染既除,新机重启,扩大恢张,遂能别创空前之世局。"①与政治清明、经济繁荣、教育大兴相适应的多元文化,即"以儒、道、汉化佛教为主的汉文化;当时混杂居住在敦煌和西域地区的汉、吐蕃、回鹘、退浑、龙家、昭武九姓(粟特)、于阗等民族多边交往、相互作用而产生的混合文化;印度、中亚、西亚等外来异质文化与当地民族文化相汇聚而产生的'嫁接'文化。……不同层次的文化又在相互渗透、相互影响的过程中不断产生种种变体"②,形成了"深厚意蕴"的内容、"博大恢宏"的智慧、鲜明价值立场的文化系统,为国民素质发展的价值选择指明了方向。

从文化对国民素质外在发展逻辑来看,人是生活在文化空间里的人,"任何人(不论其是否愿意,是否意识到这一点)都生活在文化空间中"③。文化内涵本身反映着人的素质发展系统品质,社会的价值观、信念、态度、习俗、知识构成了文化要素,存在于全部的社会生活之中,"在文化中,一切主体是平等的。文化不承认任何不平等"④,因而文化平等的外在价值功能,就给不同的个人发展路向选择提供了自由空间,影响着每个人的不同素质观念的形成,使不同的个人潜能得到充分发挥,成为不同的个人。就此意义上说,同期社会文化平等的外在价值功能,必然作用着同期社会的不同个人的发展路向的选择。在唐代,正是由于文化宽松的氛围、平等的外在价值功能,才给唐人的想象力和创作力提供了一个任意发挥、自由驰骋的空间,为每个人的素质发展提供了优越的外部环境。清人所编的《全唐诗》收录诗人 2300 余家,诗作 48900 余首,出现了"行人南北尽歌谣"的景象,成为国民诗情勃发的时代,集中体现了文

---

① 陈寅恪:《金明馆丛稿二编》,生活·读书·新知三联书店 2001 年版,第 344 页。

② 张广达:《唐代的中外文化汇聚和晚清的中西文化冲突》,《中国社会科学》1986 年第 3 期。

③ 〔俄〕斯韦特利奇娜娅:《哲学文化与人的发展》,《现代外国哲学社会科学文献》,李国海译,1996 年第 3 期。

④ 〔俄〕斯韦特利奇娜娅:《哲学文化与人的发展》,《现代外国哲学社会科学文献》,李国海译,1996 年第 3 期。

化的外在平等价值对国民素质特质的形成和发展的逻辑。再者，唐人男女交往及婚姻观念的解放，改变着儒家的"男女授受不亲"的传统观念，正如据五代王仁裕《开元天宝遗事》所载："都人士女，每至正月半后，各乘车跨马，供帐于园圃或郊野中，为探春之宴。"男女交往如此自由开放，也进一步说明了文化外在的平等价值功能的作用。简而言之，文化对国民素质发展外在逻辑，即文化存在系统→人生活在文化空间→文化平等价值功能→宽松文化氛围→人对文化价值取舍的自主性→作用着不同的个人素质发展。

从文化对国民素质内在发展逻辑来看，表现出文化自身所固有的对人的观念内化功能与国民素质内涵对文化观念内化的统一性。这是因为"文化本身滋生于个人的积极性、能动性，它是一种社会现象，人是它的中心。人的独一无二的特点在于他的社会性和沟通性。任何人都有认知的需要，即发展自身的需要，大力扩大现有规范范围的需要"①。所以，文化是人自觉实现素质发展的内在尺度，文化对国民素质发展具有规范、塑造与均衡发展的内在价值功能，每个人的思想观念、价值取向、道德准则、心理态度及其行动表现都是文化内化的结果。

唐代人所具有的积极进取、乐观向上、充满自信心的时代精神，在中国历史上表现得非常突出。实质上，是唐人对开放文化内化的必然体现和外化的必然结果。毫无疑问，一个社会有什么样的文化内在价值，也就形成什么样的国民素质形态。从民俗文化内在价值对国民素质的意义上进行审视，民俗文化是人们在长期的社会生活实践中认同的精神意愿所表现出的风俗性文化观念，所形成的终身性风俗性观念和事项，潜移默化地影响着国民的内心情感与审美情趣，作用着国民的思维方式、生活方式和行为方式的形成，而国民素质内涵具有历史文化继承性和受民俗文化影响性的基本属性，决定着国民素质生成的历史文化继承性与风习性文化观念作用影响性。因此，文化对国民素质内在发展

---

① ［俄］斯韦特利奇娜娅：《哲学文化与人的发展》，《现代外国哲学社会科学文献》，李国海译，1996 年第 3 期。

逻辑，表现出文化固有的内化功能→国民素质内涵对文化观念内化功能→内化汲收→形成国民素质形态的过程。

四、教育发展与国民素质发展的逻辑统一

唐代两大"盛世"教育的兴盛，无论是官学还是私学规模，无论是专业设置还是教学内容，无论是师资选拔还是教育管理，在中国封建社会中前所未有，远胜于宋、元、明、清代，表现出了私学办学盛行，官学规模扩大，社会重教和万众向学的良好风气；教育结构多层次、多系列，教育体系不断完善；重视科技教育，经学教育、律学教育、书学教育、算学教育、医学教育趋向协调发展等鲜明的特征，形成了发达的多元教育体系，呈现出繁盛局面，促使国民素质大幅度提高，相对均衡发展。

从教育对国民素质外在发展逻辑来看，表现出在教育活动中所采取的多种多样的方法和行为，使受教育者素质得到全面发展，从而更好地服务于社会、促进社会发展。在唐代的教育中，为使国民最大范围地受到教育和素质得到全面提高，从方法上，打破了魏晋南北朝以来学在士族和以门第高低论英雄的局面，为庶民子弟通过学而优则仕提供发展机会，以科举考试进入仕禄之途，为社会服务。在实践中，包括中央及地方的各级官学重新振兴并扩大规模，开展职业教育并为社会所重视，鼓励民间办学并得到快速发展，使教育走上中国古代教育史的繁盛阶段。"根据《通典》统计，天宝时全国各级各类学校的学生总额为六万三千九百九十七人，这是中国封建教育史上的一大高潮。"[1]可以看出，唐代两大"盛世"的教育事业繁盛，它不仅与政治清明、经济繁荣、文化昌盛具有同步发展性，而且对教化培育国民素质具有直接性作用。因此，教育对国民素质外在发展逻辑，表现为尊重人的受教育权利→多层次、多系列办学→提供多种教育平台→促进国民素质提高→推进社会发展的过程。

---

[1]　宋大川：《唐代国家教育机制研究》，《晋阳学刊》1988 年第 5 期。

从教育对国民素质内在发展逻辑来讲，表现出在教育活动中培养学生与社会发展相适应的人生观和价值观的内容，并达到教育价值的目标。在唐代教育中，贯穿着"振才业，致名位"的主要教育目标，积极影响着教育者、受教育者的人生观和价值观。因此，一方面寒族和庶民重视家庭教育，尤其是对儿童家庭教育起了积极的推动作用，推进了庶民儿童教育的普遍发展，而儿童教育在洒扫（劳动）、应对（处事能力）、礼节、德性和知识的日常学习的践行规范中，日渐成性，月长积累，年久纯熟，就必然铸就圣贤坯璞。《新唐书·宰相世系表》云："唐为国久，传世多，而诸臣亦各修其家法，务以门族相高。其才子贤孙不殒其世德，或父子相继居相位，或累数世而屡显，或终唐之世不绝。呜呼，其亦盛矣。然其所以盛衰者，虽由功德厚薄，亦在其子孙。"也进一步说明了子孙教育、致名位的教育价值目标。另一方面，参加科举考试已成为庶民子弟奋发学习的主要动力，《唐摭言》卷14载："草泽望之起家，簪绂望之继世。孤寒失之，其族馁矣；世禄失之，其族绝矣。"由此表明了在全社会形成了以科举为中心的教育风尚。由此可见，教育对国民素质内在发展逻辑，表现为重视家庭教育基础层→人生发展自为性的人生观→家族振兴功名性的价值观，也集中体现了封建社会国民的人生观和价值观。

概而言之，唐代两大"盛世"的教育对国民素质外在发展与内在发展具有逻辑统一性，没有对人的受教育权利的尊重，就没有人的价值实现；而没有"振才业，致名位"的主要教育目标，就没有庶民百姓子弟参加科举考试平台的切实实现。

五、唐代两大"盛世"素质文化基本内涵的形成

唐代两大"盛世"的形成，不仅是政治清明、经济繁荣的结果，也不仅是教育快速发展的结果，还有着一个重要的原因就是唐统治者在文化建设中，注重社会核心价值观的构建，使国民自觉认同和践行。实质上，唐代社会核心价值观的培育内在的包含素质文化的基本内涵。

从国家层面上说，主要由"忠君爱国，开放博大，文化自由"的封建国家发展价值观。这三层内涵既是整个封建时代统治者对子民永恒不变的价值要求，又包含唐代统治者的文化创新。表现出：（1）国民在忠君爱国价值观的影响下，文人墨客勇于投笔从戎，奔赴边塞，建功立业，如王昌龄高唱"黄沙百战穿金甲，不斩楼兰誓不还"①，李白"愿将腰下剑，直为斩楼兰"②，就是明显的例证；庶民百姓积极响应国家号召，纳绢纳粮，支援边疆。可以说，在唐代早中期，无论是百姓、文人还是士人都以自己的国家为荣，爱国忠君思想表现在每一位国民身上，洋溢在唐帝国的每一寸土地上。（2）盛唐的长安，是一个国际性的大都会，开放交流的中心。唐代的外国留学生非常多。"根据史料统计，当时长安人口约 100 万人，各国侨民和外籍居民约占到 2%，加上突厥后裔，共占到 5% 左右。这个比例，历朝皆无。外域文化的涌入，使得唐人文化生活风采万千。"③（3）一方面唐统治者对外来文化所具有的恢宏气度和兼容心态，促进着中外文化的交融，推动本土文学风格的多样化；另一方面，开放的文化政策也促进了文化的地域之间和各门类之间的交流与发展，形成了开放的文化氛围，同时也大大淡化了中外文化的界限，使文人士大夫生活在这个前所未有的自由、清新的环境中。

从社会层面看，表现了"重教重学，荣辱分明，风清气正"的社会风貌。（1）唐代两大"盛世"的"重教重学"之风已成为社会共识，促进着社会进步。（2）唐代社会风气和谐，人们以社会主流的荣辱观严格要求自己，尤其是在贞观、开元年间，偷盗、抢劫、奸淫犯罪现象极少，表现出较高的道德素养。《贞观政要》卷 5《公平》篇记载："贞观之初，志存公道，人有所犯，一一于法。"（3）唐朝统治者已经认识到国民文化素质对社会风气有重大影响，许多唐朝皇帝就对此作过精辟的论述，《全唐文》卷 3 载：唐高宗云："自古为政，莫不以学。

---

① 萧涤非等撰：《唐诗鉴赏辞典》，上海辞书出版社 1983 年版，第 116 页。

② 萧涤非等撰：《唐诗鉴赏辞典》，上海辞书出版社 1983 年版，第 243 页。

③ 张清改：《试论唐代社会核心价值观的构建以及借鉴意义》，《山东省农业管理干部学院学报》2008 年第 4 期。

见仁义礼智信五者俱备，故能为利博深。礼让既行，风教渐改，使其门介士，比屋可封，横经痒序，皆遵雅俗"。《全唐文》卷26载，唐玄宗云："古之学士，始入小学见小节，入大学见大节。知父母第幼之序，君臣士下之位，然后师逸功信，化人成俗，莫不由之"，说明了社会风清气正。

从个人层面上讲，表现出"个性自由，积极进取，乐观向上，充满自信"的时代精神。一是唐代两大"盛世"自由气息浓厚，尊重个性思潮，在男女交往和婚姻观念上表现最为突出，女性任情旷达、须眉豪迈、勇于追求幸福，在社会地位、活动空间达到前所未有的高度和广度。二是唐代的文化体现出一种统一的"盛唐气象"，国民主体意识得以确立与弘扬，表现出开阔胸怀和恢宏的气度，显现出积极进取、充满自信、昂扬向上的精神风貌。

第二章　宋代国民素质形态及素质文化特征

公元 960 年，宋太祖赵匡胤建立宋朝，经过十多年的统一战争结束了五代十国的封建割据局面，史称北宋。1127 年，宋朝为金所迫南迁，史称南宋，1279 年为元所灭。北宋、南宋两朝共享国 320 年，这两个阶段各有不同的时代主题，其中北宋的时代主题是危机与变革，南宋的时代主题表现为生死存亡之争。

第一节　宋代国民素质发展形态及特征

自唐代中叶起，中国历史开始发生巨大变化，到了宋代已经基本定型。这些变化表现在国民素质上，使宋代国民素质与唐代相比，呈现出完全不同的时代特征。

一、国民身体素质发展形态及特征

宋代立国之初，统治阶级较为开明贤能，从而推动了经济、文化的全面发展，为宋代国民素质的提高创造了较好的社会条件。

在农业上，宋代重视垦荒并采取以增殖人口为目标的农业政策，从而使垦田面积得到迅速扩大，较大程度地满足了人口增长的现实需求，在一定程度上促进了国民身体素质的恢复与发展。

农业生产快速发展，为人口持续增长提供了物质条件。宋代是我国古代农业的大发展时期，农业政策的引导与农业先进技术的应用，为农民身体素质的不断提高提供了物质保证。据马端临《文献通考》卷4《田赋考四》记载："北宋开宝年间，全国垦田数均为2.9亿亩，至道二年（996年）猛增为3.1亿亩，天禧五年（1021年）猛增为5.2亿亩。"经考证，"宋朝平均农业亩产量为二石，比汉代高50%，比唐代高30%。而两浙路和浙东路圩田地区，亩产量则高达四五石至六七石，已达到明、清时期的最高亩产量"。通过推广农业先进技术经验以提升农民科技水平，使"一劳动力耕田当在三十亩"[①]。"宋代农业劳动生产率为每人每年可生产粮食6253斤，其劳动生产率比唐代的5000斤/人·年"，约提高了25.06%[②]。

土地面积的迅速增长，农田的大量增加，农民农耕技术的提高，使农作物产量大幅度提高，为国民素质发展提供了较好的保障。宋徽宗大观四年（1107年），宋代人口发展达到鼎盛时期，"大观四年的户数计算，宋代全国户数最多的这一年，总人口约在1.044亿至1.252亿人之间"[③]。路遇、藤泽之认为，"北宋人口的最高纪录是为宋大观四年（1110年），户20882258，人口数按原统计加倍计算，为93469568"[④]。葛剑雄认为，"如果宋代平均每户以5口计，北宋末年的人口就会达到或超过1亿，似乎大大高于盛唐的户口数，也比以后元、明二代的户口数高得多"[⑤]。关于北宋总体人口数，虽然目前尚无最终定论，但有一点比较肯定的是，北宋人口数量确实已经超过1亿。这从一个侧面反映出宋代整体国民身体素质的较好发展状况。

---

① 杨贵：《试论宋代的农业劳动生产率》，《中国农史》1989年第1期。
② 胡戟：《从耕三余一说起》，《中国农史》1983年第4期。
③ 何忠礼：《宋代户部人口统计考察》，《历史研究》1999年第4期。
④ 路遇、藤泽之：《中国人口通史》上册，山东人民出版社2000年版，第505页。
⑤ 葛剑雄：《宋代人口新证》，《历史研究》1993年第6期。

　　人口政策特点鲜明，促进了国民身体素质发展。宋代提倡早婚，采取鼓励生育的政策。除了沿袭唐开元律"凡男年十五、女年十三以上，听婚嫁"的规定外，宋代将男女初婚的最低婚龄分别定为 15 岁和 13 岁，宋代绝大部分时间执行这一最低婚龄的法律限制。另外，宋代对贫乏之家无力赡养新生儿的窘况采取了一定的措施。如南宋绍兴八年（1138 年），政府下令"乡村五等、坊郭七等以下贫乏之家、生男女不能养赡者，每人支免役宽剩钱四千"。乾道五年（1169 年）下诏："应福建路有贫乏之家生子者，每生一子，给常平米一硕、钱一贯，助其养育。"南宋政府还立养子法，准许没有后嗣的民户领养遗弃孤儿为嗣。淳熙八年（1181 年）明令："遗弃小儿为人收养者，于法不在取认之限，听养子之家申官附籍，依亲子孙法。"其后，官府还在各地创设专门收养弃儿的慈幼局或婴儿局等机构。

　　不过，战争与医疗条件落后制约了宋代国民身体素质的发展。生产力的发展促进了人民生活水平的提高，使宋代人口数量达到 1 亿多。不过，宋、辽、金、元四百多年间，战争未曾中断，"对社会进行了很大的破坏，人们受到战争的蹂躏"[①]。北方少数民族的南侵给中原地区造成很大的破坏，大批人口被杀害、掳掠。在这种状况下，宋代人口数量一定时期又出现了大幅下降，总体上呈现出倒 U 型的增长过程。根据《辽史·兵卫志》记载：当时既出现了"既入南界……沿途居民、园圃、桑柘，必夷伐焚荡"的局势，还出现了"于界外三百里内，耗荡生聚，不会生养"的社会惨状。当时，外敌多次大举南侵，所到之处，烧杀焚掠一空，仅开运三年（946 年）在相州（今河南安阳）一地，就杀人口十余万。又据《宋史》记载，宋神宗元丰四年（1081 年），在西北方的灵州（今宁夏灵武），宋兵与夏兵发生大战，次年再战于永乐（今陕西省米脂北），这次大战宋死亡 60 多万人。北宋王存《元丰九域志》记载，京西路在宋神宗元丰年间有 800965 户，在北宋诸路中属中等规模，到了南宋宁宗嘉定年间，马端临《文献通考·户口考二》记载仅有 6250 户，不及北宋时的 1%。

---

①　单培勇：《中国国民素质史论纲》，东南大学出版社 2009 年版，第 185 页。

战争的巨大破坏作用，使宋代国民的生存环境产生很大改变，也对宋代国民身体素质的发展产生破坏作用。

总的来说，宋代尤其是北宋，农业有了较大发展，人口的数量也超越前代达到1亿多，这间接证明了宋代国民素质，特别是身体素质有了较大发展。然而，连续的战争很大程度上破坏了北宋经济社会的发展，并不断损耗了大量的人口资源，使宋代国民身体素质又呈现出不断下降的趋势。

二、国民心理素质发展形态及特征

自唐代中期开始，古代中国的社会经济结构与宗法制度出现了很大的变动。"以两税法的改革为标志，土地国有制——均田制瓦解，庶族地主经济与小自耕农经济迅速发展，直至占据社会经济的主体地位，世族地主已取代门阀地主，成为历史舞台上的主角。以人身依附为特征的宗法制度开始松动。由此，宋代社会的经济、政治、文化诸形态呈现出与唐代社会不同的世相，引起了世风的转变，表现出一种新的精神面貌。"①与前朝相比，宋代较为广大的社会阶层取得了某些相对独立的经济地位与政治地位，个性的主体价值意识和人格意识较以往自觉而明朗。就整体而言，宋代文人士大夫阶层不仅有盛唐时期对功名利禄的渴望和追求，而且表现出对思想道德及精神价值的追求。很多文人志士的社会责任、社会抱负和国家忧患意识逐步上升，"以天下为己任"的责任感空前强烈，《范文正公集》卷9《奏上时务书》记载：整个社会"言政权之源流，议风俗之厚薄，陈圣贤之事业，论文武之得失"。在这种舆论环境下，文人的民族气节全面表现出来，每遇国家大事，总是奋不顾身，慷慨进言，甚至不惜面折廷争。据《宋史》卷446《忠义传》记载："中外缙绅知以名节相高，廉耻相尚，尽去五季之陋"。由此可见，宋代的社会风气和舆论环境较前朝有了很大变化，开始趋向自由宽容，逐步取代了晚唐五代时期的颓靡风气，整个

① 单培勇：《中国国民素质史论纲》，东南大学出版社2009年版，第185页。

社会朝向生机蓬勃的新风尚发展。

以广泛世俗地主阶级与广大自耕农经济为基础而建立起来的宋王朝，在削平各个割据政权之后日益趋向极端封建专制，而原来以"天人感应"学说为中心的政治哲学理论已不能适应经济、政治的发展需要。宋代理学的出现和逐步兴起，正是迎合了这一时代需要，使古代中国后期宗法专制制度找到了维系王朝官僚体系与社会纲常秩序的力量。

在宋代理学的思想运动中，重构伦理范式成为当时理学家的经世之职。理学家提出先验的天理观，"将道德价值观视为人性永恒性目标，将道德教育视为政治之本，并身体力行地开展了广泛的社会教化活动"[1]。在这种背景下，宋代理学成为当时的教化内容，并开创了封建社会后期几百年间的正统教化潮流。"在理学教育的影响下，儒家的圣贤观和天理良心观念渗透到民众的日常生活中，成为人人熟悉的道德目标和行为准则。"[2]

通过对人性的深入研究，北宋理学家程颢（1032—1085 年）、程颐（1033—1107 年）由对人的属性分析提出了"天命之谓性"和"生之谓性"两个方面的认识。其中，"天命之谓性"指人性的根本是至善的，"生之谓性"指人性是可恶的，由此得出了天理与人欲两相对立的论断。在二程看来，从"天命之谓性"的分析，人们能自觉遵守仁、义、礼、智、信等道德观，自觉约束自己的言行而不作恶；但由于受"生之谓性"的支配，人会产生"人欲"，受"人欲"的蒙蔽，人们便会做出不道德的事情。因此，人欲是万恶之源，与天理不能相容。南宋理学的集大成者朱熹（1130—1200 年）则进一步提出"存天理、灭人欲"的思想，他将人的生存条件即衣、食、住、行等都归纳为"人欲"，并加以无理的非难。由此可见，"人欲"在当时被当成一种强大的精神枷锁，从思想上起着长期禁锢人们心灵的作用，从而成为消极影响和破坏当时人们心理健康的主要因素，制约了国民心理素质的健康发展，造成了人们的思想意识与

---

① 单培勇：《中国国民素质史论纲》，东南大学出版社 2009 年版，第 186 页。
② 陈少峰：《中华文化通志·德育志》，上海人民出版社 1998 年版，第 72 页。

精神的惰怠、颓萎。

有别于理学家的空谈性理，南宋事功学派的主要代表人物陈亮（1143—1194年）在当时商品经济出现萌芽的基础上，明确提出了人的欲望的正当性与合理性，即"人欲"的合理性问题。据陈亮在《陈亮集》卷4《问答下》中指出："耳之于声也，目之于色也，鼻之于臭也，口之于味也，四肢之于安佚也，性也，有命焉。出于性，则人之所同欲也；委于命，则必有制之者而不可违也。富贵尊荣，则耳目口鼻之与肢体皆得其欲；危亡困辱则反是。"同时，陈亮还进一步强调了人的物质欲望的正当性，特别是人们的切身利益在现实生活中的合理性和必须性。他认为，义在利中、理在欲中，利欲是义理的具体体现。利欲并非坏事，义理不能离开具体事而空论。陈亮的这些重视现实、讲求经世致用的思想，在宋代产生了深远的影响，对提高当时人们的心理素质具有重要意义。

随着社会发展，曾经占据统治地位的唐代门阀政治在宋代出现了历史性变化。在经济发展和社会变迁的双重推动下，汉唐时期影响中国数百年之久的门阀政治彻底终结，封建政权的开放程度大大提高。以世俗地主阶级和广大自耕农为主的社会基础，推动了宋代在教育和科举上打破严格的门阀限制，呈现出平民化、普及化的趋向。在科举考试中，宋代君主经常亲自主持考试，限制世家子弟在科考中获得任何特殊待遇。"如宋太祖亲自规定'食禄之家，有登第者，礼部具姓名以闻，令复试之'……对寒士参加考试，朝廷则大开绿灯：一方面予以经济补助，'自启程以至还乡费，皆公家'。另一方面则扩大取士名额，如北宋末年一次取士达八百人，超过唐开元全盛期二十九年取士总数。在学校制度上，宋代学校不仅扩大学生名额，而且放宽学生入学品级等次。如太学生，唐代规定须是五品以上公子孙，而宋代则规定是'八品以下子弟者庶人之俊异者'。"① 随着门阀政治的彻底终结，"那种依靠门第、血缘、身世进入统治集团的选官标准也逐渐被淘汰，重视个人才能，依靠个人奋斗而出人头地，成为当

---

① 冯天喻：《中国文化史》，上海人民出版社2005年版，第503—504页。

时人们普遍的心态。"① 在这种选拔制度下，逐渐形成了"取士不问门第，婚姻不问阀阅"的社会风尚。宋代的这种改革措施，在瓦解前朝门阀政治的同时，极大地改变了当时人们的社会心理。

　　总之，宋代在统治阶层的开明决策和社会贤达人才的积极影响下，社会风气得到很大改善，从整体上提高了宋代国民主体意识的自觉性，反映了宋代国民心理素质的形态及特征。

三、国民社会文化素质发展形态及特征

　　国民社会文化素质在个体发展过程中所起的作用是巨大的，它能够影响社会个体和国家的发展高度及速度。宋代统治者崇尚文治，在文化教育方面采取了一系列积极措施，由此宋代国民的文化教育程度得到了全面提高，对宋代国民的文化素质发展起到了积极作用。

　　宋代国民社会文化素质的提高，首先表现在宋代人才的迭出上。宋人重视学习和科学探索，在全社会形成了崇尚儒雅的好学之风，人才之盛，成为我国封建社会人才发展史上的最盛时期。关于宋人社会文化素质的全面提高，明代学者曾说："人才之盛莫三国与宋也。"② 与近世的明清两朝比较，"宋代人才不仅在绝对值上占有显著的优势，而且在密度、比率和年均数等方面都处于领先地位，尤其是密度和比率占有压倒优势"③。有学者对《宋史》列传做过统计："入传的人物达 2213 人，其中北方地区 1030 人，占 46.5%；南方地区 1183 人，占 53.5%，南方比例超过了北方"④。由此可见，宋代重视文教政策的全面推广，使受教育人数得到空前增加，推动了宋代人才的迭兴。(详见下表)

---

① 姚兆余：《宋代文化的生成背景及其特点》，《甘肃社会科学》2001 年第 1 期。
② （明）郎瑛：《七修类稿》卷 16，上海书店出版社 2001 年版，第 160 页。
③ 肖华忠：《略论宋代人才的区域分布》，《晋阳学刊》1987 年第 6 期。
④ 转引自程民生：《论宋以来北方人口素质的下降》，《史学集刊》2005 年第 1 期。

<h4 align="center">表 5　宋代各类人才分布表①</h4>

人物 省份	宋史列传人物		宰相		词人		画家		儒者	
	北宋	南宋	北宋	南宋	北宋	南宋	北宋	南宋	北宋	南宋
河南	324	37	18	4	18	28	96	25	116	42
河北	212	7	11	0	13	41	31	14		
山东	156	13	6	1	9	12	13	6		
陕西	63	6	3	0	11	3	30	4	9	7
安徽	53	38	3	5	12	35	10	4	43	25
江苏	97	49	3	3	21	43	28	49		
浙江	84	136	4	22	35	138	22	69	106	421
江西	81	83	6	10	25	78	12	13	49	107
湖北	19	4	1	1	4	3	6	0	6	29
湖南	12	12	0	1	1	17	4	1		
福建	95	88	10	9	14	63	9	15	70	216
广东	3	4	0	1	1	6	不详	不详		
四川	93	71	4	5	22	28	61	13	32	71

　　宋代国民社会文化素质的提高，集中表现在宋代科技的不断创新上。在中国古代科技史上，宋代科技成就绝对是一座标志性的"丰碑"。宋代的科技成就不仅对中国古代的科技发展有着重要影响，而且在世界科技史上占据举足轻重的地位。中国古代的"四大发明"，其中指南针、印刷术、火药三项都是在宋代开始广泛应用于实际的。这三大发明，虽然在当时的中国没有发挥出潜在价值，但是传入西方后起到了巨大的历史推动作用。对此，马克思曾给予高度评价："火药、罗盘、印刷术——这是预告资产阶级社会到来的三大发明。火药把骑士阶层炸得粉碎，指南针打开了世界市场并建立了殖民地，而印刷术则变成新教的工具，总的来说变成科学复兴的手段，变成对精神发展创造必要前提的最强大的杠杆。"② 这充分说明，"三大发明"的广泛应用不仅仅是宋代科技进步的体现，更重要的是在经济、军事、文化等方面推动了世界发展与人类

---

① 徐吉军：《论宋代文化高峰形成的原因》，《浙江学刊》1988 年第 4 期。

② 马克思：《机器、自然力和科学的应用》，人民出版社 1978 年版，第 67 页。

文明的创新。

　　除了指南针、印刷术、火药这"三大发明"的广泛应用外，宋代在数学、天文学、医药学等方面都取得了令人瞩目的成就。宋代是一个科学家辈出的年代，百科全书式人物沈括是宋代最卓越的科学家之一，英国科学史学者李约瑟称他是"中国整部科学史中最卓越的人物"。他所著的《梦溪笔谈》是一部内容丰富的学术著作，反映了我国北宋中叶最新的科技水平，被李约瑟称为"中国科学史上的里程碑"。"增乘开方法"是我国古代数学史上最杰出的创造发明之一，对宋及元代的数学发展有很大影响。增乘开方法是北宋数学家贾宪引入的，可以十分容易地推广到高次幂的开方中。从现代数学的观点来看，增乘开方法与"霍纳算式"的演算步骤是完全相同的，但要比英国的霍纳早约八百年。北宋天文学家姚舜辅在崇宁年间进行了大规模恒星观测活动，观测结果写成《纪元历》，创立了观测金星定位太阳的方法，提高了观测太阳运行的精确度。南宋天文学家杨忠辅奉命编制《统天历》，确定回归年的长度为365.2425日，这与今天全世界通用的公历即格里高利历完全一致。杨忠辅还提出回归年长度是不断变化的，古大今小，这一重要发现比近代有关天文学理论早了六百多年。宋代医药学发展的突出特点是官府重视医疗管理和医学教育设施建设。宋代设有"官药局"，其职能主要是按方制配及出售成药。官药局的设立，不仅方便百姓按病求药，而且促进了医药知识在民间广泛普及和规范应用，这一点在当时世界上是史无前例的。

　　宋代科技的巨大发展，促进了宋代及以后社会生产力的进步，具体表现为造船业、兵器制造业、矿冶业、印刷业、制瓷业、造纸业等行业的生产工艺水平不断提高。比如，由于指南针被广泛应用于航海，加上其他航海技术的发展，使宋代造船技术达到当时世界最高水平。雕版印刷术的普及和活字印刷术的发明，推动了宋代教育事业的发展。宋代政府设立火器制造作坊，大量火器被装备到军队。此外，冶铁技术的发展使农具得到很大改善，丝麻织品的产量大幅度提高，瓷器开始为居民广泛使用。建成于宋神宗元丰六年（1083年）的木兰陂灌溉工程（位于今福建省莆田市西南五里的木兰溪），因地制宜，布局巧妙，沿用至今八百多年未废，其设计和施工技术有力体现出我国北宋时期的水工建筑水平。这些科技成果，是中国传统智慧的结晶，有力地反映了宋代国民科学技术素质的发展水平，成为我国甚至世界古代科技史上的一座丰碑。

宋代崇尚文治的国策促进了宋代文化思想体系的多元化，据陆游《避暑漫抄》中所述，当时逐步形成了以儒学为主，儒、释、道三教合流的宽松文化环境。有宋一代，几乎"不以文字罪人""不得杀士大夫及上书言事人"，这就为宋人社会文化素质的提高创造了条件，也在很大程度上促使读书人和学者不再独守汉唐以来音韵注疏之学，全面推动了宋代"舍传求经""疑经改经"学术运动的兴起，最终导致近世统治阶级意识形态——理学的出现。

社会文化素质的提高促进宋人价值观念的更新与变化，开始摆脱儒家传统思想的束缚，追求实际，注重实用，讲求功利。与此同时，人们的社会责任意识进一步增强，"以天下为己任""先天下之忧而忧，后天下之乐而乐"成为宋代士大夫和读书人普遍恪守的信条。在他们看来，作为社会的主体必须拥有"士之立身，以名节忠义为本"的信念，要自觉用"我欲仁，斯仁至矣"的忧患意识来规范自己的道德言行，要引导人们形成"崇节义、厉廉耻为先"的社会风尚。比如，苏轼兄弟、秦观、黄庭坚等人被贬谪到岭南之地时不因环境恶劣而怨天尤人，直言上谏的司马光、刘安世为了国事和真理敢于在朝堂据理力争，黄从龙、陈文龙等在国家危亡之际视死如归、以身报国。这些士人"以不汲汲于一己一时之得失的博大胸怀包容了个人的穷通荣辱，使'穷则独善其身，达则兼济天下'的士大夫人格追求得到升华"①。这充分说明当时两京士风和高尚的社会风气已经形成，对促进宋人的思想道德素质起到了积极作用。

总之，宋代统治者崇尚文治而采取宽松的文化政策，极大地推动了宋代文化教育事业的发展，从而使宋人在积极向上的社会氛围下乐善向学，促进了宋人社会文化素质的全面提高，为宋代理学和近世价值观念的形成奠定了基础。

① 吴宇、范立丹：《两京士风述论》，《西安交通大学学报》（社会科学版）2006年第3期。

第二节　宋代国民素质持续发展的主要原因

在"重文抑武"的基本国策下大兴文教，推动了宋代经济和文化的长足发展，为宋代国民素质的大幅度提高提供了条件，从而实现了唐代以来国民素质的接续发展。

一、经济持续发展为国民素质提高创造了物质条件

经济发展是一切发展的基础，正如梁启超所说："无论是什么时代，没有几分经济的独立就无从谈起教育和其他……"[①] 不同于前代以农业为主的自然经济形态，宋代经济虽然也以农业为主，但较之前代有了很大变化。这种变化，主要表现为以农业为主的多类经济结构并存的局面，比如种植业种类的全面扩展促进农业的增长，海外贸易的发展增进了宋代的对外交流，钱庄的出现促进了贸易流通。这一切都说明，宋代经济已经迈入多元化发展的轨道，从而促进了文化教育发展与国民素质的提高。

产业结构的优化反映了国民经济素质的提高。在农业产业结构上，宋代基本延续了南方以水稻为主、北方以小麦为主的格局。在此基础上，随着人们对自然规律认识的深化，农产品种植的种类逐步扩展到蔬菜、水果、茶叶、竹子、桑麻等。由于城市的发展，园艺业和养鱼业也有了很大的发展，禽畜的饲养和兽医技术都有了显著进步，从而形成了农业多种经营的格局。农产品种类的增多，在当今没有什么新奇之处，但对自然经济时代来说绝对是一个很大的进步。从总体上看，宋代农业结构的优化一方面表现为品种的增加和数量的增大；另一方面表现为生产的专业化程度和产品商业化程度的提高。所以，宋代

---

① 梁启超：《饮冰室文集》，中华书局出版社 1936 年版，第 39 页。

的新增农产品已经超出前代为满足自身需要而进行的家庭副业生产，逐渐成为专业化、商业化的独立行业。这样一个过程无疑为商品经济的形成和发展打下了基础，也可以说是市场经济的雏形。对传统自然经济结构的突破，成为宋代农业发展的重要标志。宋代产业结构的扩展，为宋代经济的发展，特别是为对外贸易的发展创造了条件，反映了宋人对自然现象和经济规律的认识深化，折射出宋代国民素质较前朝有了显著提高。

商业的兴盛是宋代国民商业素养提高的表现。宋代的商业发展，超过了唐朝和五代，大城市和小市镇兴旺发达。宋代的商业繁荣，主现表现在商业管理体制的变革和城镇化的加速上。北宋建国以后，坊市制度完全取消，县以下的商业繁荣之地都设立镇市，商业交易的时间、地点等完全由商人自由选择，这是中国古代商业发展的一次重大革命性变化。因此，宋代城市的数量和规模都较前朝有了较大的扩展，城市人口大量增加，据估计已超过全国总人口的10%，在有些地区达到20%以上。城市的经济功能大为加强，形成了众多的商业城市、手工业城市和海外贸易城市。这些城市不仅是政治、行政中心，还是影响遍及全国的区域经济中心。便利的水陆交通把这些经济中心城市联结成为全国性的商业网络。

宋代的商业繁荣建立在农业和手工业迅速发展、生产的专业化和产品的商品化程度大为提高的基础之上。"在宋代已经出现了少量的生产性工商业城市，如当时的浙江金华就是当时全国著名的纺织重镇；徐州则是冶金重镇；还有拥有十余万人的江西铅山场；广东岑水场亦矿业重镇；四川井研县亦有数万井盐工匠，是标准的盐业重镇。还有举世闻名和影响古今的江西景德镇是以生产陶瓷而文明，拥有工人数千之多，还有在广州、泉州、宁波等地建立了当时的新型港口并形成了港口城市。"①《东京梦华录》卷4《食店》记载宋代的主要城市设有食店、酒肆、茶坊、肉铺、鱼行、米铺、药店等，这些商户各有特色和经营绝招。同时，北宋在城市服务上也有许多创新之处。比如，首都东京设有司

---

① 葛金芳：《经济变革与宋代工商业文明的加速成长》，《河北学刊》2008年第5期。

职消防的"潜火队",有为市民提供社会服务的"四司六局"(帐设司、厨司、茶酒司、台盘司;果子局、蜜煎局、菜蔬局、油烛局、香药局、排办局)。宋代城镇化程度提高和城市服务的完善,开启了我国古代农业文明向城市文明转移的进程,成为宋代国民素质整体提高的有力证明。

海外贸易的发展对宋代国民素质的提高起到了促进作用。宋代国力虽不可与唐代相比,但其东南沿海的对外贸易大大超过了盛唐。因为当时西北战事不断,造成了陆上丝绸之路的中断,因而在东南开辟的海上丝绸之路便成为连接东西方的重要桥梁。北宋时海外贸易发展迅速,广州、泉州和两浙地区的海外贸易最为发达。朝廷先后在这些地区设立管理机构市舶司,专门负责进出口货物的检查、保管以及对外商的监督、管理和保护。海外贸易收入也成为宋代财政的重要来源之一。与宋代往来贸易的国家以日本、高丽、东南亚各国为主,印度、阿拉伯诸国来往也较多,中国商船甚至远达非洲东海岸。南宋海外贸易规模超过了北宋。据《岭外代答》《诸蕃志》等记载,同南宋有直接或间接通商关系的国家共计五十多个。宋时输往海外的物品以瓷器和各类丝织品为主,从海外输入的物品主要有药材、香料、象牙、珠宝等,南宋印制的书籍也大量销往海外。随着海外贸易的扩张,阿拉伯、波斯等国的商人大量来到广州、泉州等地,他们将中国古代四大发明带回欧洲,又将阿拉伯人创造的天文、历法、航海、地理、医药、香药、珍宝等人类文明成果传入中国,有力地推动了中西方文化交流,对宋代国民素质的提高产生了积极作用。

二、开明的文化政策为国民素质接续发展扩展了空间

宋太祖总结前朝强而不久、盛而不坚的原因和经验,确立了"重文抑武"的基本国策。在崇尚文治的国策下,宋代采取了尊孔崇儒、整饬纲常伦理、加强经学教育、重用文臣、鼓励世人读书仕进、兴办图书文化事业、赞助地方州县及个人办学的一系列政策措施,为宋代文化教育的繁荣发展奠定了基础,培养出大批优秀人才,为宋代国民素质的总体进步作出了贡献。

　　科举制度的完善是宋代提高国民素质的制度抓手。开创于隋唐时期的科举制度，原来是朝廷选拔人才的重要渠道之一，由于受魏晋以来门阀制度的影响，造成门阀世族掌控以儒学为核心的知识文化话语权，长期占据政治舞台，底层社会有志之士缺乏一个公平入仕的机会，在很大程度上抑制了下层读书人参加考试的热情。这种文化政策不可能得到当时全国人民的认可和接受，也不利于朝廷对治国良才的有效选择，更不利于国民素质的提高。因此，宋代科举制度在隋唐基础之上经过完善和创新，彻底打破了原有的门阀制度。比如，唐代科举实行"公卷"法，考生须在应考前向主考官交送诗文作品，得到赏识后才能入考。《宋会要·选举三》中提出，宋代罢除了隋唐时期的"公荐制"而采取了比较公平公正的"糊名"和"誊录"办法，即考生交卷以后，密封其卷头姓名，编号送到誊录院，由宦官监督誊录官指挥书手抄成考卷副本送给考官评阅。这种办法，保证了平等取士、公平竞争。因此，《宋史》中有传的 1953 人，平民或低品官出身而入仕者占 55.12%[1]。另外，宋代在考试内容上也进行了较有成效的改革，改变以往科举取士专以诗赋墨义取士的旧制，"在原有的基础上又增加了'经义''诗赋''策论'，在考试中占有比例同等重要的地位"[2]。这必然会要求应试者下功夫多读书来完善自己的知识结构和扩大知识面，还要养成对较强的问题分析和解决能力。这就是说，开创于隋唐的科举制度，被宋代继承和完善之后，为宋代文化的繁荣奠定了制度基础。这在很大程度上激发和鼓励了宋人读书学习的积极性，这种自上而下出现的很高的读书热情，必然助推宋人素质内涵的进一步扩展。

　　相对宽松的文化环境成为助推宋代国民素质提高的环境因素。"中国封建社会中，从'秦代的焚书坑儒'到清代的文字狱，都一脉相承地推行了文化专制政策，独独宋代三百年因处于封建社会由前期向后期过渡的动荡时期，出现了较宽容的文化政策，表现了文化政策的'脱节'——不连续的特点。正是这

---

① 　陈义彦：《从布衣入仕论北宋布衣阶层的社会流动》，《思与言》卷 9，1972 年第 4 号。

② 　杨昆：《宋代文化繁荣探源》，《辽宁大学学报》（哲学社会科学版）2002 年第 1 期。

种'脱节'才创造了灿烂的宋代文化。"① 虽然"脱节"的原因在于宋代统治者把精力放在如何消除各地的割据势力、如何防范文武大臣篡夺之祸、如何抵御外敌的入侵、如何禁止百官以各种理由结为朋党构成专制政权的一种分割力量等问题上，而实在没有余力再对文化实行专制主义政策，但是在客观上为普天之下的文人学士营造了一种宽松的文化舆论环境。

在这种宽松的言论环境下，宋代知识分子"言必中当世之过"的议政风气成长起来。宋代士大夫的素质普遍较高。他们有知识、明道懂法，对国事认识有深度，言事能切中要害。他们认为国家盛衰兴亡与自己息息相关，维护和治理国家不仅仅是皇帝的责任。于是他们对国事往往直抒己见，敢于在朝廷上对国事和皇帝提出异议。明末清初思想家王夫之在《宋论·卷一》中说："自太祖勒不杀士大夫之誓以诏子孙、终宋之世，文臣无殴刀之辟"。因而，宋代士大夫并不会因直言上谏而招来杀身之祸，最为严重的处罚也不过贬职流放，如"苏轼、苏辙、欧阳修等人都曾承认是犯有攻击皇帝和反对朝廷的弥天大罪，但其处分的结果也只不过是削职或流放"②。并不像前后朝代那样动不动就"满门抄斩""户灭九族""凌迟处死"。苏轼曾以"辄加谤讪、至形于文字"来攻击宋神宗和熙丰变法。如此，他不过是下狱随即释放。他"专攻人主"（宋神宗）的弟弟苏辙，不但没有受到处罚反而被委以重任。另外，这些知识分子士大夫即使被流放，社会地位和经济上也不受多大损失。司马光是宋代比较有名的保守派，是"熙宁变法"的顽固反对者，宋神宗并没有把他囚禁和流放，而是让他远离京城去洛阳编书，还给予物质上的支持。当时的理学家程颢攻击和反对变法，《二程集》2 册中记载："荆公浸行其说，先生意多不合事出必论列，数月之间章数十上。"即使如此，当时皇上和其他官员也没有因此而禁止其学术活动，更没有因此而治罪于他。这种情况，《苏轼文集》卷 25 中记载："历观秦、汉以及五代，谏净而死，盖数百人。而自建隆以来，未尝罪一言者，纵

---

① 鲁小贤：《宋代文化的繁荣及其原因》，《安庆师范学院学报》1994 年第 2 期。
② 徐吉军：《论宋代文化高峰形成的原因》，《浙江学刊》1988 年第 4 期。

有薄责，旋即超升，许以风闻，而无官长，风采所系，不问尊卑，言及乘舆，则天子改容，事关廊庙，则宰相待罪。"这说明，当时宽容的文化和言论政策，保护了自由议论之风，为宋代国民素质的进一步提高创造了良好的文化环境。

总之，从文化发展史的角度看，中国历史上能够与宋代文化政策的宽容程度相比的并不多见，"宋代的文化发展归功于统治者开明的文化政策，这与以往秦朝的'焚书坑儒'、汉朝的'独尊儒术'、清朝的'文字狱'相比其开明程度和包容程度不可谓不高"[1]。在这种文化环境下，"自汉末以来始终拮抗不已的儒、道、佛三大思想流派，在理学家手中完成整合运动，一个庞大的、精致的哲学思想体系再建于中国文化结构内；自汉末以来支离破碎的礼治秩序、宗法文化也在宋代得以重建，从而深刻支配中国封建社会后期文化面貌近千年"[2]。因此，史学大家陈寅恪曾高度评价说："华夏民族之文化，历史数千年之演进，造极于赵宋之世。"[3]文化作为一种软实力，对个人和国民素质提高具有重要的促进作用。在这种文化政策和环境之下，宋代国民素质普遍得以提高。

三、封建教育体系的基本定型为国民素质提高提供了平台

宋代国民素质能够延续唐代的高位发展，得益于宋代统治阶级的开明文化政策。在这种开明的文化政策推动下，宋代的教育体系不断发展，不仅为宋代国民素质的提高打造了重要的平台，而且使中国封建教育的基本模式逐步定型，为其后历朝封建教育提供了范本。

宋代之初，百废待兴，国家鼓励私人兴办学校和书院。庆历兴学期间，国家恢复了太学，并广泛赐田资助州县兴学。熙宁、元丰兴学和崇宁兴学之后，地方普遍设置官学。由此，宋代经过三次大规模兴学，逐步形成了以中央太

---

① 徐吉军：《论宋代文化高峰形成的原因》，《浙江学刊》1988 年第 4 期。
② 冯天瑜、何晓明等：《中华文化史》下册，上海人民出版社 1990 年版，第 711 页。
③ 陈寅恪：《金明馆丛稿二编》，上海古籍出版社 1980 年版，第 245 页。

学、国子监为中心，地方学校以及律学、算学、医学、武学、画学、书学等诸多专科学校成龙配套的全国性官学系统。经过教育政策的不断调整，宋代形成了稳定的教育管理和经费保障制度。比如，除了礼部、国子监这样的中央教育行政机构外，宋代还建立了与之配套的中国古代最早的地方教育行政机构"提举学事司"。官学内部的学规、考试的内容及形式、学校的经费来源、图书的管理和印制，以及学官的选拔、录用的标准等均已定型，为以后历朝所大体沿用。另外，宋代的蒙养教育已经达到较为成熟的水平。宋代蒙养学校有乡学、村校、家塾、舍馆等，还有利用农闲季节专为贫民子弟设置的冬学。这类蒙学重视结合儿童的兴趣和爱好进行启蒙教育，目的在于对儿童进行道德启蒙教育，打好文字基础，养成正确的学习方法、态度和习惯。宋代蒙学教育重视教材建设，其中流传最广、影响最大的是王应麟编写的《三字经》和佚名作者所撰的《百家姓》，达到了中国古代蒙养教材编纂的最高水平，为后世的蒙学教材编订确定了基本方向。

在教育思想与方法上，宋代更是一个丰富多彩的时代，各种教育命题的思考和分析达到了很高水平，其中"宋初三先生"之一的胡瑗使用的"分斋教学法"最具代表性。"分斋教学法"反对当时科举以诗赋取士、崇尚声律浮华之词的学风，倡导"明体达用"，即教育要阐明六经的原理并将之推广应用到治国安民的实践中。他在学校中分设"经义""治事"两斋。经义斋学习经学基本理论，培养具有较高学术水平和道德修养的高级治国人才。治事斋学习农田、水利、军事、天文、历算等实学知识，培养具有一技之长或几种专长的专业技术、管理人才。在治事斋中，一人各治一事，又兼摄一事，实行分科教学和学科的必修及选修制度，这在世界教育发展史上是首例。"分斋教学法"继承和深化了中国古代六艺设教的优良传统，实行分科教学，确认了自然科学技术在学校课程中的合法地位，开创了主修和副修制度的先河，对后世产生了深远影响，对提高宋代学校教学质量与学生素质具有积极作用。

宋代教育最为后世所称道的，是书院教育的产生和发展。中国早在先秦便有私人讲学的传统，依此传统，书院在唐代发端，至宋代蓬勃兴盛，成为古代中国一种新型教育组织。南宋吕祖谦在《白鹿洞书院记》中说："国初斯民，新脱五季锋镝之厄，学者尚寡。海内向平，文风日起，儒生往往依山林，即闲旷以讲授，大率多至数十百人。嵩阳、岳麓、睢阳及是洞为尤著，天下所谓四书院者也。"这些书院，将图书的收藏和校对、教学与研究合为一体，是相对独立于官学之外的民间学术研究和教育机构。就功能而言，书院教育弥补了封建官学的不足，在培养人才、广开言路、刊刻著作、保存典籍等方面，大大超过各州县学。宋代书院办学风格较为开放，实行自由讨论的教学方式，强调自学为主、师生共同研学。宋代书院制定有学规，规定教学宗旨、学生培养目标，限定学生的行为准则，以对学生思想道德素质进行模塑。书院丰富的教学方法和灵活多变的办学形式，为其后历代教育家所借鉴。

总之，宋代教育水平是唐代及其他前朝所不能及的。"宋代中央官学科目设置之多，生源之广，远为唐代所不能及。地方官学建学率之高，管理法制之完善更为史无前例。"①因此，宋代国民文化素质之所以能够较于唐取得了连续发展，主要得益于在相对宽松的文化政策下建立了一个以中央太学、国子监为核心，以相应的府学、州学、县学为支撑和主体，以书院、私塾、村学、冬学为补充的较为完善的文化教育体系。

四、对外交流的加强为国民素质提高输送了新鲜血液

在宋代，北方陆上边境大为紧缩，华北大部分地区被辽侵占，西北大片土地为西夏所占据，通往西域的陆路交通被阻断。南宋时国界南移，对外交通不得不更多地取道海上，从而进一步促进了海外贸易的发展。在对外经贸交流中，"宋代在文化交流方面采取了积极主动的姿态，摄取了外来文化的优秀成分，滋补、充实和发展了本民族的文化发展"②，达到了吸收其他国家文明成果

---

① 姚余生：《宋代文化的生成背景及特点》，《甘肃社会科学》2010年第1期。
② 徐吉军：《宋代文化高峰形成的原因》，《浙江学刊》1988年第4期。

来提升中华文明素质的作用。

高丽地理位置狭小、资源贫乏，无论是经济发展还是国家安全都对宋朝有很大的依赖性。在双方的经济交往中，宋代主要向高丽输出茶叶、纺织品、瓷器等，同时从高丽输入人参、药材、扇子、纸、笔等。当时的"高丽纸"输入宋之后，深受文人墨客的喜爱和欢迎，误使当时很多宋人认为"高丽纸"是朝鲜人的发明和创造。其实"高丽纸"不过是唐朝时期朝鲜人向我国学习之后加以吸收和转化的结果。除了"高丽纸"之外，当时的高丽"松烟墨"同样深受宋代文人墨客和收藏者的爱好及高度评价。这种"松烟墨"在当时输入后，被制墨商吸收和学习。"当时宋代的著名的制墨家潘谷由于吸取了高丽的先进制墨经验，造墨时掺入了进口的'高丽煤'，即'松烟煤'为制墨的主要原料，而制出了高质量的墨。"① 高丽的绘画对宋代也产生了较大的影响，受到宋代同行的高度评价和皇帝的喜欢，以至于宋代皇帝提出要中国画家向其学习。由此可见，高丽国的绘画水平相对于宋代来说确实有其独到之处。宋代绘画家郭若虚在《图画见闻志》卷 6《高丽国》中说："高丽的国绘尚文雅，渐染华风，至于技巧之精，他国之罕见，固有丹青之妙。"更重要的是，通过文化交流，宋代还通过高丽得到早已失传的文化著作。如在宋神宗时期出使高丽的医官马世长带回了《东汉观记》等书籍，而高丽也先后向当时的朝廷赠送了失传已久的《黄帝针经》、京氏《周易占》、刘向《说苑》等重要书籍。由此可见，当时两国的文化交流对提高双方国民素质起到了积极作用。

日本从隋唐起一直与中国保持密切的交往。宋代对日交流，主要通过著名的海上"陶瓷之路"。关于宋代的中日交流，日本历史学家藤家礼之助认为："当时回国的宋商所带回的我国出口物品很多，主要有砂金、珍珠、水银、硫磺等，基本上是天然物品。"同时还有螺钿、泥金画、屏风等工艺美术品，其中的扇子、倭画、倭绘因为"意思深远，笔能绝妙"，而被宋代的文人雅士所

---

① 徐吉军：《宋代文化高峰形成的原因》，《浙江学刊》1988 年第 4 期。

欣赏和珍藏 ①。另外，日本的"武士刀"也很受宋人喜爱，宋代著名的学者欧阳修曾为此刀写出著名的赞诗《日本刀歌》。其中写道："昆夷道远不复通，世传切玉谁能穷。宝刀近出日本国，越贾得之沧海东。鱼皮装贴香木鞘，黄白闲杂鍮与铜。百金传入好事手，佩服可以禳妖凶。传闻其国居大岛，土壤沃饶风俗好。"在文化交往中，中国自唐以来缺失的不少经籍被来宋的日本僧侣敬献，其中有《郑氏注孝经》《越王孝经新义》《大乘止观》《方等三昧行法》和《夫台直言》等。同时，通过交流，日本人也把本国名著传到宋代。这种平等互补的交流，有力促进了两国文教事业发展和国民素质的提高。

宋代与印度的文化交流主要体现在佛教的交往上，据《宋会要辑稿·道释》所载："往取经者颇众，仅宋太祖乾德四年（965年）僧行勤等157人请求到印度取经，在经过当时朝廷的允许之后，经西域前往印度'求佛书'。"可以看出，宋代与印度的佛教交流较唐有了较大的发展。随着宋代的宗教文化的发展和繁荣，天平兴国年间，宋代朝廷专门设立译经院供印度来华僧人法天、天息灾等人翻译经书，以方便宋代僧人准确阅读从印度取来的经书。

中国与阿拉伯国家有着悠久的交往历史，宋代继承这一传统，使双方的经济、文化交流进入了一个新阶段。当时，阿拉伯的数学、医学、建筑学知识传到我国，对中国的文化发展起到了促进作用。比如，阿拉伯数学中的代数、几何、三角、历算等对中国数学界影响很大。欧几里得的《几何原本》通过阿拉伯人传入中国之后，成了宋元时代中国数学家的命题和解算理论。受阿拉伯数学的影响，中国数学家开始采用数码并用"0"表示空位。据沈福伟《中西文化交流史》中提道："秦九韶所以能提出大衍求一术，似乎曾从杭州的算学家那里间接获得阿拉伯数学的知识。"这说明阿拉伯数学传入宋代之后，在数学家的吸收和转化之下有力地促进了宋代数学的发展。阿拉伯的医学也对宋代医学产生了积极影响。当时阿拉伯输入中国的方物和药材直接被中国医药界所

---

① ［日］藤家礼之助：《日中交流二千年》，张俊彦、卞立强译，北京大学出版社1982年版，第112—129页。

采用，医学家阿维森纳发明的丸衣方法传入中国后经改制发明了蜡丸。"伊斯兰教"传入宋朝，在中国建立了第一个清真寺，即今福建省泉州市区涂门街的清净寺。该建筑不仅具有深厚的阿拉伯建筑风格，还汲取了中国古代的建筑艺术，从而反映出宋代中阿建筑艺术的密切交流。由此可见，与宋代交往的国家中，阿拉伯文化是当时对宋代影响最深的国家，极大地促进了宋代文化的发展和国民素质的提高。

综之，宋代采取较为积极主动的对外交流政策，在对外交流方面较唐有了较大进步，这不仅有助于与其他文明的交流互鉴，促进文化的发展繁荣，而且从各个方面起到促进宋人素质整体提高的作用。

第三节　宋代社会进步与国民素质发展的逻辑关系

宋代君王较为开明贤达，在取得政权后采取了一系列相对宽松的文化政策，由此推动了经济、文化、科技等全面发展，使宋代国民素质继唐之后又进一步向前发展。由此可见，国民素质的高低和社会发展具有一定的内在关联和逻辑关系，二者共同构成素质文化发展的共进规律。

一、商品经济观念与国民素质的逻辑关系

如果将中国古代经济发展进程分为发展与成熟两个阶段，宋代正处在成熟阶段的开端。这一历史时期，以农业为主、以手工操作为基础的社会生产体系趋于完善，资源开发的深度和广度已接近古代技术条件的极致。之后，中国经济发展主要表现为量的积累，其总体水平难以超越宋代。

宋代经济发展的主要特点是统治者鼓励经济自由发展。为了发展经济，皇帝对赋税和财政进行改革，"学者被鼓励去研究自然，做实验，在农业、纺织

和陶瓷生产、炼铁、造船、武器制造和其他许多领域内进行发明创造。商人把上述创新运用到市场，使帝国即使最遥远的角落都商业化了"①。在这种经济政策下，民间生产经营的积极性被充分调动起来。因而，宋代社会生产发展迅猛，农业和手工业各部门生产规模全面扩大、产量增加，城市规模进一步扩大，商业更加繁荣，农业和手工业生产技术全面进步，专业化分工程度更高，商品生产和货币关系渗透到各个领域，商业性城镇大量涌现，全国性商业网络初步形成。

宋代经济发展，特别是商业的空前繁荣，产生了与以往有所不同的经济思想。浙东事功派的陈亮是其中的重要代表人物。他注重商业，把商业放在与农业同等重要的位置。他强调功利的意义和作用，认为理学空谈仁义是在劫夺人们正当的物质利益。这表明他对人们追求物质利益正当性的认可，正如他在《送吴允成运干序》中所说，压制人们对物质利益的正当追求是"相蒙相欺，以尽废天下之实"。在利益的直接驱使和事功学派思想影响下，宋代越来越多的官僚、地主、农民、士人等纷纷加入了商人群体。随着商业的进一步发展，经营必须雇佣更多的劳动者，这样就出现了雇佣关系。商业社会和雇佣关系的形成与发展，使宋代开始全面转向完全意义的商品经济时期，从而深刻影响了宋代经济结构的变化与宋人商品经济观念的形成。

在商品经济观念支配下，商品性农业出现了。商品性农业指农业内部专为出售而生产的那些分支。宋代已经有了不少茶农、桑农、蔗农、果农和菜农等为市场消费而从事商品生产，他们把产品投入市场转换成货币，然后购入粮食、布帛等生活用品。他们已经从单纯的粮食生产中分离出来，开始了独立的发展进程，他们和其他工商业者一道，推动了宋代商品经济的进一步发展。在经济发展的快速推动下，宋代人口数量大幅度增长，北宋时期曾突破1亿多。人口的增加，再加上商业社会和雇佣关系的出现必然会导致城镇的出现。城镇

---

① [德]迪特·库恩：《儒家统治的时代：宋的转型》，李文锋译，中信出版社2016年版，导言第3页。

化的出现，标志着宋代开始在传统农业文明中注入了"城市文明"。

商人阶层与商人资本的发展造成城市扩大，商品丰富，市民云集，社会结构发生悄然变化。在宋代都城，无论是东京汴梁还是南宋的临安都不宵禁，而是通宵达旦，买卖日夜不绝于市。通俗文艺在都市里大为盛行，娱乐场所纷纷设立，人们在文化消费上的商品经济观念在发生着变化。

在当时人们称为"瓦舍"或"勾栏"的娱乐场所里，表演的种类繁多。其中有一种吟叫艺术，宋人高承《事物纪原》卷9中记载："嘉祐末，仁宗上仙。自帝即位，至是殆五十年天下稔于丰乐……故市井初有叫果子之戏。其本盖自至和嘉祐之间，叫紫苏丸洎乐工杜人经十叫子始也。京师凡卖一物，必有声韵，其吟哦俱不同。故市人采其声调，间以辞章，以为戏乐也。今盛行于世，又谓之吟叫也。"市井商贩的叫卖之声，本是广告行为，无不以悦耳奇特来吸引顾客。宋代大城市人口稠密，繁忙、喧闹的日常生活使人们向往自然，融于自然成为人们心理上的强烈渴望。这种需求得到了一些画家的响应，于是能起到"卧游"作用的赏心悦目、装饰性强的山水画和花鸟画大受欢迎。一些民间画家开始以卖画为生，城市出现了书画市，许多画家作画待售。艺人把叫卖之声加工成为一种新的曲艺形式以吸引观众，能起到"卧游"作用的山水画和花鸟画成为人们喜闻乐见的艺术形式。这些都说明了商品经济观念在宋代已经深入人心。

综上可见，以商品性农业为标志的产业结构调整，海外贸易的开启，城镇化的出现，还有商业社会和雇佣关系的形成和出现，展现了宋代取得的辉煌经济成就。这些经济成就反映了国民素质发展与社会发展的共进规律，即经济发展→助推人的思想观念变革→助推国民社会文化素质的提高→助推经济的更快发展。

二、科技发展与国民素质的逻辑关系

宋代统治者奖励发明创造，《宋史》卷461、卷197中记载：宋代司马光在完成历史巨著《资治通鉴》后，朝廷为了表示其功绩进行了优厚的奖励；冯继升呈火箭制法，御赐衣物束帛；唐福进火器，造船务工匠项绾献海战船都赐予了大量的奖赏；石归宋献木羽弩箭，诏增其月俸；郭谘造战车、弓弩有功也得到了提拔；僧人怀丙打捞铁牛成功，御赐紫衣。在这种奖励政策的影响下，以火药、指南针、活字印刷术等技术的广泛应用为标志，宋代成为继汉朝之后中国古代科技发展的又一个黄金时期。李约瑟博士在《中国科技史·总论》中写道："对于科技史家来说，唐代却不如宋代那样有意义，这两个朝代的气氛是不同的。唐代是人文主义的，而宋代较着重科学技术方面。""每当人们在中国的文献中查找一种具体的科技史料时，往往会发现它的焦点在宋代，不管在应用科学方面或在纯粹科学方面都是如此。"

除了火药、指南针、活字印刷术"三大发明"外，宋代的农业技术也有了较大提高。宋代改进耕作栽培技术，增加复种，扩大高产作物，重视选苗、育苗及积肥，加强田间管理，注意保持地力常新。另外，宋人还创制了不少新的高效农具，发展了中小型农田水利设施，使土地不论地形高低都能得到浇灌。宋代经济作物发展迅速，北宋时已经发明豆腐，开始用大豆榨油，引起大豆需求量激增，在全国得到大范围推广种植。棉花从东南少数民族地区推广到江淮一带，同时园艺业和养鱼业也有了很大发展，禽畜饲养和兽医技术有了明显进步。另外，宋代灌溉和钻井技术的进步，在很大程度上提高了农业灌溉效果，推动了劳动生产率的极大提高，改善和提高了宋人的生活水平，直接地推动了宋人身体素质的提高。

宋代的医学有了较大发展，已经设立了专门的管理机构和医学校，医学有了眼科、产科、小儿科、针灸科等的细分。世界上最早的儿科学产生于宋代，被尊称为"儿科之圣""幼科之鼻祖"的北宋医学家钱乙专注于幼小儿童的治疗。1119年，他的学生阎孝忠将他的理论、医案和验方加以整理，编成了《小儿药证直诀》，这是我国现存最早的一部儿科专著。《小儿药证直诀》重点论述了小儿"脏腑柔弱，易虚易实，易寒易热"的生理、病理特点以及痧、痘、惊、疳四大重症，比意大利医生巴格拉尔德的《儿科集》早了350多年。现在人们常用的六味地黄丸，最早即见于《小儿药证直诀》。中医学和儿科的发展进步，为宋代国民身体素质的整体提高奠定了坚实基础。

宋代是一个技术发明层出不穷的时代，涌现出大量的发明家、科学家和能工巧匠。但是纵观宋代的科技发展，可以看出这一时期科技发展逐渐转变为以技术发展为主，科学成就明显减少，科技发展速度日渐放缓。究其原因，主要是宋代科举制度的完善所起的阻碍作用越来越明显。科举制度使知识分子重仕途、轻技艺，造成了科技与士人及教育的脱离。同时，程朱理学在思想领域的主导地位又造成了哲学的贫困，人们对许多高超技艺只知其然而不知其所以然，普遍缺乏对新生事物的探究精神。这些因素造成了宋代科技发展速度减慢，影响了宋代国民科学文化素质的进一步提高，这不能不说是历史的遗憾。

三、宋明理学与国民素质的逻辑关系

在宋代崇尚文治的社会环境中，宋代文人和学者能够有更好的氛围来思考社会现实问题，理学便产生于这样的文化氛围中。理学以儒学为根本，是儒学在宋代吸取佛、道思想发展出来的。在发展过程中，北宋儒学派别进一步扩展，产生了以张载为代表的关学、周濂溪为代表的濂学、程颢和程颐（二程）为代表的洛学，从而形成了中国传统文化史上的理学。理学的发展以周敦颐和二程为基础和起点，由朱熹发扬光大，到南宋理宗时期被确定为国之正统。理学的形成，创造了宋代较好素质文化发展环境，为宋人社会文化素质的提高提供了文化土壤。

理学的形成对中国文化产生了深刻影响。理学所展开的伦理学主体性的本体论，将中国文化重伦理重道德的传统精神推至极致，从而引出极为复杂的文化效应。理学对宋代文化最大的影响之一是重建礼治秩序。礼作为中国传统文化中的意识形态，强制规范了人们的生活行为及是非善恶观念。因为礼治秩序根本否认个体的独立价值，只承认人伦关系网络的存在。在礼治秩序中，个体永远是被规定的对象，人的主体性与个性全然消融在贵贱有差、尊卑有别的名

分之中，正如戴震在《孟子字义疏证》中所说："尊者以理责卑，长者以理责幼，贵者以理责贱。虽失，谓之顺。卑者、幼者、贱者以理争之，虽得，谓之逆。"谭嗣同在《仁学》中也言道："俗学陋行，动言名教，敬若天命而不敢渝，畏若国宪而不敢议，……上以制其下，而不能不奉之。"礼治秩序的长期浸染，使中国国民养成一种主奴根性。"所谓主奴根性即主性、奴性兼而有之。"① 国民在人伦关系网络中这种角色不定的国民性格，成为中国人文明素质进一步提高的严重障碍。

理学家在重构礼治秩序时，强调了内心之理（性）与外在之理（礼）的联系。因此，对礼的体认，必须压制、约束带有个人情感因素的"人欲"。在理学家"克己复礼"的宗旨下，人们连坐、立、说、笑也要严格遵从礼的规范。因此，在这种氛围中，随着理学在政治、道德和行为上的意识形态化，它不仅能够调控社会行为，而且对社会个体行为开始进行干预。从宋代开始，礼治秩序对妇女的拘束趋向极致，封建礼教对女性的摧残更加严重。在理学被确立为正统后，理学家把所谓"妇德"与"家之隆替，国之废兴"联系起来，使传统礼教对女性的道德规约蒙上一层神圣的色彩。理学家在深化传统"女教"学说的同时，进一步把女性束缚在一个狭小、封闭的生活圈内。《女教篇》规定女子"勿出中门，勿窥穴隙，勿越墙垣"，"惟女之容，贵于和婉，坐立恭庄，步骤详缓，头容常直，目容常端"。理学家强调妇女的贞节操守极为重要，应不惜任何手段乃至自己的生命去捍卫它。因而，程颐《二程遗书》卷 22 中提出了"饿死事极小，失节事极大"的著名命题。从宋代开始，在理学家构筑的礼治秩序下，中国妇女素质遭受到前所未有的历史性损伤，其影响至今也难以完全消除。

"人是什么"的问题，是理学的中心命题。"理学家除了从宇宙本体说明人的存在以外，还把兴趣集中在心性问题上，系统而又详密地探讨了人的道德理性问题，强调人之一身体现着宇宙本体与道德本体的高度统一，从而建立起形

---

① 冯天瑜、何晓明等：《中华文化史》（下册），上海人民出版社 1990 年版，第 654 页。

上道德论的人性学说。"①因此，理学在消极作用于国民素质发展的同时，也留下了若干积极因子，这就是道德自觉的理想人格建树。理学家建树理想人格的理论，对形成中华民族注重气节、注重道德、注重社会责任与历史使命的文化性格起到了积极作用。北宋理学家张载为重建儒家所追求的理想社会秩序，提出要"为天地立心，为生民立命，为往圣继绝学，为万世开太平"，显示了儒家知识分子期盼民族兴盛、承继先圣、德治教化、天下太平的宽阔襟怀和责任。宋末抗元名臣、民族英雄文天祥不屈于异族强权，写下了"人生自古谁无死，留取丹心照汗青"的千古名句。他们所传递的社会、历史和道义责任感，充满了理学的道德理想与精神价值，闪耀着理想人格的灼灼光辉，成为中华民族文明素质的重要内容。

另外，理学对宋人科学素质的发展也产生了一定的积极作用。宋代科技在中国古代科技史上占有重要地位，不仅有火药、指南针、活字印刷术、水运仪象台和假天仪等重大应用发明，而且出现了被李约瑟称为中国科技史上里程碑的科技著作——《梦溪笔谈》。在沈括写的这部反映宋代科技最高水平的著作中，包括天文、历法、数学、物理、化学、生物、地理、地质、医学、工程技术等自然科学成果及文学、史学、音乐、艺术等人文科学成果。其中体现出来的思想观点，具有明显的理学特征，比如沈括在《梦溪笔谈》卷7中以"气"解释物的本质："大凡物理、有常、有变。运气所主者，常也；异夫所主者，皆变也。常则如本气，变则无所不至。"沈括认为事物的变化是有规律的，变化的原因是"气"，理依存于气。由此可见，理学"性命义理"的积极精神对《梦溪笔谈》写作的深刻影响。

---

① 肖万源、徐远和：《中国古代人学思想概要》，东方出版社1994年版，第147页。

第三章　明代国民素质形态及素质文化特征

元代末年经过十几年的农民战争，最后朱元璋推翻了元朝的残暴统治，建立了明王朝。从洪武元年（1368 年）至崇祯十七年（1644 年），明王朝统治中国共 276 年。它上承秦、汉、唐、宋、元，下启清一代，是中国历史继往开来的一个重要王朝。

第一节　明代国民素质形态及特征

国民素质是历史的产物。明代的社会生产力发展水平和社会发展状况，决定了明代国民素质形态及发展特征。

一、国民身体素质形态及特征

人口数量变化、人均寿命状况等，反映了明代国民身体素质的发展水平。

从人口数量变化看，元末战乱使明初人口受到重大耗损。北方地区一片荒芜，人民陷入严重的贫困饥饿中。人口稀少，土地荒芜，成为元末明初全国各地的普遍现象。"自兵兴以来，民无宁居，连年饥馑，田地荒芜。"① 面临这种

① 《明太祖实录》卷1—25，台湾"中央研究院"历史语言研究所校印 1962 年版，第148 页。

严峻形势，明朝建立后采取了一系列措施，如临时发钱粮救灾、发动军民大兴屯垦、减免田赋等，这些措施与开荒、治水、清赋役等配合起来，安定了人心，恢复了生产，稳定了当时的社会秩序，使初建的明王朝迅速摆脱了困境。

　　根据明代官方的统计数据，明初的户口数为：洪武十四年（1381 年），直隶应天等十八府州以及浙江、山西、陕西、河南、广西、山东、北平、四川、江西、湖广、广东、福建十二省，总计 10654362 户、59873305 口①。明初的户口比元代末年有了很大的增加，史书称："太祖当兵燹之后，户口顾极盛"②。到 14 世纪末期，中国的实际人口至少超过了 6500 万。下表所列即官方人口统计数③。

表6　洪武二十六年（1393 年）中国人口

省	户	口	每户人数
南直隶 a	1 912 833	10 755 938	5.62
北直隶 b	334 792	1 926 595	5.75
浙江	2 138 225	10 487 567	4.90
江苏	1 553 923	8 982 481	5.78
湖广 c	775 851	4 702 660	6.06
山东	753 894	5 255 876	6.97
山西	595 444	4 072 127	6.84
河南	315 617	1 912 542	6.07
陕西 d	294 526	2 316 569	7.87
福建	815 527	3 916 806	4.92
广东	575 599	3 007 932	4.57
广西	211 263	1 482 671	7.02
四川	215 719	1 466 778	6.81
云南	59 576	259 270	4.39
合计	10 652 789	60 545 812	5.68

注：a.永乐十九年（1421 年）自南京迁都北京，前称直隶，辖江苏和安徽。b.永乐十九年前称北平，辖今河北及察哈尔、热河之一部分。c.湖北和湖南。d.陕西包括甘肃。

①　《明太祖实录》卷 109—145，台湾"中央研究院"历史语言研究所校印 1962 年版，第 2216 页。
②　（清）张廷玉等：《明史》卷 51—101，吉林人民出版社 1995 年版，第 1208 页。
③　[美] 何炳棣：《明初以降人口及其相关问题》，葛剑雄译，生活·读书·新知三联书店 2000 年版，第 10 页。

分析《明实录》及其他官方资料发现，尽管明代官方的人口数据显示出人口停滞，实际上从洪武元年（1368年）至万历二十八年（1600年）前后中国的人口始终是或多或少直线上升的①。何炳棣据此认为中国的人口从14世纪后期的约6500万增加到了万历二十八年的约1.5亿。洪武二十六年，在中国人口极密集的浙江嘉兴府、京师松江府、苏州府和应天府中，嘉兴府人口密度达到每平方公里人口506人。

有学者分析明代墓志铭，根据墓主的育子率可以推测墓主的有效育子率②。从下表中的数据可以看出，14世纪下半叶每个墓主所育成年儿子数只有2.2人，进入15世纪以后，即在洪武以后，每个墓主的平均养育成年儿子数猛增至3.1人，15世纪下半叶开始减少，但至16世纪上半叶一直稳定在2.6人左右，至16世纪下半叶，育子数为2.8人。人口数量的增长，尤其人口有效育子率的增加，直接说明了明初国民身体素质的不断提高。

表7 明代1438个墓主育子率

统计（一）			
墓主死亡年代	墓主人数	成年儿子	墓主平均拥有儿子数
1348—1400年	37	82	2.2
1401—1425年	79	243	3.1
1426—1450年	166	522	3.1
1451—1475年	128	365	2.9
1476—1500年	351	895	2.5
1501—1525年	351	913	2.6
1526—1530年	255	669	2.6
1551—1613年	68	187	2.8
合计	1438	3876	2.7

① [美]何炳棣：《明初以降人口及其相关问题》，葛剑雄译，生活·读书·新知三联书店2000年版，第27页。
② 曹树基：《中国人口史》第4卷明时期，复旦大学出版社2000年版，第400页。

统计（二）			
墓主死亡年代	墓主人数	成年儿子	墓主平均拥有儿子数
1348—1400 年	37	82	2.2
1401—1450 年	245	765	3.1
1451—1500 年	479	1250	2.5
1501—1550 年	609	1582	2.5
1551—1613 年	58	187	2.8
合计	1438	3876	2.7

　　明代中期以后，人口就不再有增长。因为统治者为追求享乐，千方百计地对人民进行压榨和剥削，甚至对地方官吏的政绩考核也以征收赋税的多少为标准。统治者对生产的发展和日益下降的人民生活毫不关心。农民手中的粮食被搜刮一空，但官府储粮也不多，整个社会的抗灾能力十分薄弱。因而导致无灾变有灾、小灾变大灾，经常灾及全国，甚至发生人食人的惨剧。

　　明朝末年（1630—1640 年），中国北方旱情发展，终于酿成继 1580 年以后的又一次大旱灾。华北乃至华中、江南等地，千里赤野。与此同时，华北乃至长江中下游地区又发生大范围的蝗灾，飞蝗所经，草叶不存。因而北方很大一部分地区，旱灾、蝗灾、鼠疫三位一体爆发，人民没有活路，"土寇""流民"纷纷揭竿。于是，农民军、政府军及清兵在战场上相互纠缠，将中国北部、长江上游及中下游部分地区变成了一个人口屠宰场，该地区人口大量死亡。崇祯末年，中国人口大约尚存 15250 万，与崇祯三年相比中国人口减少了大约4000 万 [1]。这些情况表明，从明朝中期开始，国民身体素质开始不断下降。

　　从人均寿命状况看，明中叶以后农业有了较大发展。福建、浙江等地方开始有了双季稻，广东还有三季稻。北京一个劳动力的粮食产量为 3000—4000斤 / 年，南方一个劳动力的粮食产量为 4000 斤左右 / 年（南方一个劳动力约有十亩地，而北方一个劳动力平均为七八十亩地）。原产于美洲的玉米、甘薯、

---

[1]　曹树基：《中国人口史》第 4 卷明时期，复旦大学出版社 2000 年版，第 452 页。

花生在哥伦布发现新大陆后传入中国，这些农作物的产量较高①，能使有限的耕地供养更多的人口，为丰富人们的膳食结构、延长人的寿命、提高国民身体素质提供了物质基础。

14世纪明代成年人死亡年龄不足60岁，16世纪中叶以后增加至66岁，成年人口的死亡年龄有了相当明显的提高②。如果将人口寿命的提高作为国民身体素质提升的标志，那么下表呈现出的明代人口寿命呈逐渐提高的状态③，说明了明代国民身体素质总体上处于缓慢上升的态势。

表8　明代分省区成年人口死亡年龄

南方			
省区	年龄有效样本	年龄总数	平均死亡年龄
苏南	335	21183	63.2
浙江	172	10876	63.2
福建	69	4397	63.7
江西	212	13217	62.3
两广	28	1807	64.5
合计	816	51480	63.1
北方			
省区	年龄有效样本	年龄总数	平均死亡年龄
苏北	37	2372	64.1
皖北	18	1199	66.6
湖北	17	1065	62.6
四川	13	938	72.2
合计	85	5574	65.6

省区	年龄有效样本	年龄总数	平均死亡年龄
北平	88	5563	63.2
河南	83	5335	64.3
山东	111	7061	63.6
山西	34	2083	61.3
陕西	89	5757	64.7
合计	405	25799	63.7

---

① 史仲文、胡晓林：《中国全史》第12卷，人民出版社1994年版，第522页。

② 曹树基：《中国人口史》第4卷《明时期》，复旦大学出版社2000年版，第397页。

③ 曹树基：《中国人口史》第4卷《明时期》，复旦大学出版社2000年版，第398—399页。

　　从国民身体素质的性别差异看，由于封建社会重男轻女的传统，明代大多人家，特别是贫苦人家女儿在成长过程中在营养上很难得到保证，造成"女儿体质虚弱，如有疾病也多得不到治疗。及至男女成年，比例更不相称。妇女婚后生育，又多有难产死亡"①。另外，明代提倡早婚。洪武元年（1368 年）定制："凡庶人娶妇，男年十六，女年十四以上，并听婚娶。"② 这是中国历史上官方规定的最低结婚年龄。尽管此规定不是强令执行，但从优生优育的角度看，明代早婚之风有损女性健康，从长远来说也不利于国民身体素质的发展。

　　明太祖朱元璋崇尚"文武兼备"的人才，不仅在明朝军队中设置儒学，以"四书五经"教授武官及其子弟，而且要求武官认真教授子弟武艺，并"令应袭子弟，送都督府比试，骑射闲习，始许袭替；若年幼者纪名，候长比试，然后袭替"③。对于那些不教习子弟习武的武官，将给予严厉的惩罚。这些措施，促使武官子弟习武、学文风气较盛，从而保证了明初武官的素质④。

　　明中期以后，战争频仍，边陲不稳，国家急需军事人才，因而这一时期的军事训练特别注重军人的身体素质训练。明代军队中的身体素质训练涉及练手、练足和练身三个方面，主要采用加难、负重的训练方法来练习肌肉力量和耐力。明代名将戚继光的《纪效新书·比较武艺赏罚篇》根据"凡人之血气，用则坚，怠惰则脆。劳其筋骨，饿其体肤，君相亦然，况于兵乎？"的道理，认为"凡兵平时所用器械，轻重分两当重于交锋所用之器。重者既熟，则临阵用轻者，自然手捷，不为器所欺矣。是谓练手之力。凡平时，各兵须学趋跑，一气跑得一里不气喘才好。如古人足囊以沙，渐渐加之，临敌去沙，自然轻便是练足之力。凡平时习战，人必重甲，荷以重物，勉强加之，庶临战身轻，进退自速。是谓练身之力"。并且提出了训练"不宜过于太苦""不使其劳顿太过"

---

① 路遇、滕泽之：《中国人口通史》，山东人民出版社 1999 年版，第 674 页。

② （清）张廷玉等：《明史》卷 51—101，吉林人民出版社 1995 年版，第 907 页。

③ 王云五：《明会典》，商务印书馆 1936 年版，第 2493 页。

④ 杨向东：《中国体育通史》第 2 卷，人民体育出版社 2008 年版，第 218 页。

的原则，提倡"旧渐加重"、循序渐进的方法，提高兵士素质①。

二、国民心理素质形态及其特征

国民心理素质是国民对自身及其所处社会的体验、认知后表现出的心理指征。摆脱了元代少数民族统治的威压，经过明初的经济恢复，到了明代中后期，人们开始意识到自我价值，认为"自我"是一个独立、能动的主体从而使人的价值和欲望得到了前所从未有的重视，国民心理素质表现出追求"自我"的发展趋向。

明代中期以后，商品经济的发展给人们的价值追求提供了基本条件，人们的社会观念开始发生变化。作为文化先导的文人士大夫，将物质生活和文化生活都推向了一个新阶段。比如当时江南一带追求独立人格的唐寅、祝枝山等一批"狂放"之士，将一股新鲜空气输入封闭严密的明代意识领域。之后，王阳明（1472—1529 年）"心学"的崛起，明初沉寂的思想界局面产生了更大的改变。"心学"主张以"心"为天地万物主宰，从人的主体角度去观察万物，从而充分肯定了人的主观能动性，肯定人是世界的主体，世界离不开人的主观能动性。王阳明高扬人的主体地位，使明代士子非常认同这种"注重事功"的积极进取精神，从中感悟到思想启蒙作用，从而热烈响应，使"心学"传播天下，成为晚明人文思潮的哲学基础。

社会观念的更新最具有时代价值。在中国长期以来消灭个性、神化主宰者的现实生活中，王学的主观唯心论强调个人主观的合理性，实际也就起到了鼓励个性、注重自我的作用。其后，在王阳明心学的继承者泰州学派中，王艮主张"百姓日用即道"，何心隐认为"无欲则无心"，李贽更主张"穿衣吃饭即是人伦物理"，人们的道德观念，世间的万物之理是人们对"衣和饭"实实在在的物质生活资料的要求。人们的"私欲和物欲""好色、好货"也是"自

① 杨向东：《中国体育通史》第 2 卷，人民体育出版社 2008 年版，第 201—202 页。

然之理"。李贽公开宣扬自私是人的天性而不是罪恶，因为"夫私者，人之心也。人必有私而后其心乃见，如无私，则无心矣"①。这三位泰州学派的代表人物都倡导回归人性、回归自然。他们打破了当时程朱理学对人的压制和束缚，使人在摆脱理学的束缚中看到了自我的价值和人性的力量。因此，"社会经济的发展，社会风尚与社会观念的变迁，有力地推动哲学意识对社会与人展开新的思考，一种自我意识或主体意识觉醒的思潮开始涌动于传统意识形态的隙缝之间"②。

马克思说："每个了解一点历史的人也都知道，没有妇女的酵素就不可能有伟大的社会变革。社会的进步可以用女性（丑的也包括在内）的社会地位来精确地衡量。"③在明朝中后期商品经济发展、追求物欲的社会风尚影响下，广大妇女逐渐突破封建礼教的禁锢去争取个人自由，连妓女也不再被世人视为堕落、邪恶的象征。传统愚"贞"愚"孝"的道德取向开始发生动摇，社会各个阶层对女性的认识开始发生改变，女性逐渐意识到自我价值的存在，从而引起了个性的觉醒。因而明代中叶以后，人们开始追求婚姻自由，传统的婚姻观念开始受到严峻挑战。明代前期，婚嫁必求门当户对，市井小民婚嫁择偶也多以攀缘内族大户为荣。但是明代中期以后，择偶标准发生了很大变化。史载："今世流品，可谓混淆之极。婚嫁之家，惟论财势耳，有起自奴隶，骤得富贵，无不结姻高门，缔眷华胄者。"④可见，当时人们已不再死守门当户对的陈规，婚嫁时不管出身是否低贱，只要具备一定财力，就可与各门大姓结亲联姻。在《肇域志》中，顾炎武也谈到了这种婚姻习俗的变化："细民联姻宗贵，转相仿效，至有以千金为妇饰者"⑤。

服饰蕴含了丰富而复杂的政治、经济、文化因素，体现了一个民族的传统

① （明）李贽：《藏书》，中华书局1959年版，第544页。
② 冯天瑜、何晓明、周积明：《中华文化史》下册，上海人民出版社1990年版，第781页。
③ 《马克思恩格斯全集》第32卷，人民出版社1974年版，第571页。
④ 谢肇淛：《五杂俎》下卷，中央书店1935年版，第262页。
⑤ （清）顾炎武：《肇域志》，上海古籍出版社2004年版，第889页。

文化和精神面貌。从服饰的发展与流行中，可以透视社会的繁盛、经济的发展、文化的交流，也可以窥见民族心理的变化。中国历代王朝都把服饰当作规范和区分人的尊卑贵贱、身份地位的重要标识，明代也不例外。明太祖朱元璋在立国之初即以恢复汉家制度为宗旨，严禁胡服、胡语、胡姓。他在洪武元年（1368年）下诏，衣冠悉如唐代。诏书规定："士民皆束发于顶，官则乌纱帽、圆领袍束带，黑靴；士庶则服四带巾、杂色盘领衣，不得用黄、玄；乐工冠青卍字顶巾，系红绿帛带；士庶妻首饰许用银镀金，耳环用金珠，钏镯用银，服浅色，团衫用纻丝、绫罗、绸绢；其乐妓则戴明角冠、皂褙子，不许与庶民妻同。"①

明代中期以后，人们的服饰观念发生了重大变化。万历《新昌县志》记载：成化以前，平民不论贫富都遵守国家着装制度，后来人们的着装逐渐转向奢侈，士大夫峨冠博带，稍知文墨的读书人也头戴方巾，脚着彩鞋，身穿彩衣，一些富家子弟也模仿服用。底层劳苦人民则是粗布白衣，戴白衣帽者"盈巷满街"。"国朝士女服饰，皆有定制。洪武时律令严明，人遵画一之法。代变风移，人皆志于尊崇富侈，不复知有明禁，群相蹈之。"②明朝后期着装"犯礼逾制"的现象更普遍，"各省虽富贵之家，惟布衣布服。两京、吴越之地，以绮罗为常服"③。这种风气促使服饰式样随时进行革新，甚至出现了厌常斗奇的心理变态现象。有些人渴望设计出别出心裁或更富刺激性的奇装异服，这就是所谓的"服妖"。如泉州成化、弘治以前"俗尚敦朴，自昔已然。诸诣簧塾市肆者，踽踽一布袍，士以素，庶人以缁，冬夏迭更，聊顺寒暑"。到了万历年间，则"衣必绮纨，非然者以为傺辱。下至牛医马佣之卑贱，唐巾、晋巾、纱帽巾，浅红深紫之服，炫然摇曳于都市，古所谓服妖也"④。"服妖"除了表现为服饰样式

---

① 《明太祖实录》卷26—43，台湾"中央研究院"历史语言研究所校印1962年版，第525页。
② （明）张瀚：《松窗梦语》卷7《风俗记》，上海古籍出版社1986年版，第123页。
③ （明）李晋德：《客商一览醒迷》，山西人民出版社1992年版，第272页。
④ （明）阳思谦修，徐敏学、吴维新篡：万历重修《泉州府志》卷3《风俗》，台湾学生书局1987年版，第293—294页。

怪异之外，还表现在服饰穿着上的男女错位，即男穿女服，女穿男衣。

上述情况表明，从明代中后期开始，出现了一股反叛传统文化的思想潮流。这股思潮高扬人的主体性，大胆追求人格独立，憧憬世俗生活情趣，憎恶吞没人性、湮没个人真情的假道学，有力地展现出明代国民心理素质的发展方向。

三、国民社会文化素质形态及其特征

国民社会文化素质的发展是与同一时期的社会发展同步渐进的。明代国民的文化普及程度相当高，晚明著名文学家张岱曾描述其家乡余姚的情形："惟余姚风俗，后生小子无不读书。及至二十无成，然后习为手艺。故凡百工贱业，其性理纲鉴，皆全部烂熟。偶问及一事，则人名、官爵、年号、地方，枚举之未尝少错。学问之富，真是两脚书厨。"[1] 除了苏、杭等这些经济发达地区，即使在边远地区，也有相当数量的私塾、义学及各级儒学培养了大量的识字人。这些人进入各行各业之后，推动了明代国民社会文化素质的整体提高。

社会文化素质包括思想道德素质和科学文化素质。具体而言，在思想道德素质方面，明代在从农业社会向商业社会的过渡中表现出思想观念逐渐更新的特征。而明代科学技术的不断进步，表明了其国民科学文化素质的不断提高。

（一）向商业社会过渡中的思想素质转变

人的思想素质受其所处时代条件的制约，与其生活密切相关。伴随着明代社会经济的发展，明代人的思想素质在新的社会土壤中生长出了新的元素。

明早期统治者的思想自信与开放。明初极端专制政治的成功，给了统治者强大的信心，从而培养了其一切求大的心理。1374年春，明太祖朱元璋计划在南京城西北狮子山的山巅建一座"阅江楼"，目的是彪炳自己在狮子山打败

---

[1] （明）张岱著，云告点校：《琅嬛文集》，岳麓书社2016年版，第28页。

劲敌陈友谅的武功，同时也想把阅江楼建成国都的标志性建筑以显扬国威。工程动工之前，朱元璋先命令臣下作文纪念，于是出现包括宋濂的作品在内的若干篇《阅江楼记》。后来，朱元璋改变主意停止了建楼，并写了一篇文章《辟阿奉文》，意思是批评众臣没有谏阻他修楼。这种不是简单惩罚而是促其自省的气度，显示出了明初统治阶级的执政自信。永乐五年（1407年），《永乐大典》编修完毕，明成祖朱棣亲自撰写序文："昔者圣王治天下也，尽开物成务之道，极裁成辅相之宜。修礼乐而明教化，阐理至而宣人文。……尚惟有大混一之时，必有一统之制作，所以齐政治而同风俗，序百王之传，总历代之典。"①这段话反映出明初统治阶级与汉、唐一样，都努力追求官文化的发展并以此作为炫耀盛世的资本。除了编修《永乐大典》外，朱棣还为其父朱元璋的孝陵修建重达三万余吨的石碑，该碑太重以致无法树立起来。他还历时十几年修建北京城，派郑和七次航海下西洋。这一系列行动都表现出明初统治者对于"大"的追求，一定程度上反映出当时统治阶级的思想自信和开放。

民众劳动观念的转变。男耕女织作为一种"圣王之制"，是古代民众劳动生活的主要内容。正如明代文学家马一龙在《农说》中所言："君以民为重，民以食为天，食以农为本，农以力为工。"②明代中期以后，随着生产的发展，商品经济日益兴起，社会开始从农业社会向商业社会过渡。与此同时，传统的劳动观念开始发生转变。自给自足的勤俭劳动方式已不能完全维持生存发展的需要，劳动生活开始从男耕女织的"本业"扩大到工商一类的"末业"。所以，"明朝人已不再将经商视作游惰，而是视为一种治生的正常手段"③。可见当时人们把劳动已不仅仅理解为耕织，而是扩大到了商业活动。

民众的处世和财富观念的变化。在明晚期商业化浪潮的冲击下，天下之人唯利是图，直接影响了民众的为人处世态度，造成了对仁义道德的背离。当时

---

① 《明太宗实录》卷53—92，台湾"中央研究院"历史语言研究所校印1962年版，第1017—1018页。

② （明）马一龙：《农说》，中华书局1985年版，第1页。

③ 陈宝良、王熹：《中国风俗通史·明代卷》，上海文艺出版社2005年版，第38页。

富贵者骄人，为了追求富贵可以做出刻薄人之举；贫穷者羡慕富贵人的生活，常常会生出"王侯将相，宁有种乎"或者"彼可取而代之"的念头；中等人家则见了强者就阿谀奉迎，而在贫穷者面前又盛气凌人。在财富观念上，受明代普遍流行的佛教善恶观念的影响，人们较多地认同命中财物皆有定数、散财积善的观点。因此，明代民间一直流传"散财获福"的说法，倡导"好义而疏财"的世风。

特立独行的人生观的确立。程朱理学是明代官方的政治意识形态，控制着当时民众的知识范围和思想源泉。从程朱理学的人格修养思想来看，完美人格的取得乃至达到圣人的境界，必须从生活小节做起。明代中后期，人们从时代的需要出发开始重新审视完美人格和生活小节的关系。明代湖州文人骆文盛（1496—1550 年）认为，特立独行之人，尽管不尽符合儒家的"中道"，但"中道"只有圣人才可践及，在今天世无圣人的时代，如果再一味地以"中道"来苛责独立之人，无疑是大言罔人。明代的这种人生观表现在社会生活上，就是不以前人的是非为是非，大胆肯定自己的观点。李贽就说："天幸生我大胆，凡昔人之所忻艳以为贤者，余多以为假，多以为迂腐不才而不切于用；其所鄙者、弃者、唾且骂者，余皆的以为可托国托家而托身也。"① 分析明中期以后士人这种特立独行的人生观，不难看出明代人思想素质的转变离不开其深厚的时代土壤。

教化育人的观念受到普遍重视。学校的教化作用，在明初很受重视。明太祖朱元璋一再强调"治国以教化为先，教化以学校为本"。洪武八年（1375 年）明太祖诏谕都御史："惟致治在善俗，善俗视教化。教化行，使闾阎可化为君子；教化废，中材不免于小人。"② 朱元璋先后下诏兴办国子监、府学、州学、县学、社学等各级学校。对国子监及府、州、县学在校生员给予优厚的待遇，既免费供应食宿，又免除其家庭徭役二人。明成祖朱棣执政时，颁布《五经四

---

① （明）李贽：《焚书·续焚书》，岳麓书社 1990 年版，第 226 页。
② （清）傅维鳞：《明书》卷 12，商务印书馆 1936 年版，第 1230 页。

书大全》《性理大全》等儒家学说于天下，诏令在校生员人人诵习。此后，明朝历代皇帝都注意学校的教化作用，每位皇帝都要幸太学，祭祀孔子以示范于天下。但是，明代中期以后随着世风日下，学校的教化作用出现了日益萎缩。

积极的参政议政意识。明代明令禁止生员议政、指陈天下利弊。但是，明一代生员违犯学规而上书言政、指陈时弊，甚至集体闹学潮的事情仍然时有发生。明朝洪武年间，山东籍国子监生周敬心上疏言事，尖锐地指出当时百姓力役、赋税过于繁重，明代太期薄教化而任刑罚，甚至批评朱元璋大杀官民等。朱元璋读了奏疏不免恼怒，但见奏疏言之成理也没有将其治罪。周敬心的上疏，开启了明代诸生议政、指陈天下利弊的先河，也打破了明廷颁布的禁止生员议政的禁例。明代中期以后，随着朝政的腐败，社会风气的变化，生员群起反对当权者的事件时有发生。明英宗正统年间，北京国子监祭酒李时勉得罪了太监王振，王振以李时勉盗伐国子监树木的罪名将其枷号于国子监前。国子监监生汇聚在皇宫门前请愿，迫使王振释放了李时勉等人。其后，正统年间还发生了监生状告国子监祭酒的学潮。明代生员议政和发动学潮的胜利，不仅表现了知识分子对时局的关注，而且说明了他们参政议政意识的不断增强。

（二）商品经济浪潮中的道德素质双向发展

明代中后期，封建经济结构的土壤开始松懈，行走各地的商人们在经营中认识到了"诚信"商德的重要性，为促进明代资本主义的萌芽创造了道德前提。与此相反，当时市井之间占卜、巫术、赌博、娼妓等社会丑恶现象的盛行，又拉低了明代国民的道德素质。

明代中后期，产生了足迹遍及大江南北的徽商、晋商、江右商、闽商、粤商、吴越商和关陕商人。他们虽然拥有巨资，"故势家大者产百万，次者半之，亦埒封君"[①]，但是都崇尚"贾而好儒，诚信为本"的商德。其中，徽州商人尤为突出，他们自称"贾为厚利，儒为名高"，在追求经商谋取厚利的同时更不

---

① （明）王士性：《广志绎》，中华书局 1981 年版，第 70 页。

忘自身名望。究其原因，正是受到千年以来儒家思想的深刻影响，比如《中庸》中就强调："诚者，天之道也；思诚者，人之道也。"孔子说："民无信不立，人而无信，不知其可也。"因此，这些地域商在经营中积极遵守儒家的诚信之德，大多把先人教育的"诚信"放在首位，追求成为盛名天下的"商儒"。在具体经营中，商人遵循"食人之禄当忠其事""贸迁贸居，市不二价""不欺不诈，唯诚待人，人自怀服，任术御物，物终不亲""耕者什一，贾之廉者什一"（务农只能获得 1/10 利，经商也只能获取 1/10 利，薄利经营、让利于客才会赢得顾客的信任）等经营原则，主张"宁肯失利，不可失义"。当时有一名徽商叫朱文江的，他到珠江贩茶，因误时茶叶不新鲜了，就自写"陈茶"二字以示不欺瞒客人，因而在商贸活动中取得了良好口碑。

与此同时，明代占卜、巫术、迷信和赌博欺骗现象加剧，特别是娼妓这一社会丑恶现象更加发展，使嫖娼宿妓成为明代社会陋习和严重的社会问题。明朝洪武、永乐年间，官妓制度较为盛行。明代中期官妓取缔，娼妓完全由私人经营之后，各地的娼妓大量发展起来。南京、北京等大都会，以至偏州僻邑，娼妓遍布天下。此外，中国古代的男色迄明代也有抬头的趋势，明代的皇帝、官吏、儒生、市里小民好男色者也不乏其人。晚明时期更有和尚娶妻蓄妾狎妓的，他们宣称"酒色财气，不碍提路"，公然纵欲享乐。① 这种由于城市经济发展，市民享乐意识抬头引致的纵欲的糜烂之风，客观上造成了当时国民道德素质的下降。

（三）文化、科技发展与明代国民科学文化素质

明代经历了传统社会向近代社会过渡的前后两个历史阶段，因而明代的科学文化在传统文化成熟的基础上，开始进行全面总结以求发展。

在教育方面，明初明太祖朱元璋十分重视学校在培养官僚、兴教化方面的

---

① 　参见王书奴：《中国娼妓史》，生活·读书·新知三联书店 1988 年版；武舟：《中国妓女生活史》，湖南文艺出版社 1990 年版。

作用。因而明代大力兴办学校，国子监、府学、州学、县学和社学，地方学校和中央学校形成了一个互相衔接的完整教育和官僚培养体系。仅洪武、建文、永乐三朝，就取各科进士共 2792 人。有明一代共取进士 24687 人（见表 9）[①]。为了培养合格的官吏，明代创立了国子监监生的历事制度。通过历事实践，监生获得了从政的直接体验，为入仕做好了准备。历事制度这一从政实践活动的创立，在中国教育史上占有重要地位，开创了学生实践制度的先例。

表 9

省名	人数（人）	%	名次	面积（km²）	密度（人/万 km²）	名次
山西	1074	4.35	10	146448	73.34	8
福建	2319	9.39	4	120852	191.89	2
江西	2628	10.65	2	153900	170.76	3
浙江	3398	13.77	1	91692	37059	1
云南	228	0.92	13	373396	6.11	14
河南	1475	5.97	7	147090	100.28	7
贵州	81	0.33	15	123768	6.54	13
陕西	998	4.04	11	457164	21.83	11
山东	1630	6.60	5	132840	122.70	4
四川	1352	5.48	9	419580	32.22	10
广东	386	1.56	12	197964	19.50	12
广西	88	0.36	14	211896	4.15	15
湖广	1393	5.64	8	362232	38.94	5
北直隶	1489	6.03	6	135432	109.94	5
南直隶	2376	9.62	3	224208	105.97	6
周边	290	—	—	—	—	—
不详	3482	—	—	—	—	—
总计	24687	—	—	—	—	—

明代注意对监生进行习射等军事训练，以期培养文武兼备的全才。明太祖朱元璋诏令国子生练习射箭，亲自询问他们习射的情况。朱元璋告诉监生：

---

① 陈国生：《明代人物的地理分布研究》，《学术研究》1998 年第 1 期。

"古时的学者，文可以经世治国，武可以戡乱安邦，所以能够出将入相，使国家永享太平。现在国家太平了，'尔等当务学，然武岂可忘哉!'"① 可以说，明初学校教育内容是较为合理、完善的，也正因如此，明初为以后培养了一大批名臣。明代中期以后，科举制度独重，学校教育逐渐败坏，以至于成为科举制度的附庸。明朝正德年间以后，人们不满于程朱理学，王阳明、湛若水等继承发扬陆九渊的心学对之进行传播，导致书院的兴起。明后期，随着西学东渐，西学也传播到了中华大地。以徐光启为代表的开明封建士大夫，开始接受西学，并积极翻译传播，对学校教育与国民素质发展产生了不少影响。

在图书事业上，明太祖朱元璋时就初步建立了明代官府藏书体制，尽藏宋、辽、金、元的国家藏书。明成祖朱棣即位后更是派员访求，募购天下书籍。迁都北京后，明成祖建文渊阁，皇家藏书不断扩充。正统六年（1441年），杨士奇等人清点文渊阁藏书，编《文渊阁书目》，收书7000余种，43200册。明成祖元年，他还命解缙、胡广、胡俨、杨士奇等著名学者负责编纂一部大型类书。成书之后，朱棣亲自审阅并撰写序言，定书名为《永乐大典》。全书共22877卷，目录60卷。分装11095册，约3.7亿多万字。《永乐大典》保存了我国14世纪以前的文学、艺术、历史、哲学、地理、宗教、应用科学等各方面的丰富资料。比著名的《大英百科全书》要早300多年。它不仅是我国文化遗产中的珍品，在世界文化史上也享有崇高地位。

明代的建筑、音乐与文学也取得了不少艺术成就。在建筑方面，明代虽然是中国封建社会的没落时期，但紫禁城、天坛、无梁殿、金殿、"三海""拙政园"、皇史宬、武当山金殿等是中国古代建筑艺术的精华。这些宏伟壮丽的建筑，一方面反映出君王的好大喜功、穷奢极欲；另一方面又是明代社会继承古代优秀文化传统、集中天下能工巧匠、凝结劳动人民聪明才智的创造，是中国古代文化艺术的结晶。在音乐方面，明神宗万历年间，乐律学家朱载堉在著作《乐律全书》中首先提出"新法密律"（即十二平均律）理论。"新法密律"是

---

① 傅维鳞:《明书》卷12，商务印书馆1936年版，第1233页。

乐律学上的一项重大成就，它解决了长期以来乐器不能确定音律的难题，极大地推进了音乐艺术的发展。《乐律全书》是世界音乐史上最早用等比级数平均划分音律，系统地阐明十二平均律理论的科学著作。在文学上，明代出现了优秀的长篇小说《三国演义》《水浒传》和《西游记》。《三国演义》以宏伟壮阔、严密精巧的结构，曲折离奇的情节，再现了东汉末年和整个三国时期各封建统治集团之间的军事、政治、外交斗争，反映了社会的动乱，人民的灾难和痛苦。《水浒传》集中笔墨于农民战争，展示了宋江起义的发生、发展、失败的全过程。吴承恩在《西游记》中塑造了一个天不怕地不怕，定要让玉皇老儿让出天宫的叛逆者——孙悟空的形象。在皇帝专制、厂卫横行的年代，作者敢于描写孙悟空藐视一切，大闹天宫，展现了时人社会文化素质的提高。

明代在科学技术领域也取得了不少成就。在医学方面，李时珍经过27年辛勤努力，参考了八百余种文献书籍，以唐慎微的《经史证类备急本草》为基础，穷毕生之力编就《本草纲目》52卷，所载药物1892种，附方11096条，被誉为"东方医学巨典"。《本草纲目》对16世纪以前中国药物学进行全面总结，提出了与近代进化论观点基本吻合的、当时世界上最为先进的药物和动植物分类法，是我国药学史上的重要里程碑。

在农业和手工业生产技术方面，明代后期宋应星编著了《天工开物》，当时的农业和手工业技术在其中都有详细记载和说明，号称"中国17世纪工艺百科全书"。明末徐光启写成《农政全书》，成为我国古代农业科学的集大成之作。另外，明末地理学家徐霞客经过三十多年的旅行考察写就日记体的地理著作《徐霞客游记》，其中包含丰富的地理学、地质地貌学和矿物学知识。此外，明代还有许多科学著作如农学方面的《救荒本草》、水利方面的《河防一览》、建筑方面的《园冶》、水产动物学方面的《闽中海错疏》、军事方面的《武备志》等，都记录、总结了前代的研究成果并多有创造和发展，从而成为我国古代科学的集大成之作。

在天文学方面，明代末年有一位天文学家叫邢云路，他在1608年出版了《古今律历考》一书。他在这部书卷72中提出："太阳为万象之宗，居君父之位，掌发敛之权；星月借其光，辰宿宣其气。故诸数一禀于太阳，而星月之往来，皆太阳一气之牵系也。"① 在邢云路看来，行星和月亮一样，也是因反射太阳光而发光的。行星之所以能够往来运动，是因为受到了一种力量的牵引控制，这种力量乃是太阳发出的一股气。在这里邢云路明确指出了支配行星运动的气的来源是太阳，这种思想已经比较接近近代天文学的观点。另外，明末徐光启主持测绘了我国目前所见传世最早的，包括南极区在内的大型全天星图。这一星图继承了我国古代星图的内容，又吸收了当时欧洲天文学的成果，是我国星图史上一件重要的文物。

在化学研究方面，《本草纲目》记述明代的制铅丹工艺已经从"硝黄法"过渡到"硝矾法"。"今人以作铅粉不尽者，用消（硝）石、矾石炒成丹。若转丹为铅，只用连须葱白汁拌丹慢煎，煅成金汁倾出，即还铅矣。货者多以盐消砂石杂之。凡用以水漂去消盐，飞去砂石，澄干，微火炒紫色，地上去火毒。"② 这段文字既介绍如何炼铅丹，又指出以丹还铅的技艺。这种借助了矾的功力的铅丹煎炼方法，已具有了近代无机合成化学的雏形，在当时处于国际先进地位。

在生物学研究上，明代夏之臣已经认识到"种子忽变"是牡丹新品种形成的主要因素，由此成为近代科学初创阶段生物进化思想的杰出代表和现代突变学说的先驱。宋应星在《天工开物·乃粒》中也曾多次提到具有遗传性的突变。例如，他指出："凡稻旬日失水，则死期至，幻出旱稻一种，粳而不粘者，即高山可插，又一异也。"③ 意思是说，水稻缺水十天就会要死掉，但后来从中变化出一种旱稻，是不黏的粳稻，即使在高山上也可种植，这又是一种变异的类型。

在航海技术上，郑和七次下西洋创造了世界航海史上的奇迹。每次航行约2万人，分乘宝船五六十艘，先后到达三十多个国家。郑和七下西洋比哥伦布1492年到达美洲早87年，比瓦斯科·达·伽马1497年到达印度早92年，比

---

① （明）邢云路：《古今律历考》13 册，商务印书馆 1936 年版，第 1203 页。

② （明）李时珍编纂，刘衡如、刘山永校注：《新校注本〈本草纲目〉》上册，华夏出版社 2011 年版，第 562 页。

③ （明）宋应星：《天工开物》，中华书局香港分局 1978 年版，第 15 页。

麦哲伦 1519 年开始环球航行早 114 年。与这些西方航海家相比，郑和的远航不仅时间早，而且远航次数、总里程数、排水量及载重量都远远超过前者，而且船队配备了先进的罗盘技术、地图绘制技术和帆船技术等。17 世纪 20 年代茅元仪编纂的《武备志》卷 240 中附有"郑和航海图"。图上标注了航线的"针位"、计算距离的"更数"和使用的牵星术等。如果与现代地图对比，可以看出"郑和航海图"是比较正确的。《郑和航海图》中的牵星记载，标志着我国元代和明代时的航海天文已进入"观日月升坠，以辨东西；星斗高低，度量远近"的过洋牵星阶段，即进入以海上天文定位为特点的牵星术阶段。因此，郑和下西洋被西方人称赞为"15 世纪初中国人伟大的海上航行"。

总之，明代国民身体素质的缓慢提高、国民心理素质的双向发展以及国民科学文化素质的较大进步，充分表明明代经济、政治和文化的发展对国民素质发展产生的巨大影响。

第二节　影响明代国民素质发展的叠加因素

明初朱元璋通过一系列改革把君主专制的官僚政治推进到了一个新的高度，并大力推行诛灭异端的文化专制政策，把社会臣民完全封闭在封建正统观念和理学道德礼仪的规范中。虽然明代中晚期的商品经济潮流不断生成新的国民素质元素，但是国民素质发展空间的扩展难以冲破保护封建文化价值系统的坚硬外壳，从而使明代国民素质发展呈现出滞降的整体特征。

一、极端专制皇权是造成明代国民素质下降的政治因素

巩固新生的大明王朝并使之永远强大，是朱元璋的政治理想。为了实现这一目标，朱元璋在继承元代专制制度的基础上，以加强中央集权的政治制度为

核心，采取了一系列极端措施。出于对元代降官、地主和文人是否真心服从新政权的担心，朱元璋废宰相而增设内阁大臣，废行省而改设总督、巡抚，把全国的军政大权集于皇帝一身，集权程度超过了以往王朝。同时，他还组建特务机构锦衣卫，对官员进行暗地侦察监视，滥行猜忌诛杀，因而使建国不久的明王朝笼罩在一片政治高压下。这种延续的极端专制的皇权政治，严重地压制了各类人才的发展，并且必然导致政治腐败，成为明代国民素质下降的重要政治因素。

（一）以强化皇权为目的政治改革造就了束缚国民素质发展的牢笼

明初大体上继承了元代的政治制度。中央沿用中枢省制度，地方上沿用行中书省制度。不过，朱元璋看到这种制度不利于加强皇权，1376 年他将行中书省改为承宣布政使司，派布政使到地方掌管一省的行政、财政，职责是执行朝廷的政令。与布政使并立的是提刑按察使，掌管一省的法庭、监狱。同时，由都指挥使掌管一省的军政，其下是府和州、县。这样的行政机构设置，既大大缩小了地方权力，又简化了政府机构层次。1380 年，朱元璋借丞相胡惟庸犯谋反罪被处死之机，又取消了中书省和丞相，由皇帝直接统管六部，使中央权力集中于皇帝一人之手。到明成祖朱棣即位后，又特命翰林院编修、检讨等官入文渊阁参与机密事务组成内阁。但这时的内阁只掌管皇帝的诏令，不设置这方面的官吏，各司上呈的奏章也不经过内阁，直接由皇帝批答，由此皇权又进一步得到加强。另外，朱元璋还分别剪除权臣将帅的势力，避免他们对皇权造成威胁。同时他直接统领锦衣卫等禁军，利用特权直接对臣民进行严厉控制，实行重典治国以树立皇帝的绝对权威。明代还将军事统率机关的大都督府改为五军都督府，以达到分化大都督权力的目的。在军事指挥权力上，各都督府只管军政、军籍，不直接统率军队，每有战事由皇帝任命将军总兵官指挥作战，战毕指挥作战的将领交还佩印。此外，明代还设有一套完整的监察机构，即都察院和下设的十三道监察御史，对各衙门的大小官员进行监督。这样，明代行政、军事和监察三个系统互不统属，分别只对皇帝负责，皇权因此得到了极大的加强。

皇帝把自己视为天下的主人，全部臣民都是其所有物，可以任由其处置。因而，通过上述强化皇权的各种制度设计，明代皇帝打造了一个坚固的"笼子"，把天下臣民牢牢地关在里面。作为"笼中之物"，经过一系机构改革，大臣成为执行皇帝命令的"机器"。通过沿用蒙古人的户口世袭制，朱元璋把全国人口分为农民、军人、工匠三大类，在三大类中再划分为若干小类，这些从事固定职业的劳动者代代相传，不许随便迁移，没有任何职业选择的自由，由此民众成为明代国家机器上的各个"零部件"，其素质发展受到严重束缚。

（二）特务机构的强化不断恶化了国民素质的发展环境

为了加强中央集权和对官僚集团的监督，明太祖朱元璋在中国历史上首创了类似秘密警察的特务组织——锦衣卫。从 1367 年设置内使监起，到洪武三十年增设都知监和银作局，朱元璋历时 31 年建成了包括十二监、四司、八局，即所谓二十四衙门的庞大宦官机构。《明史·职官志五》载锦衣卫职责为："锦衣卫，掌侍卫、缉捕、刑狱之事，恒以勋戚都督领之，恩荫寄禄无常员。凡朝会、巡幸，则具卤簿仪仗，率大汉将军等侍从扈行。宿卫则分番入直。朝日、夕月、耕藉，视牲，则服飞鱼服，佩绣春刀，侍左右。盗贼奸宄，街涂沟洫，密缉而时省之。凡承制鞫狱录囚勘事，偕三法司。五军官舍比试并枪，同兵部莅视。"[1] 锦衣卫监视全国臣民的一举一动，无事不查，无事不报，社会的各个阶层都在他们的侦查范围之内。因而人人惧怕锦衣卫，但朱元璋十分欣赏，说"有此数人，譬如恶犬则人怕"[2]。

明成祖朱棣在永乐十八年（1420 年）设立了东厂。东厂的职责是"缉访谋逆妖言大奸恶"，具体管理归司礼监。东厂提督均由司礼监秉笔太监第

---

① （清）张廷玉等：《明史》卷 51—101，吉林人民出版社 1995 年版，第 1195 页。

② 《中国野史集成》卷 22，巴蜀书社 1993 年版，第 637 页。

二人或第三人充任。成化十三年（1477 年）正月，明宪宗下令设立西厂，其权力又超过了东厂。设立这些特务机构，目的是让特务相互监视、相互竞争。明代皇帝治国，大都不把法律当回事，也就是说对自己建立的规则并不尊重，经常法外施法，刑上加刑，国家治理表现出随心所欲的人治特征。

明代特务机关所用之人多是从各个角落搜罗来的流氓恶棍。因为皇帝对他们的高度信任，东厂和锦衣卫的秘密警察特权几乎不受限制，因此他们就充分利用手中的特权，把办案当成发财致富的捷径，经常为非作歹，敲诈百姓。史称"缉事员役，其势易逞，……有盗经出首幸免，故令多引平民以充数者；有括家囊为盗赃，挟市豪以为证者；有潜构图书，怀挟伪批，用妖言假印之律相诬陷者；或姓名相类，朦胧见收；父诉子孝，坐以忤逆"①。厂卫的横行，造成了"士大夫不安其职，商贾不安于途，庶民不安于业"的人人自危的恐怖气氛②，严重地败坏了社会和政治风气。

明代政治生活中的一个显著特点，就是宦官专权与特务统治的紧密结合。这一制度设计和统治方式，对国民性格产生了不可逆转的影响。通过强硬而残暴的专制统治，朱元璋把专制集权文化中的负面因素几乎放大到极致，从负面严重影响整体国民心理素质的发展。他的专横残暴使中华民族性格又一次大幅度软化，原本不多的社会个体自主性和自尊意识被扫除殆尽，人性中的奴性从明代开始进一步强化。

（三）用礼法强化封建等级秩序缩小了国民素质的发展空间

除了依靠国家机器维护既得利益外，封建统治者还常常通过加强意识形态的控制来影响人们的思想和行为，从而使人民自觉服从其统治。

儒学是中国两千多年封建社会的主流意识形态。这种思想统治地位的取

---

① （清）张廷玉等：《明史》卷 51—101，吉林人民出版社 1995 年版，第 1497 页。
② （清）张廷玉等：《明史》卷 144—211，吉林人民出版社 1995 年版，第 3161 页。

得，一个重要原因就是其能通过"礼"（礼制、礼仪、礼教）来教化天下以统治人民。朱元璋看到了这一点，他说："礼者，国之防范人道之纲纪，朝廷所当先务，不可一日无也。"① 比如，中国历代统治者均十分重视冠服之制，因为服饰能有力地维护等级森严的封建制度。早在明朝建国之初，朱元璋即致力于明代冠服之制的确定，并将它作为恢复与整顿礼仪的重要举措之一。洪武三年八月，明太祖谕令廷臣："昔帝王之治天下，必定礼制，以辨贵贱，明等威。是以汉高初兴，即有衣锦绣绮縠操兵乘马之禁，历代皆然。近世风俗相承，流于奢侈，闾里之民，服食居处与公卿无异，贵贱无等，僭礼败度，此元之所以失政也。中书其以官民房舍、服色等第明立禁条，颁布中外，俾各有所守，以正名分。"② 为此，朱元璋将关于服饰制度的规定写入《大明集礼》和《诸司职掌》。

永乐时，明成祖朱棣颁布《文公家礼》。嘉靖朝又颁布了《明伦大典》《祀仪成典》及《郊礼考议》，规定社会成员无论贫富，凡衣食住行、婚嫁丧祭、文化娱乐、宗教信仰，都要依照等级身份按礼行事。比如，洪武元年（1368年），明太祖朱元璋刚一登基，便下诏令恢复衣冠如唐制。明王朝的宗室婚姻也成为朱元璋巩固和加强封建中央集权的工具。凡是太子、亲王、郡王纳妃，公主、郡主选驸马、仪宾，大都是与功勋大臣联姻，必须由皇帝决定。

总之，封建等级秩序的强化，人为地增加了明代国民素质发展的人际交往障碍，使古代中国国民素质的发展再也不会出现盛唐时的高峰，强化的封建专制使明代国民素质发展的空间日益狭窄。

二、社会经济发展是影响明代国民素质发展的经济因素

作为中国封建社会发展晚期的回光返照，明代政治混乱，社会思想逐渐裂变，国民素质在整体滞降中又有新的素质元素产生，这与明代封建经济的发展

---

① 《明太祖实录》卷73—108，台湾"中央研究院"历史语言研究所校印1962年版，第1449页。
② （明）宋濂：《洪武圣政记》，中华书局1991年版，第8页。

有着密切联系。

（一）明初社会经济的重建为国民素质的恢复提供了物质条件

元末连年战争使社会经济遭到严重破坏，百姓家破人亡、流离失所，大片土地荒芜。为了恢复生产以复兴社会经济，建国伊始明太祖朱元璋就把"田野辟，户口增"作为恢复整个社会经济的中心任务。

围绕着恢复社会经济发展，明太祖朱元璋首先"移民屯田，奖励开垦"。洪武时期参加垦荒的人数最多，"其总数估计在数百万""大迁徙对因战争造成的人口过度稀少地区的经济恢复与发展，起了重大的作用。"[1]当时凡到近城地方开荒，每人给粮田 15 亩、菜地 2 亩；到离城较远的地方开荒，按人口分派一定的垦荒数额。官府帮助解决耕牛农具者适当征税，自己解决者免征 3 年赋税。完成垦荒数额后，多垦的荒地不限并规定永不征收赋税。流民返乡可以尽力垦荒。这样就出现了一大批自耕农，使农业生产得到了较快的恢复发展。到洪武二十六年(1393 年) 考查全国耕地，已达到8507623顷，按户部户籍平均，每人占有耕地约十四亩。原来被荒弃了的土地，基本上得到了垦种。在解决土地问题的同时，朱元璋又发动农民兴修水利。至洪武二十八年（1395 年），在全国已开筑塘堰40987处，修治河道 412 处，陂渠堤岸 500 多处。同时农业生产技术也有很大改进，除工具的改进外，特别提倡犁深耙细、保持水土、重视积粪施肥，使农作物的单位面积产量有了较大的提高。[2]

明代初年，田赋和徭役的负担仍然很繁重。为了进一步解放生产力，明太祖朱元璋一方面下令减少劳役；另一方面实行一种比较宽松的赋税政策，对田赋进行有限度的减免。另外，朱元璋还花了很大精力对赋役制度进行了综合治理与整顿。本着因地制宜、"任土所产"、产供一致的原则，他将田赋征收方式由所征田粮折价征银钞布帛或其他物产，即所谓的田赋"折色"。田赋

---

[1]　路遇、滕泽之：《中国人口通史》，山东人民出版社 1999 年版，第 653 页。

[2]　路遇、滕泽之：《中国人口通史》，山东人民出版社 1999 年版，第 647—648 页。

"折色"，是一种确保封建国家财赋收入的灵活措施，有利于节约民力，松弛封建人身依附关系，以提高农民的自立性。这些安定民心的策略，使明初经济得到了一定程度的恢复和发展，为明初国民素质的恢复和发展提供了物质条件。

明成祖朱棣即位以后，加快边区建设，积极开拓海外贸易，进一步开创了繁荣盛世的新局面。但是明成祖永乐后期，由于大造宝船、出兵安南、迁都北京，大大消耗了国家的物力，阶级矛盾开始尖锐起来，社会发展经济也逐渐趋于缓慢。

（二）社会经济调整难以改变国民素质滞降的局面

正统十四年（1449年），蒙古瓦剌部大举入侵。明英宗亲率50万大军出征，结果全军覆没，明英宗被俘，史称"土木之变"。这一事件，是明王朝的统治由盛转衰的标记，随之而来的是国力衰退、社会动荡。这一变化体现在经济上，突出表现就是赋役制度的破坏和土地兼并的盛行。

明代中期，生产力与商品经济的发展使土地收益明显上升，刺激了贵族、缙绅地主对土地与财富的贪婪追求。封建统治者为了保证自己的享用与国家的财富收入，皇帝带头在农村广建皇庄，加征赋税，并进一步扩大田赋覆盖的范围。于是，官僚、地主和宦官以政治权势为后盾，推动土地兼并之风愈演愈烈，造成"公私庄田逾乡跨邑"①"富强兼并，至有田连阡陌者，贫民无地可耕"的局面②。土地所有权向大地主集中导致大规模的流民运动，农业生产因此受到严重影响，国家赋税无从所出。因此，地主阶级中的一些有识之士为了维护本阶级的长远利益，开始了均平徭役的探索和试验，从而揭开了明代中期役法改革的序幕。他们首先在江南进行赋役改革，促成地租向着征收货币的方向发展，减轻了百姓的一些负担，使农业生产逐渐得到复苏，手工业生产有了较快

---

① （明）陈子龙等：《明经世文编》第3册，中华书局1962年版，第2017页。
② （明）陈子龙等：《明经世文编》第3册，中华书局1962年版，第87页。

发展，市镇开始兴起，整个社会经济慢慢出现了一些新面貌。

（三）自然经济统治地位的动摇与社会经济新形态的出现催生了新的国民素质基因

从正德末年起，农民大规模出逃的现象有所转变。这时，东南沿海地区的农民首先自发进行农村经济结构的调整。他们要么从农村流入城市从事工商业，要么就地迁业，发展商业性农业。他们大量种植经济作物，大力发展家庭手工业和各种加工业，明代中期的经济发展由此进入了新的发展阶段。这其中最引人注目的变化，就是人们商品意识的不断增强，商业性农业获得了空前发展。明代后期，经济作物的种植越来越广泛，流入市场的农产品的种类和数量越来越多。农业生产摆脱了单一的经营格局，向着多种经营的方向不断迈进。明代后期商业性农业的迅速增长表明，商品经济不断向纵深发展并日益渗入农村，促使农业经营出现了商品经济的新模式。一些自给自足的小生产者开始转化为追求交换价值的小商品生产者，以粮食生产为主体的农业结构被与商品生产密切相关的以经济作物的生产、加工为主体的新型农业结构所替代。这一时期，高产粮食作物番薯和高效经济作物烟草的引进，为社会经济发展注入了新鲜血液。番薯对土质适应性强，各类土地都可以种植，省时省工，为更多的农村人口投入工商业活动提供了可能。而烟草的高利润，刺激着更多的农民弃粮种烟，使粮食作物的收入在农业中的比重开始下降。由此，农业人口减少，工商业人口猛增，农业经济结构开始出现历史性变革。另外，随着商业的日趋繁荣，新兴市镇大量涌现，一些手工业生产部门出现了资本主义生产方式的萌芽。同时随着"海禁"的解除，民间海上贸易也获得了新生。

这一较好的发展势头，一方面得益于国内局势的稳定，南方农、工、商业继续发展，湖广、四川等地成为全国重要的产粮区，社会经济发展有了比较宽松的环境；另一方面是受益于万历初年张居正进行的以"一条鞭法"为中心的经济综合改革。"一条鞭法"在全国的推广，是明代中期以来赋役改革的延续和发展。赋役实行折征银两，简化了项目，有利于由实物地租向货币地租转型，反过来又激发了商品经济的发展。同时，赋役合一、"计亩征银"的经济改革，使生产关系得到一些调整，农民对地主的人身依附关系变得相对宽松，在一定程度上提高了农民的生产积极性，促进了农民经济素质的发展。

（四）土地兼并、财税掠夺导致国民素质大幅下降

从万历中期开始，连年战争，政局混乱，土地兼并恶性膨胀，国家财政趋向崩溃，人民生活更加贫困，社会生产遭到严重破坏。万历十年张居正死后，其领导的政治经济变革即告结束，一切改革成果也付之东流。原有的社会矛盾更加激化，阶级矛盾更加尖锐。

首先，土地兼并之风愈刮愈烈。官僚地主加紧掠夺、霸占田地，造成土地高度集中，农民纷纷破产。大量自耕农破产沦为佃农，顾炎武称"有田者什一，为人佃作者十九"[1]。这些人原向国家交纳 10%左右的田赋，现在却要向地主交纳数额高得多的地租。明代地租虽然有分成制、定额制的区别，但租率均在50%以上。《日知录》中记载，明代江南地区的亩产量多者不过 3 石，少者仅 1 石多。平均以亩产 2 石计算，每亩租额少者 8 斗或 9 斗，多者达到 1 石 2 斗或 1 石 3 斗，地租率高者能达到 60%至 70%[2]。沉重的剥削，造成佃农一年辛劳所得不过数斗，交完租税之后只能靠乞讨和借高利贷度日。贫苦农民无法生活下去，只能背井离乡，四处逃亡。嘉靖时，淮河南北"逃亡特甚，有经行数千里绝无人烟"[3]。崇祯时河南大旱，野无青草，十室九空。粮价飞涨，斗米千钱，百姓只得靠采树叶菜根充饥。有"夫弃其妻、父弃其子者，有自缢空林、甘填沟壑者，有鹑衣菜色而行乞者，有泥门担簦而逃者，有骨肉相残食者"[4]。农民的大量逃亡，产生了一支庞大的流民队伍，造成了田园荒芜、生产凋敝、国匮民穷的严重结果。

---

① （清）顾炎武著，黄汝成集释：《日知录集释》，花山文艺出版社 1990 年版，第 466 页。
② （清）顾炎武著，黄汝成集释：《日知录集释》，花山文艺出版社 1990 年版，第 466 页。
③ 《明世宗实录》卷 531—566，台湾"中央研究院"历史语言研究所校印 1965 年版，第 8804 页。
④ （清）郑廉：《豫变纪略》，浙江古籍出版社 1984 年版，第 32 页。

其次，从万历十四年开始，由于册立皇太子问题导致了万历皇帝与文官集团的权力之争，再加上平杨应龙、平哱拜和援朝抗倭战争的巨额耗费，使国家财政和民众生活开始陷入绝境。面对如此困境，明朝统治者为了满足自己的贪婪欲望，不顾臣民的强烈反对，明神宗从万历二十四年（1596 年）开始委派大批宦官为矿监税使，到全国各地督领"开矿榷税"，搜括民财，时称"矿税之祸"。这种疯狂的掠夺导致民变不断，百姓集聚起来杀死税监及爪牙，全国各地发生的大小民变不下数百起。万历后期，后金发动辽东战争，明军丧师失地，军饷骤增。为了挽救辽东败局，万历末年接连三次加征名为"辽饷"的全国田赋银。崇祯时为了镇压接连不断的农民起义，又加派"剿饷""练饷"，这两饷与"辽饷"一起并称为明末三饷加派。三饷加派这样的掠夺性财政措施，给人民生活带来极大痛苦，以致"旧征未完，新饷已催，额内难缓，额外复急。村无吠犬，尚敲催追之门；树有啼鹃，尽洒鞭扑之血。黄埃赤地，乡乡几断人烟；白骨青磷，夜夜常闻鬼哭"①。自此民穷财尽，民变不断造成人民严重的生存危机，急剧下降成为明代后期国民素质发展的重要特征。

三、文化专制是影响明代国民素质滞降的环境因素

从建国之初起，明代就在国家体制上废相权，割军权，设置特务机关，"收天下之权以归一人"②，同时加强文化专制，在思想上奴役百姓，制造一层坚硬的外壳来保护封建文化的衰落。

（一）八股取士与程朱理学的一统严重禁锢了国民思想素质的发展

明代建立初期，对于不愿与新王朝合作及对新王朝抱有敌对情绪的儒士，

---

① （清）郑廉：《豫变纪略》，浙江古籍出版社 1984 年版，第 33 页。
② （明）王世贞撰，董复表辑：《弇州史料前集》卷 11。

朱元璋采用杀、关、徙等手段进行坚决打击。对大多数愿意合作的文人，朱元璋则采取征召、选聘及科举的途径将其纳入政权系统中。洪武三年（1370年）朱元璋颁发科举诏令，1382年恢复科举。明代科举实行八股取士，所谓"八股"，即答卷作文的格式由破题、承题、起讲、入手、起股、中股、后股、束股等八部分组成。正因为答卷作文的每个部分的承启都有严格要求，从而造成作文格式刻板，内容空洞无物。明末清初思想家顾炎武直接指出八股取士制对人才培养的危害。他说："愚以为八股之害，等于焚书，而败坏人才，有甚于咸阳之郊所坑者但四百六十余人也。"[1] 由于科举考试是明代取士的唯一途径，"中外文臣皆由科举而进，非科举者毋得与官"[2]。而科举考试中采取八股作文法，试题必须从"四书五经"中出题，所谓"考取四子书及《易》《书》《诗》《春秋》《礼记》五经命题试士"。还必须按朱熹注疏回答，所谓"其文略仿宋经义，然代古人语气为之"[3]。另外，在科考中，不仅规定答卷"但许言前代，不及本朝"[4]，绝对禁止学生思考当代问题。如此，势必使读书人的思想趋向程式化、刻板化，对于国计民生之事概然不知，这严重制约了儒生的思想自由和素质发展。

明代是封建君主专制空前强化的时代，而程朱理学所强调的"天理"，为封建君主专制提供了理论注脚，使封建君主像天道自然一样获得了永恒存在的理论凭据。正因为如此，明太祖朱元璋多次诏示："一宗朱子之书，令学者非五经孔孟之书不读，非濂洛关闽之学不讲。"[5] 而明成祖朱棣也敕令胡广等人修纂《四书大全》《性理大全》《五经大全》，颁行天下，作为士人习读的经典著作。朱棣还在三部《大全》的卷首明确宣告：三部《大全》是"行之

---

① （清）顾炎武著，黄汝成集释，栾保群、吕宗力点校：《日知录集释》，上海古籍出版社2006年版，第946页。

② （清）张廷玉等：《明史》（简体字本），中华书局2000年版，第1133页。

③ （清）张廷玉等：《明史》（简体字本），中华书局2000年版，第1131页。

④ （清）顾炎武著，黄汝成集释，栾保群、吕宗力点校：《日知录集释》，上海古籍出版社2006年版，第952页。

⑤ （清）陈鼎：《东林列传》卷2，江苏广陵古籍刻印社1983年版，第28页。

于家，用之于国"，是治国与统一思想的大纲，目的在于"使家不异权，国不殊俗"①。

（二）文化教育专制、禁毁书院严重弱化了明代儒生的素质

"明代学校之盛，唐、宋以来所不及也。"② 以中央官学（国子监）、地方官学（府学、州学、县学）和社学为主体，形成了明代的教育体系。明代国子监管理严格，洪武年间针对监生曾四次订立监规，主要内容有：第一，"生员在学读书，务要明礼适用，以须仕进。各宜遵承师训，循规蹈矩。凡出入起居，升堂会馔，毋得有犯学规，违者痛治"。第二，"学校之所，礼义为先。各堂生员，每日诵授书史，并在师前立听讲解。其有疑问，必须跪听，毋得傲慢，有乖礼法"。第三，"在学生员，当以孝悌忠信、礼义廉耻为本，必先隆师亲友，养成忠厚之心，以为他日之用。敢有毁辱师长及生事告讦者，即系干名犯义，有伤风化，定将犯人杖一百，发云南地面充军"。第四，"开设太学，教育诸生，所以讲学性理，务在明体适用。今后诸生止许本堂讲明肄业，专于为己，日就月将，毋得到于别堂，往来相引，议论他人长短，因而交结为非。违者从绳愆厅究查，严加治罪"③。

明代地方学校也管理非常严格，通过制定规章限制诸生的反抗意识，使他们循规蹈矩，诵诗习礼，学成以后为朝廷效力。明代在国子监与地方学校刊刻禁令，不遵者以违制论处。禁令内容是"一切军民利病，工农商贾皆可言之，唯生员不可建言；生员听师讲学，毋恃己长，妄行辩难"。意思是士农商贾这些阶层都可评议国事，唯独这些学校的学生不能评议政治与学校。洪武二十七年（1394 年），监生赵麟写了一张"大字报"，抗议主持国子监的宋纳对监生的欺凌，被认为"诽谤师长"，朱元璋将赵麟杀了，并在国子监前立一长竿，枭首示众。126 年后，明武宗朱厚照南巡，才下令将这根长竿撤去。洪武三十

---

① （明）胡广等：《性理大全》第 1 册，山东友谊书社 1989 版，第 14 页。

② （清）张廷玉等：《明史》（简体字本），中华书局 2000 年版，第 1126 页。

③ 《明会典》卷 220，《国子监》，中华书局 1989 年版，第 1091—1092 页。

年（1397年），朱元璋又在奉天门前对国子监诸生训话。训词指出监生违反监规，贴匿名"大字报"，不但监生本人凌迟处死，枭首示众，而且抄没家产，人口发往烟瘴之地。

国子监虽然是明朝的最高学府和教育行政管理机构，但是学校的教学活动，比如授课计划、授课内容等都有专门规定。洪武十五年（1382年）颁布的监规规定如下：每月初一日放假，初二、初三日会讲，初四日背书。初五、初六日复讲，初七日背书。初八日会讲，初九、初十日背书。十一日复讲，十二、十三日背书。十四日会讲，十五日放假，十六、十七日背书。十八日复讲，十九、二十日背书。二十一日会讲，二十二、二十三日背书。二十四日复讲，二十五日会讲，二十九日背书，三十日复讲。洪武二十年（1387年）规定监生日常功课如下：一是背书，每三天要背书一次，每次要背诵《大诰》100字，本经100字，四书100字。不仅要熟记文辞，而且要弄懂义理，否则要被痛打十板子。二是写字。每日要写字一幅，每幅16行，每行16字，计256字。不拘字体，可以任选二王、智永、欧、虞、颜、柳等诸家，但必须书写端楷有体，合于书法。当日写完后交本班先生批阅，以圈改字数少者为最，逐月通考。三是作文，每月要作本经义二道，四书义二道，诏诰、表章、策论、判语中选作二道。作完送教官改正，违者痛打[①]。由此可见，明代国子监的教学活动受到朝廷的严格限制，没有任何自主权利，这表明专制主义中央集权高度发达的明代，国家对教育控制达到了极点。

朱元璋的文化专制行为甚至波及儒家经典《孟子》。朱元璋认为《孟子》中对君主不逊，洪武二十六年遂命令删节《孟子》。被认为言论荒谬的八十五章，几乎占全书1/3，特别是其中有关"民本""仁政"的思想全被删除。删除的文字内容包括"为民父母，行政不免于率兽而食人，恶在其为民父母也。""行一不义，杀一不辜，而得天下，皆不为也。""贼仁者谓之贼，贼义者为之残，残贼之人谓之一夫，闻诛一夫纣矣，未闻弑君也。""君之视臣如手足，则臣视

---

① 申国昌：《明清国子监生日常生活与学习活动》，《教育研究与实验》2014年第5期。

君为腹心；君之视臣如犬马，则臣视君如国人；君之视臣如草芥，则臣视君如寇仇。""民为贵，社稷次之，君为轻。"等多处。

书院原是唐朝开始出现的民间教育机构。为了扼制思想的自由发展，嘉靖帝1537年听从御史游居敬的言论，认为书院是"伪学私创""倡其邪学"，《明通鉴》卷57记载，皇帝于是下令"罢各处私创书院。"《明皇大政纪》中还记载有1538年，嘉靖帝听从吏部尚书许赞上书，又一次下令"即命内外严加禁约，毁其书院"。万历七年（1579年）张居正执政时，他认为书院讲学是"徒侣众盛，异趋为事……摇撼朝廷……此主持世教者所深忧也"[①]。于是，张居正"禁讲学"，奏毁天下书院，其规模之大，措施之严厉，远远超过嘉靖年间。天启年间，顾宪成、高攀龙等人重修东林书院，讲学之余往往"讽议朝政，裁量人物"。当时权宦魏忠贤认为东林书院反对阉党专政，于是兴大狱，杀党徒，毁东林书院，镇压东林党人，进而又禁毁天下书院。明代先后三次毁书院，禁讲学，其文化专制远超于前代。

（三）大兴文字狱制约了国民社会文化素质的发展

在以学校教育、科举取士的方式规范、控制儒士思想行为的同时，明代大量使用特务手段大力推行文字狱，严厉打击被认为有问题的文人。更有甚者，明代文字狱抛开了中国自古"刑不上大夫"的规矩，直接施重刑于大臣。对大臣"诛其身"，还"没其家"，以此树立皇帝的绝对威信。

所谓文字狱，就是从儒士所写文章中挑出一些词句，断章取义，编造莫须有的罪名迫害作者。朱元璋早年当过和尚、参加过红巾军，所以忌讳人们写和说"光""亮""僧""贼"字，甚至与僧谐音的"生"字与"贼"谐音的"则"字也不许提及。《朝野异闻录》记载："三司卫所进表笺，皆令教官为之，当时以嫌疑见法者：浙江府学教授林元亮，为海门卫作《谢增俸表》，以表内'作则垂宪'诛。北平府学训导赵伯宁，为都司作《万寿表》，以'垂子孙而作则'

---

① （明）张居正：《张文忠公全集》卷4，商务印书馆1936年版，第384页。

诛。福州府学训导林伯璟，为按察使撰《贺冬表》，以'仪则天下'诛。桂林府学训导蒋质，为布、按作《正旦贺表》，以'建中作则'诛。常州府学训导蒋镇，为本府作《正旦贺表》，以'睿性生知'诛。澧州学正孟清，为本府作《贺冬表》以'圣德作则'诛。陈州府学训导周冕，为本州作《万寿表》，以'寿域千秋'诛。怀庆府学训导吕睿，为本府作《谢赐马表》，以'遥瞻帝扉'诛。祥符县学教谕贾翥，为本县作《正旦贺表》，以'取法象魏'诛。亳州训导林云，为本府作《谢东宫赐宴笺》，以'式君父以班爵禄'诛。尉氏县教谕许元，为本府作《万寿贺表》，以'体乾法坤，藻饰太平'诛。德安府学训导吴宪，为本府作《贺立太孙表》，以'永绍亿年，天下有道，望拜青门'诛。盖'则'音嫌于'贼'也，'生知'嫌于'僧'也，'帝扉'嫌于'帝非'也，'法坤'嫌于'发髡'也，'有道'嫌于'有盗'也，'藻饰太平'嫌于'早失太平'也。"① 野史记载说，朱元璋一次出游看见一个灯谜，上画了一位妇女安坐马上，马蹄很大。朱元璋认为灯谜寓意指马皇后是大脚，遂下令将制作灯谜者处死。

此外，朱元璋还绝不容许文人写文章谈论宫廷内的事，不许谈国家政治弊端。如监察御史张尚礼曾作诗云："庭院沈沈尽漏情，闲门春草共愁生。梦中正得君王宠，却被黄鹂叫一声。"朱元璋读了，认为他竟敢、竟能摹写出"宫闱秘事"，下令处死。洪武三年，朱元璋又禁止百姓取名使用天、国、召、臣、圣、神、尧、舜、禹、汤、文、武、周、晋、汉等字。民间一些久已惯用的职业称呼，如医生、太监等也被禁止使用并被强制改变称呼。

上述情况表明，通过刀兵威胁、思想钳制、科举摧残，朱元璋及其后继者以文化专制的白色恐怖剥夺了文人的思想自由，从而严重阻碍了明代国民社会文化素质的发展。

---

① （清）赵翼：《廿二史劄记》卷32，中国书店1987年版，第466页。

第三节　明代国民素质发展逻辑与素质文化基本内涵的形成

明代已进入中国封建社会晚期。这一时期，中央集权制已发展到极致，资本主义生产方式的萌芽对封建经济的衰落而言也不过死水微澜，传统文化趋于烂熟，因而这是一个阔大、精巧与空疏、呆滞并存的时代。立足中国国民素质的历史演进，发现明代内向、非竞争性的国民性格已经完全定型，日渐衰落的帝国经济已无法为国民素质发展提供更多的物质条件，实学思潮的澎湃、商品经济的发展、市民阶层的成长为明代国民素质的提高培育了新的因子，因而明代国民素质发展更多呈现出的特征是回溯而非突进，是积聚而非迸发的。

一、商品经济与国民素质发展的逻辑关系

明朝是一个传统政治制度统治的社会，但又是一个出现诸多新因素的社会，商品经济的发展、资本主义萌芽和与之相适应的启蒙思想文化，为明代国民素质的近代化奠定了基础。

（一）商品经济浪潮催生新的国民素质因子

明初农业生产的全面恢复以及从单一经营变为多种经营，促使粮食增产与人的商品意识增强，户口增加。明中期以后农业生产水平的迅速提高，又推进了手工业、商业的进一步发展。明中期以后，民营手工业日益兴旺，在江南一些经济较为发达的地区涌现出许多手工业和商业市镇，形成了市镇网络并呈现出很高的专业化特色。这一切削弱、动摇了自然经济的统治地位，为新的生产方式诞生开辟了道路，使元代遭遇断崖式下降的国民素质恢复了新的活力。

国民商品意识普遍提高。明代中期以后，随着商品性农业的发展，社会分工的扩大，手工业生产的进步，促使商业在明代后期达到空前繁荣，正如宋应

星所说："滇南车马，纵贯辽阳；岭徼宦商，衡游蓟北。"① 此时经商已成为一种职业选择，人们不再将经商看成是一种没有德行的行为，甚至许多士大夫之家也出现了弃儒经商之事，经商之风盛行一时。另外，虽然明政府规定四品以上官员与公侯伯等贵族不准经商，然而明代后期连皇帝也开皇店，宗室贵族都群起而效之。"工商皆本"的观念深入人心。商品经济的繁荣，刺激了人们的交换意识、财富观念和消费需求。人们不顾奢侈消费违制，大胆挑战当时的礼法，甚至用金钱购取功名官爵。比如《明神宗实录》卷354记载：万历年间，京师巨商李元祥"身拥雄资，列肆连衙"，不但为自己买得文思院副院一职，而且为其子买爵鸿胪。在中国人的传统观念中，文人士大夫应当是持清傲之节的。但是晚明文人士大夫颇有爱财之名。到了正德以后，在社会风气的冲击下，人们无法克服物质的诱惑，士大夫本来视为高雅的文化，也开始成为他们换取物质享受的商品。《明史·李东阳传》记载：李东阳"既罢政居家，请诗文书篆者填塞户限，颇资以给朝夕。一日，夫人方进墨，东阳有倦色。夫人笑曰：'今日设客，可使案无鱼菜耶？'乃欣然命笔，移时而罢"。一批思想解放人士开始从商品生产流通的观念去看待社会风气的变化，比如顾公燮在《消夏闲记摘抄》上卷中说："此天地间损益流通，不可转移之局也。"

国民平等意识不断增强。租佃关系是明代封建地主所有制的基本剥削关系。明前期自耕农占多数，明中后期由于地权集中导致佃农所占比重增大。明代废除了地主与佃户在法权上的等级关系。由于朱元璋出身贫寒，在他亲自主持制定的《大明令》《大明律》《大诰》等明代基本法典中，没有地主与佃户同罪异罚的不平等法律规定。《大明律》中《私役民夫抬轿》等条文还规定田主不能随意役使佃户，豪富之家役使佃户抬轿者杖责六十，每役使一名雇工每一天追给六十文钱。《大诰》中规定包括佃户在内的农民，可以绑捆害民的豪户和官吏赴京告状②。因此，随着明代后期商品经济的发展，人口增加，人口流

① （明）宋应星：《天工开物》，商务印书馆1933年版，第1页。
② 王毓铨：《中国经济通史》上册，经济日报出版社2007年版，第13—14页。

动加快，人们的平等观念不断增强。

明代佃户与地主不仅在法权上是平等的，而且自己在经济关系中也日渐独立。由于土地买卖关系和永佃制的发展，明代土地所有权与耕种权的分离日趋扩大。始于宋代的永佃制在江南及闽、广等地普遍发展起来。永佃制可以阻止田主随意夺佃，以致出现"久佃成业主"的情况。佃户拥有永佃权，可以自主决定土地的使用，经营独立性增加，增进了农民独立自主性的发展。

随着资本主义萌芽的出现，逐渐产生了工人阶层的雏形。他们大多从农村手工业工匠和农民转化而来。有些农村人口，由于丧失了从事手工业或耕作的条件，生活贫困，投身到手工业工场去出卖劳动力。如丝织业、棉纺业、采矿冶炼业等行业，均集中了大批这样的工人。在农村，商品经济和市场经济的繁荣促使农村生产关系也发生了某些变化——农业雇工的出现，表明农民对地主的依附关系松弛了。市镇手工业各部门获得普遍发展，雇工既可以自由出卖自己的劳动力，又可以随便离开，资本主义生产关系的萌芽在手工业若干部门中出现。生产力水平的提高带来了生产关系的变化，人们的生存空间不断扩大，谋生手段不断增多，新的社会经济现象出现了。在商品性农业发展的刺激下，在雇工自营的地主经济基础上，明末少数地区又出现先向地主租佃土地，再雇工经营的"佃富农经济"。佃富农雇工种植商品经济作物，把自己获取利润的一部分交给地主作为地租。这样的经营方式，是农业中资本主义生产关系的萌芽表现。

地主的经营管理能力不断提高。明代后期，在商品性农业发展的刺激下和大量脱离土地的劳动力存在的基础上，人们越来越注意综合经营以使土地潜力充分发挥。为了多获取收益，地主精打细算，注意配置农作物并合理安排生产。李诩《戒庵漫笔》卷4记载了当时苏州常熟地主谭晓的成功经营案例。谭晓居住在南方水乡，他趁乡民弃农从事渔业的机会大量低价购买田地。他雇佣百余名乡民，将田地低洼处开凿成池塘用以养鱼，池塘上再盖房子养猪和鸡，畜禽的粪便又可以用来喂鱼。另外，挖池塘堆成的高埂上可以种植农作物，其中平坦的地方种植果树，余下的地方种植蔬菜等作物。田地上的所有产出都作为商品出售，获取的收益是平时的三倍。从经营方式上看，这可以称得上是一处以商品性生产为目的的、立体化经营的农场。一个以农起家的富农，通过对购置的生产条件不好的田地进行综合利用以获取超常收益，表明当时地主的经营管理能力有了较大提高。

明代职业素质的提高。明代职业的含义首先是政府规定的各种不同的户役，一种职业往往构成一种专门的徭役，称为"籍"。从法律上讲，明代的职业具有世袭和不易更改的特点，而在事实上随着时间的推移，大批"籍"内人口从事与本"籍"无关的职业。职业与徭役出现分离，现代意义上的"职业"逐渐形成。在明代，政府设置的一部分职业八十余种（见表10）[①]。

表10　明代的"户役"种类及相关的职业

户役及职业	内容	户役及职业	内容
民户（农民）	耕稼、纳粮、当差	军户	帮助正军、递补
匠户	造作，住坐或轮班	灶户	煮盐
铺户	商人	儒户	教书、仕业
憎、道、尼户	寺庙、宗教	阴阳户	历法、占候等
医户	医生	行户	手工业产品劳作
机户	织造	庙户	看护庙宇
牛户	饲养官牛	马户	牧养军用马匹
羊户	供羊羔、羊肉、羊毛	鹅户	饲养官鹅
猎户、打捕户	打猎、供应野味	乐户	供乐舞
各种矿冶户	采矿、冶金	车户	供运输
各种园户	上贡各种果品	船户	供运输
茶户	供茶叶	渔户（蛋户）	供鱼类产品
水户	不详	酒醋户	供应酒醋
菜户	供应蔬菜	屠户	屠宰并供膳馐
柴犬户	供应柴薪	灯户	供应灯烛
铎户	执木铎呼传圣谕六句	书院户	书院听差
驿递运夫户	即站户，驿站递运	仓户	守护仓库
纸户	供应纸张	棕户	供应棕
漆户	供应漆	桐户	供应桐油
陵户	守皇陵	坟户	守诸王坟
署户	守陵及管理陵户	米户	供制米

---

① 曹树基：《中国人口史》卷4，复旦大学出版社2000年版，第372—373页。

户役及职业	内容	户役及职业	内容
磨户	供磨制食用材料	油户	供食油
酒户	供酒	面户	供白面
厨户	供烹调	(宫中) 纸户	供草纸 (卫生纸)
柴炭户	供应宫中柴炭	养牲户	供膳馐
果户	供果品	菜户	供蔬菜
藕户	供莲藕	海户	南海子种植
栽户	栽种花木蔬果	瓜户	供瓜果
池户	供鱼虾	冰户	供冰
靛户	供蓝靛	坛户	守护天坛、地坛等
力士户	随驾护卫	仪仗户	仪仗
校尉户	随驾护卫	弓兵户	团练
脚夫户	挑夫	女轿户	宫中抬轿

明代商品化农业的发展，促进了农民职业素质的提高。同时，由于社会分工的日益精细，其他劳动者的职业素质也得到了快速提升。比如丝织业中，有的专事缫丝，有的专事挽丝，有的专织绸，有的专织纱，有的专织缎，有的专织罗，有的专织包头绢，有的专事浆染。正如当时记载说："织文曰缎，方窗曰纱，工匠各有专能。"在棉纺织业中，有的专门轧花，有的专门纺纱，有的专门织布，有的专门踹染。这一切使工匠可以集中精力和智慧，在较短时间内掌握这项技术并成为熟手、高手。宋应星在《天工开物》卷上《乃服》中记载："凡纺工能者，一手握三管，纺于锭上""纺苎纱能者用脚车，一女工并敌三工。"在土木建筑业中也是名家辈出。比如《古今图书集成·考工典》卷5《工巧部》记载苏州吴县木工蒯祥，"能主大营缮，永乐十五年，建北京宫殿，正统中，重作三殿及文武诸司，天顺末，作裕陵，皆其营度。能以两手握笔画龙，合之如一。每宫中有所修缮，中使导以入，蒯祥略用尺准度，若不经意，既造成以置原所，不差毫厘。指使群工有违其教者，辄不称"。所以明王朝破例授他为工部右侍郎，食从一品的俸禄。明宪宗称他为"蒯鲁班"。陶瓷业中，也涌现出不少名家高手。万历时的"浮梁人昊十九，……隐陶轮间，与众作息，所制精瓷，妙绝人巧。尝作卵幕杯，薄如

鸡卵之幕，莹白可爱，不枚重半铢"①。

（二）国民素质新发展促进经济的进一步繁荣

人们的商品意识和功利观念的增强，独立自主性、平等观念的萌发，职业素养的成熟，说明了明代素质文化发展的转向，同时也验证了经济活动对国民素质发展的决定性作用。不过，依据国民素质与经济发展的辩证规律，具有相对稳定性的国民素质一经形成，又会对人类经济活动产生巨大的反作用。就明代国民素质发展而言，随着农业、农副业和手工业的长足发展与进步，促进了商业贸易活动的兴盛，嘉靖、万历年间，明代商业的繁荣达到了顶点。物质生产的丰富促进了人的思想素质的提升，反过来又促进了消费升级，从而拉动了经济发展。

以明代的饮食消费为例，嘉靖以前，明代社会各阶层的宴饮消费标准均遵照明代礼制的严格定规，很少有违礼逾制现象的发生。嘉靖、隆庆以后，随着社会价值观的变化、各式商品日渐丰富并具有更强的诱惑力，从而刺激了人们久遭禁锢的消费和享受欲望，越礼违制的浪潮开始波及社会各个阶层。这一行为在宴饮方面表现得最为明显。比如何良俊在《四友斋丛说》卷34中记载当时苏州、松江的社会风气，称他幼年见人家请客，只是"果五色、肴五品而已，惟大宾或新亲过门，则添虾蟹蚬蛤三四物，亦岁中不一二次也。今寻常燕会，动辄必用十肴，且水陆毕陈，或觅远方珍品，求以相胜"。明代文学家田艺蘅在其著作《留青日札摘抄》卷2中记载，京师有一蒋揽头请八人赴宴，"每席盘中进鸡首八枚，凡用鸡六十只矣"。席间一位御史喜欢吃鸡首，蒋氏看着仆人示意与他，"少顷复进鸡首八盘，亦如其数，则凡一席之费，一百三十余鸡矣"。由上可见，一方面，明代后期的饮食生活日趋奢侈，助长了人们的物质享受欲和财富占有欲；另一方面，理性地看待人们的消费行为，它不仅反映了人的正当消费需求，又在客观上促进了商品经济的繁荣。

---

① （明）李日华：《紫桃轩杂缀》卷1。

二、自然科学研究高潮与国民素质发展的逻辑关系

明代后期，人们对王阳明后学空谈心性极为反感，认为这种空疏学风于己无益、于事无补，从而把眼光投向经世致用的问题。在这种素质文化影响下，一部分士人把注意力放到自然科学的探索上，不但提出了许多有价值的科学思想，而且开创了重实践、重考察、重验证、重实测的风气。这一时期群星灿烂、人才辈出，李时珍、潘季驯、徐光启、徐宏祖、宋应星、李之藻、李天经、朱载堉、王徵等科学技术巨匠纷至沓来。这一时期，科学研究硕果累累，数学、物理学、天文学、地理学、医学、植物学、声律学等诸多学科以及机械、冶金、农业、水利等技术都展开了大规模的科学总结，取得了新的成果。明晚期颇有声势的科学技术浪潮，不仅是对中国古代科学技术的总结与发展，而且意味着带有近代意味的国民科学文化素质的生成。

所谓科学文化素质，主要是指国民通过学习、实践的积累而获得的科学文化知识容量，以及由此进一步形成的知识体系和结构。国民的科学精神是科学文化素质的核心元素①，学习先进科学文化的积极态度是其价值元素，对原有知识体系和结构的改进是其能力元素。

（一）科学精神自觉显示了明代国民科学文化素质发展的精神特征

明晚期自然科学研究浪潮的到来，首先得益于一些致力科学技术研究的士人走出经学传统的藩篱之后的科学精神自觉。中国文化有深厚久远的"经学"传统。所谓经学传统，是指西汉时期汉武帝"罢黜百家，独尊儒术"后形成的以解经注经为专业的一种文化传统。在传统的经学研究中，无论古今经学，还是宋明理学都是以注解圣人之言为教条。因而，僵化的研究内容与不变的研究程式决定它反对面向实际的理论探索，反对一切感性存在和思想文化的多元发展。贴近民生日用的工艺技术研究往往被斥为奇技淫巧，探索

---

① 单培勇：《中国国民素质学论纲》，当代中国出版社 2002 年版，第 83—85 页。

宇宙自然之理被视为不务正业，只有研习经学通过科举取士才被视为正途。所以，作为中国文化的主体活动，经学传统的惰力是中国古代科学发展的重要障碍。

明晚期儒学已经走向衰败。它既不能开出解救社会危机的治世良方，又不能启发人们对社会发展趋势的新思考。因而明晚期一部分知识分子才自觉抛弃旧传统，以一种可贵的科学探索精神去振兴自然科学，以期为民族的未来探求一条出路。

比如，徐光启是明晚期重臣，也是一位对传统经学深有造诣的大学者，但是他摒弃一切应酬将自己的精力投入应用科学的试验与总结，并在此基础上研究天文历法、数学、军事、农学等，目的在于将其用于军事和农业生产以造福后世。张溥在为《农政全书》所作的序中说："公初筮仕入馆职，即身任天下，讲求治道，博览群书，要诸体用。诗赋书法，素所善也。既谓雕虫不足学，悉屏不为。专以神明治历律兵农。"《天工开物》的作者宋应星对治经求仕的道路也十分厌恶，他在《天工开物》的自序中称："此书于功名进取毫不相关。"明代旅行家徐霞客不愿为官，他于 22 岁正式出游，一生致力于探索大自然的奥秘和规律。明朝宗室朱载堉，更是七疏让国，辞爵归里，潜心科学研究而被中外学者尊崇为"东方文艺复兴式的圣人"。

（二）对外来科学文化的学习与反思显示了明代国民科学文化素质发展的价值特征

积极学习先进科学文化是科学文化素质的价值特征，这一点在晚明科学家身上得到了很好的体现。因为这一时期的科学家，不仅对西方传教士带来的自然科学知识表现出浓厚的兴趣，而且自觉将之和中国传统科技进行对比以反思传统科技的不足。

世界上第一部有关农业和手工业生产的百科全书是明末宋应星的《天工开物》，它是中国古典科技的系统总结。宋应星在《天工开物》中对中国传统手工业技术进行了全面总结。他在《天工开物·锤炼篇》中对比中外的锻造技术时认为："凡焊铁之法，西洋诸国别有奇药，中华小焊用白铜末，大焊则竭力挥锤而强合之，历岁之久，终不可坚，故大炮西番有锻成者，中国惟恃冶铸也。"学习了西方的数学知识以后，徐光启在《刻问文章指序》中对比中西数学的差异时指出："当世算术之书……仅仅具有其法，而不能言其立法之意。"意思是说，中国传统数学研究只注重解决实际问题和对经验数据的运算方法的总结，而不能对其背后的数学原理进行阐发。为此，徐光启在翻译古希腊数学家欧几里得的《几何原本》时指出该书"有三至三能：似至晦，实至明，故能以其明明他物之至晦；似至繁，实至简，故能以其简简他物之至繁；似至难，实至易，故能以其易易他物之至难。易生于简，简生于明，综其妙在明而已"。在徐光启看来，西方科学技术中包含确定性的演绎推理方法和严密的逻辑结构，而这正是中国传统科技的不足。

（三）对先进科学文化学以致用的态度显示了明代国民科学文化素质发展的实践特征

明晚期自然科学研究者的可贵之处，在于他们敢于正视中国传统科学技术的不足，并善于利用西方科学技术对其进行完善。比如，徐光启在科学研究中一贯主张"西法不妨于兼收，诸家务取而参合"。在其晚年主持历法修订的过程中，他主张"熔西人之精算，入大统之型模；正朔闰月，从中不从西；定气整度，从西不从中"，即历法修订既要吸收西洋历法能准确反应天象的技术，又要继承传统历法服务于农业生产的初衷。在《测量法义》《测量异同》《勾股义》三书中，徐光启比较中西测量方法，并以《几何原本》的基本定理解释和补充中国传统的测量方法。在军事、农业等方面，徐光启也主张"尽用西术"。在徐光启的带动下，中国历史上第一次出现了学习西方先进科学文化的浪潮。

宋应星的《天工开物》中记载了若干机械工程技术（如舟车制造）。但是它仍然囿于重经验、重实用的中国科技传统，因而无法在科学总结上导出数理科学。马克思认为，一种科学只有在成功运用数学时，才算达到了真正完善的地步①。因为数学为科学研究提供了工具，数学推理为科学探索提供了研究方向。英国近代科学技术史专家李约瑟也认为："数学为富于想象的思维提供了条件，使科学家们能够用这种思维对自然进行观察。"②这一点，徐光启也认识得非常清楚，从译《几何原本》起，他就着力宣传数学基础理论，一再强调"度数之用，无所不通""度数既明，又可旁通众务，济时适用"。他尤其对西方数学的严密逻辑体系，对其公理演绎系统所蕴含的"丝分缕解""分擘解析"的分析方法和精神极为推崇，他在《刻同文算指序》中说："此事不能了彻，诸事未可易论。"他将西方数学实证定量的分析方法引入对科学和社会问题的分析中。在《农政全书·田制》中，徐光启运用数学方法对历史和现实人口资料进行统计分析发现，"生人之率，大抵三十年而加一位，自非有大兵革，则不得减"，这是我国乃至世界历史上较早明确提出的人口增长率的概念。明晚期律学家、音乐家朱载堉与徐光启相呼应，在乐律学的研究中成功运用数学方法解决了中国音律学无法旋宫转调的问题，改造性地建立了十二平均律。朱载堉在音律学上的重大贡献，得到了音乐心理学创始人德国科学家霍尔姆·霍茨的高度评价。

明晚期科学家不仅重视在科学研究中运用数学去阐述、论证科学问题，而且十分重视实验的重要功用。明代著名思想家、哲学家、科学家方以智直接指出，自然科学就是实测之学，只有运用实测手段，对"大而元会，小而草木蠕蠕"进行验证，才能揭示出其中的因果联系和变化规律。徐光启和朱载堉科学研究中就非常重视实验手段的运用。在修订历法的过程中，徐光启认为历法要准，只有"用表、用仪、用晷，昼测日，夜测星"，才能使"私智谬巧、无容其间"。为了准确观测，徐光启继承了我国传统的测天制器，又引进和应用了世界上发明不久的望远镜。他在《崇祯历书·恒星历指》中认为，只有"深理论，明著数，精择人，审造器，随时测验"，才能制定出符合于天体运行规律

---

① 波尔·拉发格、威廉·李卜克内西著，赵冬垠译，沈志远校订：《忆马克思》，学术出版社1941年版，第8页。
② 李约瑟：《中国科学技术史》卷3，科学出版社1975年版，第356—357页。

的历法。朱载堉对自己创建的"新法密律"，也运用试验之法加以检验，即《吕律精义》中所记载的"累黍造尺，依尺造律，吹之试验"。"吹笙定琴，用琴定瑟，弹之试验。"他还亲手制造了长短、围径皆异的三十六根律管，进行了一系列律管试验，从而最终确证了他的十二平均律理论的准确无误。

以徐光启、朱载堉为代表的明晚期科学家这种勇于反省自身缺失、承认外来先进文明的精神，鲜明地体现了明晚期科学文化素质的近代化走向。

三、明代市民文化与素质文化内涵的形成

马克思说："人们的观念、观点和概念，一句话，人们的意识，随着人们的生活条件、人们的社会关系、人们的社会存在的改变而改变……"[①] 从明代中期起，中国呈现了前所未有的商品化趋势，新的社会因素如雨后春笋般地迅猛增长。这种趋势，造就了一个不同于前代、自觉程度很高的庞大市民阶层。他们的文化价值观念与传统格格不入。以他们为核心，一种尚不成熟的、但具有强大生命力的新兴文化诞生了。这是一种不安现状、不停躁动着的文化，它鄙视权威，崇尚平等，喜新厌旧，唯利是图。它的每一个毛孔都散发出商业的气息，每一根血管都涌动着对欲望的渴求，它给明代素质文化带来了全新的内涵。

（一）务实去华

城市工商业的发展，竞争的日渐加剧，使能力强的人发了财，取得了成功，能力差的人破了产。成功者受到了社会的尊敬，不仅可以与权贵分庭抗礼，而且可以利用其财富，奴役、剥削大量的穷人。与此相反，那些失败者不得不低声下气，供富者驱使与盘剥。这一严酷的现实，使越来越多的人走向务实，热衷于对财富的追求。因此，自明中期以后，实学已逐渐发展成为一种社会思潮，并在各个领域中取得了辉煌的成就。反过来，它们又对农业对城市工

---

① 马克思、恩格斯：《共产党宣言》，人民出版社 2018 年版，第 48 页。

商业的发展进行了有力地推动。

这种务实的观念，首先表现于明代仕宦阶层的社会实践活动。明朝中后期的改革家张居正在批判道学家空谈天理心性的同时，竭力倡导士大夫要"卓行实学""适于世用"。他认为深入了解实际、解决实际问题绝不是靠闭门静坐、空谈性命所能得来的，而必须身体力行。他在改革过程中综核名实，整顿吏治，巩固边防，清理财赋，力图使风雨飘摇的明王朝逐渐走向富强。明代名将戚继光（1528—1587 年）反对搞虚套，发"虚声"。他在四十多年的戎马生涯中写就《纪效新书》《练兵实纪》两部书，这两部著作在吸取了前人的精华的基础上结合当时实际，注重实战效果，在我国古代军事史上占有重要地位，并起了巨大作用。明末徐弘祖（1586—1641 年）在博览古今史籍及《舆地志》《山海图经》等书的基础上，对祖国的名山大川、地形、地貌进行了比较系统的调查研究，经过三十多年的艰苦努力，写作了《徐霞客游记》，纠正与澄清了史志中的不少谬误。

在我国自然经济长期占据优势的封建社会，"重本抑末""重农贱商"的观念影响深远。商业被称为"末业""贱业"，人们看不起商人。到了明代中后期，随着生产的不断发展，城市的日益繁荣，人们看到经商比务农周转快，获利多，致富快。特别是一部分穷困潦倒、默默无闻的人物通过经商成为富商巨贾之后，过上了甘食美服的生活。他们买官爵、通官府，乘坚策肥，衣文绣绮縠；屋庐器用，金银文画；且广蓄声乐伎妾，穷极挥霍，宴饮无度。这种生活状况，引起了时人的羡慕。所以，明中期以后，越来越多的人转变观念，把商业视为"善业""正经"事业或"第一等生业"。商人的社会地位逐渐提高，成为受人崇敬的可与"缙绅先生列坐抗礼"的重要人物。所以"弃农而贾""去本就末"的人越来越多，出现了崇商弃农、崇商弃儒、崇商弃官的趋势。

总之，明代中后期这股务实去华的思想潮流，注重实用，主张从实际出发去解决实际问题，并希望据此达到实现国家富强和个人实现发财的目的。这种思潮落实于时人的行动中，逐步内化为新的素质文化内涵。

（二）重利轻义

中国传统价值观念向来崇尚"贵义贱利"，即"正其谊（义）不谋其利，明其道不计其功"①。这种价值观念，引导人们追求道德上的完善和道义上的胜利，反对人们以不正当的途径谋求功利。然而，明代中后期城镇的繁荣带来了士农工商的社会分层模糊，城乡之别、官民之隔被打破，人口和商品的自由流动导致思想观念的变化，人们开始从重义、贵义转向崇尚金钱。具体表现就是地主士绅过去鼓吹重义而轻利，而在日益发展的商品经济冲击下，他们中很多人越来越热衷于经商牟利，而且在这一过程中，他们利用特权强占店房，拦截商贾，高抬债息，把持行市，违例中盐，贩造钱钞，通番下海，偷税漏税。可以说，这些人为了利益，完全置国法道义于不顾，因而一般工商业者也随着竞争日趋激烈而变得唯利是图，不顾一切。

在激烈的竞争中，商贾为了获取暴利用尽各种手段，有的垄断经营，有的仿造名牌以次充好。同业者之间互相仇视，为了竞争不择手段，手工业如此，商业也不例外。当然，在工商业者中，也有一些人讲求诚信，斗秤公平，价格公道，但是他们之所以如此，归根到底也是一种竞争手段，目的是招徕顾客，打开销路，最后战胜同业者，使自己独享其利。可见市场竞争，使人们变得日益重利而轻义。这种现象，在明中期以后商品经济比较发达的东南沿海与运河沿岸各地日渐普遍。

文学是社会生活的艺术再现。明代中期后，社会上经商的热情和发财致富的渴求而引致的重利轻义现象，在市井小说中得到了艺术的再现。获取财富与否成为人们的重要价值判断标准，明末文学家冯梦龙在《二刻拍案惊奇》中写道："所以凡是商人归家，外而宗族朋友，内而妻妾家属，只看你所得归来的利息多少为重轻。得利多的，尽皆爱敬趋奉；得利少的，尽皆轻薄鄙笑，犹如读书求名的中与不中归来的光景一般。"在冯梦龙创作的《喻世明言》《警世通言》和《醒世恒言》，以及明末文学家凌濛初创作《初刻拍案惊奇》和《二刻拍案惊奇》

---

① （汉）班固：《汉书》，中州古籍出版社 1996 年版，第 784 页。

中，士农工商这种被视为天经地义的社会排序遭到唾弃。比如做官的"觉得心里不耐烦做此道路"，干脆弃官从商；读书的不想皓首穷经，干脆"凑些资本，买办货物"。《初刻拍案惊奇》更是借书中人物之口喊出："而今的世界，有什么正经？有了钱，百事可做！"表明重利轻义的观念已伴随商品经济的发展大潮成为当时人们普遍认同的基本价值观。

明代中后期重利轻义的思想观念变化，源于物质利益的巨大诱惑。在获取财利欲望的裹挟下，人们不再将礼义作为判断人物事象的标准，只以"求田问舍""营声利"为荣，这种变化在一定程度上也反映出传统礼法的破坏。正如明代万历时的官员伍袁萃在《林居漫录·别集》中所说："今天下之人，唯利是趋，视仁义若土芥，不复顾惜。"如此种种，其实都是传统社会开始发生转型的表现，是对传统的"重本抑末""重农贱商"观念的一次深刻而大胆的修正，从一个侧面反映了社会观念的进步，同时也是明代中后期素质文化内涵变化的有力表现。

（三）自我意识的觉醒

明代中期以后，在商品生产的冲击下，传统的等级制度部分地被金钱所打破，同时随着无法进入仕途的受教育人数的增多，有力地推动哲学意识对社会与人展开新的思考，一种自我意识觉醒的思潮开始涌动。

主体意识的觉醒指人们意识到自我价值，理解到自我不是家族、社团机体上的一个简单、刻板的组成部分，而是一个独立的、能动的主体。人的价值、人的欲望得到从未有过的重视①。在明代弘治、正德年间，人的自我意识的觉醒就已经出现，唐寅、祝枝山等"狂简"之士就是其代表。当时自称"江南第一风流才子"的唐伯虎，由于考试作弊案影响而性情大变，他鄙薄功名利禄，作《桃花庵歌》"桃花坞里桃花庵，桃花庵里桃花仙……酒醒只在花前坐，酒醉还在花下眠……但愿老死花酒间，不愿鞠躬车马前……"，表达自己

---

① 冯天喻、何晓明、周积明：《中华文化史》，上海人民出版社 2010 年版，第 525 页。

"澹泊自甘""狷介自处"的特立独行思想。他的行为也不拘礼节，留下不少逸事。比如他以修葺玄妙观为名募金五百，"悉召诸妓，及所与游者畅饮，数日辄尽"。唐寅的好友祝枝山，也是当时著名的"狂人"。杨静盦《明唐伯虎先生寅年谱》中记载："伯虎尝夏月访祝枝山，枝山适大醉，裸体纵笔疾书，了不为谢。伯虎戏谓曰：'无衣无褐，何以卒岁？'枝山遽答曰：'岂曰无衣，与子同袍'。"祝枝山还有《祝子罪知》一书大胆对历史人物与文学史进行重新评价，比如他说"汤武非圣人，伊尹不为臣，孟子非贤人"。唐寅、祝枝山等"狂简"之士，寄情山水、狎妓赋诗、博于六艺、粉墨游戏，皆放荡不羁，蔑视礼法，"以怪诞为世所指"。不过，其后与唐、祝二人性情相似的著名文人徐渭在《徐文长文集》卷30《读龙惕书》中认为："人心之惺然自觉，油然而生，而不能自己者，非有思虑以启之，非有作为以助之，则亦莫非自然也。"在这里，徐渭把顺应人的肉体而保全人的自然天性作为人生的基本要义，主张人应该顺其自然天性，不受约束。

唐寅、祝枝山等狂士的思想观念虽然对当时抑制人性的程朱理学有所触动，但由于当时理学势力还十分强大，所以他们对世风的影响有限。只有王阳明继承陆象山而发展起来的"心学"出现，才为明晚期人的自我意识觉醒奠定了理论基础。王阳明的"心学"以"心"为天地万物的主宰，从人的主体角度去观察万物和世界，充分肯定了人的主观能动性。明代士子从"王学"中注重事功的积极进取精神和敢于创新的风格中，感悟到个人主观的合理性而热烈响应，"王学"迅速成为明末自我意识觉醒的哲学基础。之后，以王阳明弟子王艮等为代表的泰州学派又发展了"王学"，他将陆象山与王阳明所确定的"心"赋予自然本质，提出了"百姓日用即道"的命题。如此，老百姓日常生活的"物质和精神"的需要在王艮的学说里成了天经地义的"道"。这种自然人性论，广泛影响了同时代及后世的文人学士，并被普及到农工仆隶中，成为唤醒民众自我意识的重要理论根据。

民众一直压抑的自我意识一旦觉醒，在生活中就表现为人们对物质和精神需要的过度追求。这就是说，随着商品经济的发展，人们的闲暇时光逐渐增多，对于娱乐与享乐的要求自然日趋增多。明代中期以后，官民之隔逐步被打破，文化中心逐渐下沉，人们原有的物质、精神需求的满足方式随之发生了改变，呈现出了上流社会的文人学士、官僚士大夫与民众的享乐追求相互影响、趋同一致的趋向。

在满足人的精神需要方面，当时的文人士大夫不再安于文化的阶层限制，他们通过对民间文化的吸收再创造出雅俗共赏的文化作品，使过去民间流传的东西登上了大雅之堂。民间戏剧走进了皇宫，民歌成为士大夫猎奇的对象，民间说唱作品成为士大夫再创作的拟话本的基础。一些文化名人迎合当时的社会风气，甚至创作了许多影响力很大的色情作品，比如文学作品有南京才子吕天成的《绣榻野史》，著名剧作家李笠翁的《肉蒲团》，托名嘉靖间大名士王世贞的《金瓶梅》等，以及以唐寅和仇英等人为代表创作的春宫图。这些作品本身并无实在意义，只是单纯满足时人的放纵心理。

在物质需求满足方面，在宫廷尚奢风气的带动下，明代中期以后，社会各阶层竞奢赛富成风。缙绅士大夫首先突破封建礼制对于衣、食、住、行的等级规范，他们的住所追求绣户雕栋、花石园林，宴饮一席之间必是水陆珍馐数十品，服饰穿戴鲜艳明丽、一掷千金。流风所及，一般市民也群起效仿，莫不以奢靡为荣。尤其是商人阶层，他们拥有巨资，为了弥补社会地位和名声的不足，只有借助金钱的过度消费来显示自己的阔绰与抵消心理上的缺失，追求生活奢侈铺张成了普遍现象。嘉靖以后，随着社会经济的发展与扩张，这种势头又波及全国更广的地区。明晚期这种通俗文化、色情文化的泛滥，人们以满足口腹之欲为目的，崇尚奢侈的生活方式，固然缘于时代的风气和文化的商品化，但同时也从侧面反映了当时人们对自我欲望合理性的肯定和对传统礼教的反叛。

第四章　清代国民素质形态及素质文化特征

　　1644 年，崛起于东北的满族挥师入关占领北京，取而代之建立了中国历史上最后一个封建王朝清朝，及至 1911 年被辛亥革命所推翻，清朝统治中国共 267 年。清代的统治可分为两个时期，从 1644 年至 1840 年鸦片战争以前为清代前期，这个时期是清代的鼎盛并逐渐走向衰落的时期。从 1840 年鸦片战争至 1911 年为清代后期，是清代从衰落逐渐走向灭亡的时期。清朝历史的两个阶段，当然不能截然分开，它们彼此有着密切的联系，但在不同的阶段也有其不同的特点。本章所述的清代国民素质发展史专指清代前期，亦即 1644 年至 1840 年这一历史时期。

　　清朝建立后，采取了一系列巩固统一的政策，在内外蒙古、新疆、西藏、西南边疆等地区有效地加强了统治，并多次成功地挫败边疆叛乱，抵御外族入侵，坚定不移地维护祖国的统一，使中国成为一个疆域辽阔、民族众多，相当坚强统一的封建国家。多民族国家的统一和疆土的扩大，为清代国民素质的发展打下了坚实的基础。

第一节　清代国民素质形态及特征

　　国民素质形态映射了一个国家和民族一定历史时期的发展状态。清朝前期的国民素质发展形态有力地反映了这一时期的社会发展状况。

一、国民身体素质形态及特征

在明末清初这场改朝换代的争斗中，中国人口遭到了巨大耗损。从绝对数上来说，比历史上任何一次浩劫死人都多，估计在7000多万①。只是由于明朝人口基数很高，遗民也多，所以在清朝社会安定以后，很快又出现了人口繁庶的景象。

表 11　明末农民战争和清兵入关人口增减表（1627—1683 年）

皇帝	年代（公元）	人口（万）	备注
明熹宗	1621	5166	
清世祖	1661	2107	

清代前中期的统治者，为巩固他们新建的政权采取多方面有利于社会经济发展的政策和措施：(1) 针对满洲八旗贵族官僚强行圈占农民土地，使大批农民无田可种的情况，康熙八年（1699 年）下令停止圈地，并对失去土地的农民做了一些安置。(2) 把原明朝众多藩王所占土地，允许原承种佃户占为永业。(3) 奖励垦荒。顺治时就已提出 6 年后起科，未完全实现。康熙时，又重申 6 年起科，甚至放宽到 10 年，得到了较好的执行。由于上述措施的实施，大批被荒弃的土地逐步得到垦种，出现了大批自耕农。至康熙六十年（1721 年），全国耕地达到了 7356450 顷，超过了明万历六年（1578 年）全国耕地 7013976 顷，342474 顷。"民以食为天"，他们靠着加倍的辛勤劳动，以维持最低的生活需求；社会比较安定，促进了手工业的发展，资本主义因素进一步滋长；城市经济日渐繁荣，形成了康雍乾时期的国家鼎盛。"清朝中前期，社会安定程度之高和其时间之长，是历代所不及的。"②

清前中期统治者也重视土地开垦，达到了"野无旷土"。在康熙二十四年

---

① 路遇、藤泽之：《中国人口通史》下册，山东人民出版社 2000 年版，第 760 页。
② 路遇、藤泽之：《中国人口通史》下册，山东人民出版社 2000 年版，第 786 页。

(1685年)，全国在籍耕地6078430顷，人均占有耕地6亩左右。[①] 也有学者认为"中国在1860年时总耕地约为14亿亩，人均为3.76亩"[②]。再者，土壤改良、选种、施肥、田间管理、水利灌溉等，都有了新的发展。从美洲引进的玉米、红薯、花生等作物得到了更广泛的种植。因此，亩产和人均粮食比之前几个朝代有了进一步提高。详见表12。

表12

朝代	西汉	东汉	南北朝	唐前期	唐后期	宋	元	明	清
亩产(公斤/亩)	132	132	128.5	167	154.5	154.5	169	173	183.5
人均粮食（公斤）	496.5	496.5	483	628	579.5	661.5	676	777	770.5

食物供应的程度，影响着人民的健康水平和寿命。见图1。

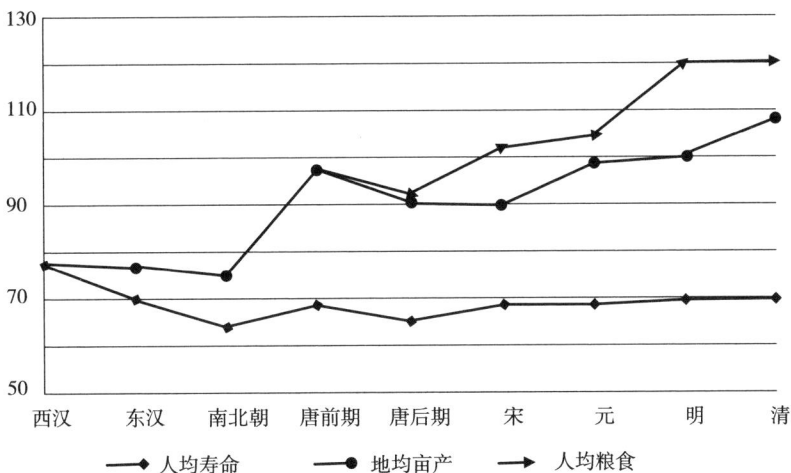

图1

由表和图可见，自汉至清两千年来粮食亩产基本上呈上升趋势，这一方面反映了农业科学技术是发展进步的、农业生产水平是提高的；另一方面也可以

---

① 路遇、藤泽之：《中国人口通史》下册，山东人民出版社2000年版，第782页。

② 郑正、王兴平：《古代中国人寿命与人均粮食占有量》，《江苏社会科学》2000年第10期。

说明生产力的提高是有限的，亩产两千年间只提高了51.5公斤。与之相应的是人均粮食占有量也呈缓慢上升趋势，由约500公斤提高到约770公斤，但是为什么人的寿命没有变长呢？寿命曲线与粮食亩产及人均粮食占有量曲线变化趋势完全不一致呢？这主要是因为没有充分考虑"灾害"的影响[①]。此图在一定程度上反映了明清中期人的身体素质。

农业的发展促进了经济社会的发展，人的身体素质得到一定程度的提升，人口增长较快。到了乾隆时期，人口增长的速度十分惊人。乾隆六年（1741年），全国人口为143411559，到了乾隆五十六年，达到304354110。详见表13。

表13　清代人口统计表[②]

年份	人丁数	年份	人口数
顺治八年（1651年）	10633326	乾隆六年（1741年）	143411559
顺治十八年（1661年）	19137625	乾隆十六年（1751年）	181811359
康熙十年（1671年）	19407587	乾隆二十六年（1761年）	198214555
康熙二十年（1681年）	17235368	乾隆三十六年（1771年）	214600356
康熙三十年（1691年）	20363568	乾隆四十六年（1781年）	279816070
康熙四十年（1701年）	20411163	乾隆五十六年（1791年）	304354110
康熙五十年（1711年）	24621324	嘉庆六年（1801年）	297501548
康熙六十年（1721年）	24918359	嘉庆十六年（1811年）	358610039
雍正九年（1731年）	25441456	道光元年（1821年）	355540258
雍正十二年（1734年）	26417932	道光十一年（1831年）	395821092
		道光二十一年（1841年）	413457311
		咸丰元年（1851年）	432164047

清代前中期，人口的平均寿命较长。据当时各地给朝廷的年终汇报，长寿已不再是罕见的现象。在康熙二十五年（1686年）当全国刚进入和平和繁荣时期，各省上报有169,830人年逾八十，9,996人年逾九十，21人百岁以上，年过七十者已极普通。[③]清朝统治者要求各直省每年上报户口时，要单独开列

---

① 郑正、王兴平：《古代中国人寿命与人均粮食占有量》，《江苏社会科学》2000年第1期。

② 孙毓棠、张寄谦：《清代的垦田与丁口的记录》，《清史论丛》1979年第1辑。

③ 何炳棣：《明初以降人口及相关问题研究》，生活·读书·新知三联书店2000年版，第250页。

70 岁以上和 100 岁以上的老年人口，并赐予很高的恩赏。比如满族大学士之子纳兰性德在《禄水亭杂识》中生动描述老人应邀出席康熙皇帝的千叟宴的欢悦景象：圣朝建都燕山，民物日富。八九十岁翁，敦茂龙颜，朝廷优之，徭役弗事，岁时得升殿上上皇帝寿。百官朝服鞠躬以进，视班次唯谨，毋敢越尺寸。而诸者老高愤博褐，从容暇豫，以齿先后，门者不敢谁何。视百官退，乃阶峻陛，承清光。归而嬉戏井陌，或骑或步，更过饮食，和气粹如。大驾出，则庞眉黄发，序钧陈环卫间。见者咸日："乐哉太平之民也。"

不过，从 17 世纪开始，由于农民起义不断，社会极度动荡，流民问题日渐突出。汤成烈在《治赋篇三》中写道："士工商之外，无末业可治，散而游幕，去而僧道，隶为胥役，投为奴仆，流为地棍盐徒，每省不下二十余万人，此皆游民耗于农者也。"农民生计无着落，只有背井离乡，寻求其他出路，使全国人均耕地大量减少，导致粮价上涨。再加上乾隆中期以后，清朝政治腐败，财政拮据，统治者无心顾及水利工程的修治。在广大农村，连年水旱，灾害频仍。遍布全国的天灾人祸，严重威胁社会生产和人民健康。据统计，清代年自然灾害频度达 3.787 次，出现大规模饥荒，"饿死者无算"。国民在死亡线上挣扎，其身体素质提升只能是梦想。

表 14 《清实录》载顺治——嘉庆朝农业自然灾害统计 [1]

朝代	统治年数	水灾	旱灾	蝗灾	风灾	雹灾	雪灾	霜灾	总计
顺治	18	78	38	22	8	42	1	4	193
康熙	61	245	184	25	3	43	2	7	509
雍正	13	72	33	3	5	9	2	2	126
乾隆	60	514	251	49	63	144	8	60	1089
嘉庆	25	250	107	13	13	49	4	25	461
合计	177	1159	613	112	92	287	17	98	2378

---

[1] 陈汉振等编：《清实录经济史资料·农业编》第 2 分册。

二、国民心理素质形态及特征

清初为了维护以皇帝为首的满族贵族的特权地位，保障八旗士兵的给养，清王朝在经济上实行了大规模的圈地和投充。随着圈地的大规模进行，许多丧失土地的汉族农民被迫投向满族统治者为奴，便出现了所谓投充问题。顺治二年，多尔衮多次下令，允许丧失土地的农民投旗为奴，在允许汉人投充满人为奴的幌子下，实行对圈地人民的掠夺。投充有两种方式，一是贫民空身投充，二是汉族地主带田投充。清政府允许满族贵族收投充人，使满洲贵族掠夺土地和占有奴仆合法化，也使大量自耕农和贫农及他们的子孙降到世袭奴隶或农奴的地位。仅在直隶一省，就约有六十六万男丁处于满族贵族的奴役之下①。

这些奴隶受到的是非人的待遇。他们中的很大一部分，原来是从内地掳至东北地区的。但在东北地区他们无法逃亡，不仅路途遥远，地理不熟，而且各道关口都有重兵把守，逃亡是死路一条，只得忍受种种折磨，大批死亡。但是入关后，离家乡近，对地理熟悉，因而大批逃亡，即使那些所谓“投充”的奴隶也大批逃亡，于是便出现了所谓“逃人法”。清朝统治者为了保护各旗王公贵族和旗民的利益，规定了一系列缉拿逃亡奴隶的严刑峻法。如“家人”逃亡第一次被捉获，鞭一百，归还原主。第二次逃跑被捉获，仍鞭一百，送还原主。第三次被捉获就要杀头。大量农民社会地位的下降，必然严重影响国民心理素质的发展。

制约清代国民心理素质提高的根本因素是政治上的专制。清王朝是我国封建时代最后一个王朝，它集历代封建专制之大成，建立起了中国历史上最为完备、最为严密的君主集权制度。清一代既未发生过宗室之乱，又未出现过宦官干政，这正是宗法专制政治高度成熟的表征，从而达到了中国封建社会政治专制的顶峰。政治上皇权专制的强化，毋庸置疑消极影响着清代思想文化和国民心理素质的提高。

---

① 李文治：《论清代前期的土地占有关系》，《历史研究》1963 年第 5 期。

　　清初一些人士就明亡的教训开始总结，最后归结为君主专制。于是一些有识之士就开始批判，并激烈抨击绝对君权。黄宗羲、唐甄、顾炎武、王夫之是代表，他们主张以平等的君臣关系来限制君权，或以法制来抑制君权，并竭力张扬儒学"实学"传统，经世致用思潮涌起。浮于士人层次的反思及经世致用思想尚未形成气候，满汉文化便开始了剧烈的冲突与融合。满族统治者以战胜者的姿态对汉人进行强硬的文化压迫。顺治初年，清廷下令汉民剃发，易衣冠，概从满洲制，还厉行包括文字狱与禁毁有碍书籍等措施在内的文化专制。"清代文字狱的森严，远远超过明代，而清代文字狱不同于明代文字狱之处，则在于清代文字狱多因镇压汉族人民的民族意识而发难。"[1]顺治年间，毛重倬、胥庭清等人坊刻选文，其序文纪年用干支而没有用顺治年号遭屠杀。康熙年间，"庄廷鑨明史案"与"戴名世《南山集》案"，书中用南明年号纪年，未书清朝年号被戮尸或斩首者牵连到数百人。另有雍正年间"吕留良文选案"，到乾隆年间众多文字狱等达几十起，有时一个冤案就诛杀万人。另外，利用修史和编写工具书的方式网罗天下文人，康、雍、乾三朝君主十分重视书籍的编撰。根据今人杨家骆统计，清代出书达十二万六千六百四十九种，一百七十万卷[2]。《古今图书集成》与《四库全书》是一大作。以上浩大工程使人们的精力和思维都集中到浩繁的文字之中，对国民的心理发展进行扼制，从而造成国民的心理呈萎缩状态。哪里有压迫，哪里就有反抗。带有早期启蒙性质的人文思潮重又展开，对中古禁欲主义进行抗争。清代思想家中对中古禁欲主义抨击极为尖锐的斗士首推戴震，他以人欲为自然，以天理为必然，二者有区别，但不可分割，"有欲则有为""无欲则无为"。大学士纪昀呼应戴震对宋明理学家的"存理遏欲"论也展开了严厉的抨击，在其《阅微草堂笔记》中有众多故事揭露了"后儒以理杀人"。吴敬梓的《儒林外史》对礼教的残忍也有惊心动魄的描写，如第 48 回《徽州府烈妇殉夫泰伯祠遗贤感旧》，汪中、钱大

---

①　冯天愈等著：《中华文化史》，上海人民出版社 2005 年版，第 667 页。

②　冯天愈等著：《中华文化史》，上海人民出版社 2005 年版，第 678 页。

昕对妇女凄惨命运疾呼。蒲松龄的《聊斋志异》和曹雪芹的《红楼梦》倾心注意的是婚姻自主，反映出了人们要求个性解放、争取自由、追求理想的鲜明特征。这些文化思想对国民心理素质的提升都有着积极作用。

三、国民社会文化素质发展形态及特征

清朝从入关之时，就既定了尊崇汉族文化、取士心得民心的长远方针。顺治三年首次开科取士，笼络了大批原来对清不满的知识分子，对政局的稳定起到重要作用。康熙帝亲政之后，清楚地认识到崇信儒学对稳定满族统治的作用。他拜谒孔庙，恢复孔、颜、曾、子、孟后裔之俊秀者选送国子监读书的制度。他还在宫中特建传心殿，专门祭祀孔子，按时举行祭孔大典。在五经中，他首重《尚书》《春秋》，认为这两部书是"帝王之道""经世之法"。在四书中，他首重《论语》，认为《论语》一书具载"天德王道之全，修己治人之要"。在孔学的诸多学派中，康熙帝更尊崇程朱理学。一时间程朱理学成为显学。清代统治者的倡导，造就了理学的繁荣，推动了清代早中期社会文化事业的发展和国民社会文化素质的不断提高。

（一）教育和图书事业的发展表明了国民社会文化素质的提高

明末清初的战乱破坏了地方官学，顺治初即着手恢复学校，康熙帝主持国政后加快了恢复速度。清初顺治年间修复或开工修复的学校计40所，康熙八年至二十五年，浙江八府各州县的学校都得到恢复。在封建社会中，学校历来被视为"贤才之数、教化之基、学术事功之根底"，学校的兴办对育才、教化、学术的繁荣起到了促进作用，也吸引了大批士子。但是，由于学校教育成为科举考试的附属物，学校日益成为士子进身的阶梯，空洞的八股文考试方式又扼制了实学的发展。雍正年间又倡兴书院，以补学校育才、教化和学术的不足。雍正十一年（1733年）发布谕旨，令各省建立书院。谕令发出后，清廷拨给每省帑金千两，筹建书院。乾隆年间又进一步规定书院相当于京师的国子监，

乾隆元年的谕旨阐明办书院的原因在于"国子监虽设于京师，而道里辽远，四方之士不能胥会"。这样，在地方的府州县学之上又出现了官办的省级学校。

清代文化的鼎盛发展表现在图书事业的繁盛上。康熙年间，为了发掘和整理民族文化遗产，阐发诸子百家精髓，在康熙帝的倡导下编纂了许多鸿篇巨制。可贵之处在于编纂的范围远远超出四书五经的范围。比较著名的有古代最完整的字典《康熙字典》，《骈字类编》《分类字锦》《佩文韵府》等都堪称文字学巨著。《渊鉴类函》，系在唐类函的基础上博采诸书而增之，系一部大型类书。《历代赋汇》《四朝诗》《御制唐诗》《历代诗余》《全唐诗》《全金诗》等整理了唐、宋、元、明期间的诗篇。除此之外，还超出了历代文人的视野，整理和编纂了涉及社会生活，美术艺术等巨著。徐乾学等撰《古文渊鉴》，收录上起《左传》、下迄两宋时期的有关风化的记载。孙岳颁等纂《佩文斋书画谱》，系谈论书法、画技兼收历代帝王书画及画家传略的美术专著。王清奕的《曲谱》则是专门记载各种戏曲艺术流派及南北曲谱风格的艺术专著。这些书籍的编纂对保存古代文化起到了重要作用。

清代最重要的两部巨书为《古今图书集成》和《四库全书》。《古今图书集成》原名《文献汇编》，或称《古今图书汇编》，康熙帝赐名《古今图书集成》，并命儒臣重加编校，历时 10 年而无成果。雍正帝命蒋廷锡督率诸臣加速编定，雍正四年，基本按陈梦雷原稿排印。全书 1 万卷，目录 40 卷，分 6 编、32 典、6109 部。一为历象编，分乾象、岁功、历法、庶征四典；二为方舆编，分坤舆、职方、山川、边裔四典；三为明伦编，分皇极、宫闱、官常、家范、交谊、氏族、人事、闺媛八典；四为博物编，分艺术、神异、禽虫、草木四典；五为理学编，分为经籍、学行、文学、字学四典；六为经济编，分选举、铨衡、食货、礼仪、乐律、戎政、祥刑、考工八典。每典分为若干部，每部都有汇考、总论、图表、列传、艺文、纪事、杂录、外编等目，分类清晰、内容丰富，从自然界到人类社会无所不包，堪称古代百科全书。该书武英殿印本只印行 64 部，576 函，分装 5000 册，又目录 20 册。文字采用聚珍铜字排版印刷，图以铜镂版印制，系当时世界上最精致的印刷品，是对中国文化和世界文化的一大贡献，因而在国外获得"康熙百科全书"之称。

《四库全书》是乾隆时期编定的一部规模最大的丛书，从乾隆三十七年正月下诏征书至乾隆五十三年南方三阁(扬州文汇阁、镇江文宗阁、杭州文澜阁)四库书抄成，编纂历时十七年。其间任职于四库馆的共有三百六十人，若加上担任缮写、装订的人数在内，最多时达到三千八百人。其历时之长，动员人力物力之巨非安定、强盛的朝代无法企及。书籍的来源分为五种：御制本、内府本、各省采进本，私人进献本，永乐大典本。现存最完整的一份为承德文津阁藏本，共收书3503种，计79337卷，分装3630册。同时编纂《四库全书总目提要》，对著录和未著录而存其目的六千七百余种书籍作了全面介绍。《四库全书》的编成是我国文化史上的一大贡献，是对有史以来当时现存书籍的一次大检阅，当时所见书的一半以上都收录其中，从《永乐大典》中辑出的已失书籍达七百余种。其内容凡叙述宇宙之内所发生的事项无所不收，是旷古未有的一大文化工程。若将《四库全书》的四千万页摊开，逐页相接，可以绕地球一又三分之一圈。自《四库全书》纂修迄今，无论中外，尚无一套书籍的规模可与之相比。盛大的图书事业是盛大文化事业的典型征象。清代图书事业的高度发展，典籍的充分累积，表明中国文化已进入较为成熟阶段。

清代进入学术文化的大规模总结阶段。在目录学领域无论是官修史志和私家目录都显示出一种总结前代、开启后来的特色。《四库全书》总目便是精品。清代朴学的兴起使古文字学和古音韵学的研究成果突出。段玉裁的《说文解字注》和朱骏声的《说文通训定声》及王引之的《经传释词》，都是考据学派关于文字家的重要成就。朴学学者所展开的古典文献整理与考据的工作，对于学术文化的传承不坠及向前推进具有重要意义，其纯学术研究的精神具有重要的科学价值。

(二) 文学和建筑艺术成就反映了国民社会文化素质的发展

在文学领域，涌现出《红楼梦》《聊斋志异》《儒林外史》等一批古典文学中的瑰宝。《红楼梦》出自曹雪芹之手，是中国古典小说的巅峰之作。《红楼梦》以贾、史、王、薛四大家族的兴衰史为背景，以贾宝玉、林黛玉的爱情悲剧为主线索，极为细腻和深刻地描绘了贵族阶层的生活百态，抨击了残害青年的罪恶礼教和传统观念，堪称批判现实主义的经典之作。全书结构严密，气势恢宏，人物栩栩如生，语言炉火纯青。它刚一面世，便广泛流传开来，有"开谈不说《红楼梦》，纵读诗书也枉然"的俗语。而今《红楼梦》也已成为世界文学宝库中的瑰宝，曹雪芹也成为与莎士比亚、巴尔扎克等齐名的文学巨擘。创作《聊斋志异》的蒲松龄别号"柳泉居士"，他以谈狐说鬼的艺术形式，将各阶层人物的生活描摹得极为逼真，将天下民众的爱恨表达得畅快淋漓。与此同时，他借神怪之口，深刻揭露了现实社会的不平，诅咒官场的黑暗，歌颂青年男女的真挚爱情。正是因为蒲松龄几十年深入民间搜集创作素材，才会有天下奇书《聊斋志异》的问世。长篇小说《儒林外史》为吴敬梓所作，书中刻画了各类士人工于心术、追求名利的虚伪丑恶面貌，暴露出封建社会的腐朽和黑暗，并对科举制度和礼教进行了无情的批判。语言纯净精炼，人物性格的刻画非常成功。鲁迅称其为"秉持公心，指摘时弊，机锋所向，尤在士林；其文又戚而能谐，婉而多讽"。

在建筑领域，清代早中期造了畅春园、静明园、静宜园、圆明园（包括长春园和绮春园）和清漪园五座大型皇家园林。畅春园和圆明园建于平地，利用当地丰沛的泉水。静宜园占香山东麓，静明园就是玉泉山，二者都是山地园。清漪园居于平地园和山地园之间，有万寿山和昆明湖一山一湖。它们各依自然条件布局，特色鲜明。圆明园面积约 350 公顷，是集锦式的，由几个小景区集合而成，每个景区大体上是以建筑物为核心的小园，用小山小水把它们分隔开来又连接起来。宫殿虽然居于中心，但在构图上不起统率作用。清漪园面积约二百九十公顷，布局是集中式的，万寿山正中壮丽的大报恩延寿寺和它的高阁统率着整个前山前湖区的构图。后山区和南湖区作为补充，增加了全园的深度。乾隆最偏爱清漪园，有诗说："何处燕山最畅情，无双风月属昆明。"这五座皇家园林形成一个相互资借的园林群。从畅春园和圆明园西望香山，以玉泉山和万寿山为中间层次，山姿塔势各有不同。在清漪园东望是圆明园和畅春园的湖光树影，向西则隔玉泉山而望香山。清代初年另一座重要的皇家园林是热河承德的避暑山庄。它包括几座峰峦沟壑比较复杂的山和几片港汊歧出、洲渚纵横的湖。景观很自然而且曲折幽深，外围的山水也很好。全园面积 564 公顷，是清代最大的御园。这五座皇家园林是历代皇家园林造园艺术的大总结，是中国造园艺术的重要代表作品。

在清代的宫廷及园林的设计建造中，雷氏家族贡献突出。雷发达（1619—1693 年）在康熙年间曾主持清宫殿三大殿工程。之后雷家历代（共七代）都在清宫廷设计机构样房掌案，历时二百余年，人称"样房雷"。避暑山庄、清漪园、圆明园、玉泉山、香山离宫、三海诸园林，以及昌陵、惠陵等工程，均由雷家主持设计建造。雷发达一家在建筑设计图样的革新创造和"烫样"的广泛应用方面，对建筑学贡献尤为突出。

（三）诸多科学文化成果是清代国民科学素质提高的重要表现

在农业上，清代国民科学文化素质的提高表现为农业生产技术的提高和新作物的引进。清代的农业生产工具同前代相比并没有本质上的进步，但农业生产技术有了明显提高。双季稻在长江以南亚热带地区的推广大大提高了单位面积产量。双季稻取代小麦，肥沃土地亩产总计可达六石五斗左右，亩产量提高18%—20%。同时，高产作物水稻向北方推广。康熙年间，水稻种植在京西玉泉山一带、天津府宝坻县、丰润县一带试植成功，为水稻在北方的大面积推广创造了成功的经验。雍正五年（1727 年），天津地区的水稻获得大丰收，从根本上改变了京津一带粮食品种结构。一些新作物的引进对农业生产的发展也起到重要作用。番薯是明末从南洋引进到福建的新作物品种，具有耐旱、高产、生产周期短、适合贫瘠土地生长的特点。清代番薯在全国广泛推广，对于提高贫瘠地区粮食单产起到重要作用。在推广番薯的同时，玉米的引进也获得成功并得到推广。玉米的特点是耐寒、高产、适合薄田生长，清代玉米在长城以北地区的推广，使北方高寒地区有了耐寒高产作物，对于塞北土地开发和移民的涌入创造了物质条件。由于玉米的引进，南方山区也有了可耕作的高产作物，促进了山区农业经济的开发。

传统科技在清代发展到空前的高度。在社会经济进一步发展的基础上，传统科技在各个领域均获丰硕成果。这个时期手工业的发展表现在生产工具一定程度的进步和革新上。江西景德镇制瓷技术可谓炉火纯青。松江地区棉纺织业在乾隆年间使用木制的长五尺许的弹花弓，比起明代使用的四尺多的竹弓蜡丝弦，更坚韧，更有弹力。松江地区的纺车也从明代的单锭手摇纺车改为多锭的脚踏纺车，增加了锭数，提高了二三倍劳动效率。《乾隆上海县志》卷1记载：上海采用脚踏纺车后，"他邑止用两手拈一纱，吾邑一手三纱，以足运轮，人劳而工敏"。再如四川的井盐业，《民国富顺县志》卷5记载：在凿井方面，首先改革完善了钻凿工具，逐步创制包括凿井、修井、打捞井中杂物等专用工具37种。钻井的钻具就有5种，有了不同的用途和操作方法。如鱼尾锉，状如鱼尾，重120斤至170余斤，用来开凿井的上部；银锭锉，重百余斤，长一丈二尺，用来开凿井的下部。由于工具的革新，凿井的深度也由原来的百来丈发展到100多丈至200多丈。在运送卤水方面，过去都是人挑畜驮，乾隆年间开始使用盐枧，就是用竹管输送导引卤水的系统。

在医学领域，明代隆庆年间发明了人痘接种法，而自明末到清代中期，人痘接种法已相当普遍地使用。从康熙三十四年（1695年）刊行张璐所著《医通》即可看出这点。《医通》记载称种痘法"始于江右，达于燕齐，近者遍行南北"。该书还记载了多种种痘方法：痘衣法、痘浆法、旱苗法等。痘衣法，即把患者的内衣穿给接种人，后者虽受感染，但发病轻微。痘浆法，是将患者痘浆给接种人塞入鼻孔，使其受感染。旱苗法，是将患者疮痂研为细末吹入接种人鼻孔，其出痘亦较轻。种痘法是一种以毒攻毒的预防法。由于其法比较安全可靠，在世界处于领先地位，很快就传到国外。种痘法是人工免疫法的先驱，是人类医学史上不朽的一页。英国人学会中国人痘接种术之后，琴纳医生继续进行研究，嘉庆元年（1796年）发明牛痘接种法，比人痘接种更为安全。嘉庆十年（1805年）此法又传回种痘法的故乡中国。

提起清代的解剖学，最应论及的当为王清任及其著作《医林改错》。《医林改错》在许多方面的认识都大大超过前人，它指出横膈膜是人体内脏的上下分界线，对肺气管、支气管和肺组织等描述更为准确和细致，对胃的形状、内部构造，以及胃与其他器官相互关系有了更为准确的认识，对心血管系统的认识有了突破性进展，对大脑作用的认识又有提高，明确指出人的器官的功能发挥依赖于大脑的支配。王清任的《医林改错》树起了中国古代解剖学的不朽里程碑。

明清两代的科学文化成果表明，我国古代科学文化事业的发展阶段与当时的国民社会文化素质发展水平是相一致的。但是，随着封建统治者推行政治、思想文化的高压专制政策加强，人民思想被禁锢，一些新鲜的思想火花刚一迸发即被扼杀，一些成果的诞生也只能局限于精英阶层，他们要想突破封建藩篱如没有革命的洗礼是不可能的。广大国民的思想仍被程朱理学支配着，这势必严重影响当时人们的思想变革、创新思维的形成，使人的社会文化素质发展总体上处在低潮期。

第二节　清代国民素质发展与下降诸因素

在清朝，康乾盛世出现统一多民族国家的兴盛局面是何等辉煌。疆域之辽阔为中国历史上除元朝外所仅见；农业、手工业和商品经济均得到迅速发展；财政收入之高，达到了我国古代社会的最高水平；文教大昌，学术取得了"超汉越宋"的成就，这都积极作用着国民素质的发展。但是，乾隆刚退位就猛然爆发了白莲教大起义，烽烟四起，政局从此动荡不安。社会经济屡受战争和灾荒的阻碍，步入"盛极而衰"之路，国民素质受其影响，整体呈下降趋势。

一、皇权高度集中是国民素质下降的政治原因

清王朝统治者承袭历代王朝而起，各朝政权组织的丰富经验与教训，特别

是明代皇权专制施行的得与失，成为清人以资法鉴的思想资料。在充分汲取前代政治制度优长的基础上，清朝统治者建立了中国历史上最为完备、最为严密的君主集权制度，清代既未发生过宗室作乱，又未出现过宦官干政，这正是宗法专制政治高度成熟的表征。政治上皇权专制的强化，毋庸置疑地影响了清代国民素质的发展。

（一）通过政权建设加强皇权

我国从秦朝开始实行中央集权的专制主义制度，清代满族取得统治地位以后，要以少制多，就更要加强中央集权。在地方的管理上，清代设总督与巡抚，相互制约，使军政权力更加集中，直接听命于满族皇帝，保证了中央政策能够在全国畅通。

八旗制度是清太祖努尔哈赤在统一女真各部的基础上创立起来的。由于八旗在开始时每一个旗都是一股独立的政治势力，旗权即是政权，旗主就是君主，本旗人都是他的臣仆，因此皇权集中的过程就是与旗权相斗争的过程。清太宗皇太极即位后，剥夺了他们处理本旗政务的权力。太宗时期，皇太极掌握了除两红旗之外的六个旗，皇权得到了进一步集中。顺治时期，又重演了皇太极夺旗的斗争。顺治八年（1651 年），多尔衮死后，清世祖进行打击报复，夺了正白旗和正蓝旗，自己掌握了四个旗（两黄和正白、正蓝旗）。康熙、雍正时期，清廷进一步采取了许多削弱旗权的措施。康熙帝在各旗中设立都统和副都统，他们直接听命于皇帝，各旗旗主无权干预旗务。康熙帝晚年还派皇子管理旗务，加强了对各旗的控制。雍正帝即位后，更明确规定，各旗属下旗人只能直接听命于皇帝，旗主对旗下人不得擅自治罪，而必须奏明皇帝后由刑部处理。这样，到雍正时期，清代的专制主义中央集权得到了进一步加强。

在清代的集权措施中，最明显的莫过于建立密折制度和设置军机处。通过密折言事，使皇帝和诸大臣之间架设了一条绕开正常公文传递渠道、不让局外人参与的双向联系线索。当时，凡是地方民情动向，同僚和乡宦的为政为人，雨雪年成等，都可具折秘密奏报皇帝，然后皇帝又将处理意见用朱批形式写在原折上，发还命其遵照执行。密折制度把皇帝和诸大臣间的利害关系连结得更加紧密，同时也使皇帝能更好地控制臣下。至于军机处，名为中枢办事机构，实际上乃是夺取外朝内阁权利，使之成为从属于内廷、事事需仰承皇帝旨意办事的秘书班子。此外，雍正下令将原来作为谏议皇帝、封驳诏旨而特别设立的六科并入都察院，结束了长期以来在监察制度中台谏分离、相对独立的做法，将皇帝至少在名义上需要接受臣下监督的义务也取消了。又如清代官员办事，均按典例而行，其中又以例为最重要，有"用例不用律"，或"以例治天下"的说法。例就是事例、则例，大多系皇帝诏旨，或经部议及九卿科道讨论请旨允准而形成的，典型地体现了朕即法律的专制主义原则。

清朝统治者在地方政权建设中也花费了很多心思。清代为适应愈益繁杂的地方事务，正式确立了以督抚为省的最高行政长官的建制，同时授予兵部和都察院堂官兼衔，使其集行政、司法、监察和一定的军事指挥权，事权统一。清代的督抚衙门已成为中央分治地方的最高权力机构了。清朝统治者敢于把这么多的权力交给督抚，而不怕其闹独立，一个根本原因是皇帝的至高地位是稳固的，并通过密折制等形式，建立起比较完整的制衡地方的权力体制，督抚的生杀予夺，唯皇帝之命是从。至少在清晚期以前，朝廷一直牢牢把持着对地方督抚的控制权。在省以下，清朝政府把道加以确定化，作为府和省之间行司监察和部分行政职能的机构。同时着力稳定州县一级的政权体制，将其看成"吏治之始基"。在清代，尽管州县的数目不断有所增加，但它的行政地位和施政内容始终无大的变动，诸如行政、司法、税收、治安、教化，都集中统于正印官之手，这对于保证政令的统一，强化基层统治有着十分重要的意义。清朝政府还对编制保甲寄予特别的关心。保甲制是以保警为主的地方治安组织。在清代，统治者为适应封建社会晚期的政治形势和社会环境，下令把保甲组织推广到全国各个角落，不论山区海岛，或边疆各少数民族聚居区，只要可能，都不得遗漏。而且编排建置更加规范严密，职能也更加强化完备。到了清末，保甲又和团练、团保等地方武装联系在一起，成为维护清朝基层统治最得力的工具。

（二）通过制度建设加强皇权

清朝统治者出于加强专制主义集权的需要，十分重视规章制度的建设。其中最重要的是"会典"。"会典"是政府办事的准则，百官奉行的宪章。"会典"有典和例的区别。典属于纲，简明扼要；例乃是目，条晰清楚，按年代先后排列，以便于援引比附。为了适应不断变化的形势，清代曾五次修纂"会典"。

法律是国家机器的重要组成部分，是维护统治阶级利益的工具。清朝入关前，虽陆续颁布一些治罪条文，然而都是根据时势制定的，还没有一部成文法。清廷定都北京后，摄政王多尔衮命令刑部及有关部门均依《大明律》办案断狱，同时加紧制定一部新的法典。顺治四年（1647年），颁布了《大清律》。但是，它的条目大多抄自《大明律》，所以，《大清律》只可看作是《大明律》的易名。康熙、雍正时，又多次加以修订，于雍正六年（1728年）颁布了《大清律集解附例》。乾隆五年（1740年），终于修成了一部完整的法典《大清律例》。"大清律可以说是集历代刑法的大成。"[①]《大清律》把"谋反"和"谋大逆"作为"十恶"之首，予以坚决镇压。清代一些农民起义领袖和骨干分子，被生擒后均遭到了"凌迟枭首传示""剉尸枭首传示""斩绞"等酷刑，即使10岁的孩子也不予宽恕。至于人民的集会结社，即使无任何政治目的，也在严加取缔之列，其头目也要受到斩绞或流放。在清朝极端严酷的专制统治下，人民没有任何的言论、行动自由，稍有不慎，就会遭到残酷镇压。

（三）通过精神钳制强化皇权

儒学固然有维护"纲常"的一面，同时也有追求自我完善，要求人格独立的一面。儒学一方面要求其信徒尽力为皇帝服务，同时也要求他们不能放弃对自己人格尊严的坚持和对精神价值的追求。因此，出于防范权臣的需要，儒学人格追求也成为清朝皇帝打击的对象。清朝皇帝认为，大臣如果过于注重自身修养，过于在乎自身的名誉，会妨碍全心全意地为皇帝服务。为了彻底把大臣

---

① 翦伯赞主编：《中国史纲要》中册，人民出版社1963年版，第290页。

改造成奴才，雍正帝提出大臣不但不能图利，也不能"好名"。他说："为臣不惟不可好利，亦不可好名。名之与利，虽清浊不同，总是私心。"雍正乾隆朝，都有大臣因为"好名"而被皇帝严厉打击。比如雍正朝的杨名时是一个有操守的政治家，在很多问题比如打击科甲朋党问题上与皇帝意见不同。他做了很多减轻农民负担的好事，却忘了推功于皇上，遂引起雍正帝的恶感，说他"性喜沽名钓誉""欲以君父成己之名"，被寻故抓入大牢。因此，清代的内阁成员都周密小心，不图虚名，谨慎小心，缄默持重；坚持不做政治家，而只做大秘书；不做思想者，只做执行人，成为一个个有才干、有风度、没思想、没坚守的奴才典型①。

在思想文化领域，清朝统治者通过加强思想专制不断强化中央集权。经过康熙、雍正两代"文字狱"，清王朝思想专制已经大大加强。乾隆又借修《四库全书》开展"消灭记忆"运动，他耗时20年之久发动禁书运动，把不利其统治的书籍销毁殆尽。章太炎在《哀焚书》中说：查抄书"将近三千余种，六七万卷以上，种数几与四库现收书相埒"。也就是销毁书籍的数量相当于《四库全书》中书籍的数量。从乾隆三十八年（1773）起，又加强了力度。乾隆四十二年（1777），乾隆皇帝制造了江西王锡侯字典案，仅仅因为他编辑的《字贯》中对康熙、雍正、乾隆没有避讳又删改了《康熙字典》即遭杀身之祸；还制造了扬州徐述夔诗集案等几起冤案，致使文人学士不敢吟风弄月了，甚至不敢再写日记。朝廷大臣之间不敢相互通信。胡中藻《坚磨生诗钞》案发后，内外臣工惊骇不已，乾隆担心下面或有非议，于新任浙江按察使富勒浑陛辞时，交代他一项特殊任务：到任后留心体察赋闲在钱塘（今杭州市）老家的协办大学士梁诗正的反应。梁诗正一见富勒浑，就大谈自己为官多年的诀窍："笔墨招非，人心难测，凡在仕途者，遇有一切字迹，必须时刻留心，免贻后患。"在另一次谈话中，他又说："一切字迹最关紧要……在内廷时，惟与刘统勋二人从不以字迹与人交往，即偶有无用稿纸亦必焚毁。"梁诗正的话典型地反映

---

① 张宏杰：《中国国民性演变历程》，湖南人民出版社2013年版，第135—136页。

了乾隆高压政策下臣民的心态。一百多年的文字狱运动，如同把整个社会放入一个高压锅里进行灭菌处理，完成了从外到里的全面清洁，消灭了一切异端思想萌芽①。

　　总之，当欧美国家纷纷走上实行民主政体的道路，清除专制制度时，康乾盛世的三位帝王却在一步步收紧权力之网，把封建皇权推上空前集权的巅峰。这种体制虽然避免了历代王朝经常发生的宰相、外戚、宦官擅权，武将跋扈，文官植党的现象，但专权之下缺乏约束与监督机制，严重腐败的政治局面使官吏以权谋私、权钱交易、贪污腐化、贿赂行私层出不穷。"社会各阶层普遍弥漫着追求享乐的气氛，尤其是乾隆皇帝首先纵情骄奢，深深刺激着官吏们满足奢华生活的贪欲，贪污之风开始在官场上蔓延"②。这种苟且偷安的生存选择，最终不仅导致中国传统社会的发展陷于停滞，而且严重阻滞了中国国民素质由传统向现代的变革之路。

二、经济发展的由盛转衰是国民素质下降的物质原因

　　后金政权对封建制的扶植和一系列发展农业生产的措施，社会经济进一步发展；到了皇太极统治时期，封建的农奴制已经基本上取代了奴隶制，完成了封建化的过程。尽管封建的生产关系在明代内里已经腐朽，并严重阻碍生产力的发展，但对地区而言，却是适应满族社会生产力的新型生产关系。这种新型生产关系在满族地区的确立，对清朝能够取代明代并在取得全国政权后不久就使整个社会经济得到恢复和发展有着重要的作用。清初一套完整制度的建立与相关政策的制定，不但标志着清朝统治的确立，也对清初的经济恢复起着相当重要的作用。而三藩之乱与白莲教起义则是清代前期的历史转折的两个重要界标。康熙年间历时八年的三藩之乱，标志着清王朝的由乱到治，社会经济由此

---

① 张宏杰：《中国国民性演变历程》，湖南人民出版社 2013 年版，第 137—138 页。

② 赵毅、赵轶峰主编：《中国古代史》，高等教育出版社 2002 年版，第 790 页。

进入发展阶段；嘉庆年间历时九年的白莲教起义，标志着清朝的由盛转衰，社会经济由此进入迟滞与衰退阶段。

（一）经济的恢复与发展为清代早期国民素质的发展奠定了物质基础

由于明末出现的社会危机和社会生产力的破坏十分严重，再加上满族取得统治地位后，还要解决新的民族矛盾，因此，清代初期调整和恢复社会经济的时间，较以往的封建王朝都要迟缓。在这段历史时期内，由于清王朝的统治者尤其是清朝第二代皇帝康熙，大胆果断地采取了一系列有利于恢复社会经济的政策和改革措施，特别是抓住了恢复和发展农业生产这个关键环节，使清代经济从明末清初的长期战乱和经济崩溃中得到恢复和调整，并使社会经济得到一定的发展。

清王朝建立后，农业生产能否恢复与发展，更是生死攸关的大问题。顺治时期，为了恢复农业生产，增加赋税收入，使广大农民重新回到荒芜的土地上进行耕种，清政府多次颁发鼓励垦荒的政令。清政府接连采取鼓励垦荒的政策和措施，使荒地的开发得到法律的保护，使一些逃亡流浪的无地农民，重新得到土地从事农业生产。康熙八年（1669 年）开始，清政府以"更名地"的名义，下令将曾为明王朝藩王的土地，"免予变价"，归种地者所有，即实行"更名田"，从而提高了他们从事农业生产的主动性和积极性，对恢复发展农业生产和稳定社会秩序起到了积极作用。

康熙亲政时，田赋制度承袭前朝，征收赋役也仍以《顺治赋役全书》为据，而当时的土地和人口数字已经发生很大变化。康熙不仅派遣官员清查地亩，而且于康熙二十四年（1685 年）下令重修《顺治赋役全书》，规定删除田赋尾数，进一步减轻农民的赋税。康熙还进一步对田赋制度和征收手续进行改革。康熙五十一年，清政府规定，以康熙五十年的人丁户口数字为固定标准，以后到达成丁年龄的称为"盛世滋生人丁"，再不承担丁役，永不加赋；人丁遇有减少时，用新增人丁抵补，保持原额不变。这便是所谓"盛世滋生人丁，永不加赋"。这一重要措施的实行，并不是取消人丁税，而是把全国征收丁税的总额固定下来，不再随着人口的增加而增税。它使农民的负担比较固定，减少了因丁税太重而到处逃亡，生活得到一定程度的安定。这一改革措施不仅把农民重新吸引到土地上来，而且刺激了人口增长，适应了当时农业生产对劳动力的迫切需要。

为了恢复社会经济，增加财政收入，满足宫廷对工业品的需求，清政府逐步采取了废除匠籍制度，放宽对手工业的限制，促进了手工业的发展。康熙后期，全国性的商业活动日趋繁盛。康熙在位期间虽然重农，但并不抑商，推行了一些有利于工商业发展的措施。这些措施主要包括下列方面。第一，重视粮食贸易，遏制粮商囤积居奇和粮米腾贵。第二，取消各地方官吏对商人的额外征收，命令按照定额征税，违者严加惩治。第三，康熙二十二年（1683 年），清政府宣布废除迁海令，实行有限制开放海禁的政策。第四，统一度量衡。第五，改变盐的官方专卖制度，允许私人煎煮私卖。由于清政府采取了以上措施，促进了工商业的恢复和发展，经济也随之繁荣起来。

经过几十年的努力，全国各地开垦的土地面积迅速扩大。顺治十八年（1661 年）为 549 万余顷，乾隆三十一年（1766 年）增至 741 万余顷，嘉庆十七年（1812 年）又增至 790 余万顷，超过了明代万历时期耕地面积的数字[1]；据《清史稿》卷一百二十所载，全国的人口猛增：顺治十八年，为 1920 余万口，乾隆六十年（1795 年）猛增为 2.9 亿多人。嘉庆二十四年（1819 年）又增为 3.01 亿多人，道光二十九年（1849 年）再增为 4.1 亿多人。作为清朝国库的户部银库，存银数也不断增长。顺治时，由于军旅频兴，国库一度存银仅有 20 余万两，不敷当时官吏的开支，反映了财政的窘境。康熙六年（1667 年）实存银 248 万余两，五十八年（1719 年）激增为 4400 余万两，雍正九年（1713 年）又增为 5037 万两，乾隆三十九年（1774 年）又达到了 7390 万两的历史最高水平[2]。在这些因素的综合作用下，清代前期的社会经济

---

[1]　翦伯赞：《中国史纲要》中册，人民出版社 1963 年版，第 267 页。
[2]　吕坚：《康雍乾户部银库历年存银数》，《历史档案》1984 年第 4 期。

基本上得到了恢复，为清初国民素质的恢复和发展奠定了经济基础。

（二）经济发展的由盛转衰导致清代中期国民素质发展的滞降

从雍正元年到道光二十年（1723—1840 年），清朝经历了雍正、乾隆、嘉庆、道光四朝皇帝的统治，历时一百一十多年。清代社会经济经历了由持续发展到繁荣，再由繁荣而至衰败的过程。清代经济的盛世，出现在乾隆统治时期。清代经济由盛而衰的转折点，出现在乾隆与嘉庆之际，真是福兮祸之所伏。乾嘉之际，是 18 世纪与 19 世纪的世纪之交，是中国封建社会经济末路中兴的最后一幕。从此，中国封建社会经济一蹶不振。

1. 人地关系紧张导致国民素质发展水平下降

清代前期和中期，社会经济的恢复和发展，促进了清代人口的增长。清代前期人口的增长，也促进了社会生产的恢复。但是，清中期开始，人口的大幅度增长已在起着延缓社会发展的消极作用。人口的激增与落后的社会生产力之间的矛盾突显，加速了清王朝由盛而衰。

在人口急剧增长的同时，清代的农业生产技术却处于半停滞状态，粮食亩产量没有太大增长，迫于人口压力的土地开发由于滥垦而加剧了水患，这表明人口的生产与生活资料的生产及人们生命财产的安全之间已经产生严重的对立。具体而言，也就是人口压力增大引起土地滥垦，从而引发水灾、旱灾等自然灾害的肆虐，同时人口过剩又引发了粮食短缺、物价上涨。朝野上下对此十分警觉，洪亮吉在《意言·生计篇》中写道："农十倍于前而田不加增，商贾十倍于前而货不加增……于是士农工商各减其值以求售，布帛粟米各昂其价以出市"，郭起元《介石堂集》卷 8 中记载："户口日蕃而地不加增，民以口贫者，人与地赢之势也。"《皇朝经世文编》卷 39 记载，乾隆帝也感到问题之严重，"米谷为民生日用所必需，而迩年以来日见腾贵，穷黎何以堪此"。由此可见，人地关系的紧张，是造成清代民众生活困难的不确定因素，是导致民众生活水平下降的关键。

我国是一个自然灾害多发的国家，水旱、冰雹、风沙、蝗虫之害都是经年常见的现象。当清廷处在上升至鼎盛时期，由于统治者采取了发展生产和救荒赈灾等有效措施，人民的负担有所减轻，社会也相对安稳；但当吏治腐败、统治阶级骄奢淫逸和贪婪残暴的阶级本性恶性发展时，自然灾害在人为作用下就愈益加重，人民生活也会更加困苦。这样的典型事例不胜枚举。例如，嘉庆六年（1801年），北京大雨连绵，永定河水急剧涨发，直隶所属各州县民田、庐舍多半被淹。嘉庆帝虽再三下谕旨赈济灾民，而地方官却阳奉阴违，乘机贪污，或侵肥入己，或假手吏胥，从中冒滥，各地饥民领赈者不过十之三四。朝廷每发赈品一次，胥役就利用下乡登名造册之机大索钱文。农民如无处挪借，只得束手待毙；能挪借者，又遭到胥役的百般刁难。无依无靠的鳏寡孤独者屡屡饿死沟壑。

人口过剩加之自然灾害的侵袭所引发的灾民问题，久拖不决的吏治腐败问题，农村日趋严重的地租剥削、高利贷剥削及超经济强制等，使清朝于"康乾盛世"之际便多处显现衰败之兆，对国民素质发展产生了较为严重的负面影响。

2. 土地集中和兼并对国民素质发展的影响日益严重

乾隆时期，土地兼并日渐激烈，田地"十年之间，已易数主"。乾嘉之际，地主占有土地的数目更达到了惊人的程度。军机大臣和珅占地8千顷，直隶怀柔县一个郝姓大地主占万顷膏腴之地；镇压农民起义的刽子手那彦成，仅在直隶易州一地就占土地26顷28亩。许多封疆大吏、藩臬守令在任期间，将搜括的钱财，在家乡增产置地。另外，许多商人、高利贷者也凭借自己手中的大量货币，大放高利贷，以重利盘剥的方式掠取土地。土地兼并的发展使土地日益集中在地主、富户手中，地价随之不断上涨。清初，一亩地不过数钱银子，康熙时已增至数两，乾隆时有的高达二十余两。这就必然造成大批农民无以为生，流离失所。

广大农民失去土地以后，大部分沦为佃户和佣工，于是地主、富户便乘机提高地租率。到乾隆、嘉庆时期，佃户一般要将收获物的一半交给地主、富户。但实际上，由于农民破产后，大都需租借耕具和籽种，以致要将全年收获物的2/3（有些地方甚至达到3/4）交给地主、富户。雅尔图在《心政录》卷2

中描述广大农民"终岁勤动，所得粮食除完交田主租息外，余存无几……虽获丰收，仅足偿欠"，且佃户惟恐地主夺田另佃，往往"鸡豚布帛，无不搜索准折，甚至有卖男鬻女，以偿租者。此等风气，大概皆然"。一般佃农在生活上毫无保障，丰年尚不足温饱，一遇天灾人祸，则不得不忍受"驴打滚"的高利贷盘剥。许多地区的地主、高利贷者八折出借，滚算月利，不出一年，利竟远远地超过了本钱。这更加速了农民的破产。

一方面人口剧增；另一方面由于土地兼并的激烈，耕地面积越来越少，致使米价上涨幅度越来越大。例如，江南苏州、松江、常州、镇江四府，在康熙四十六年（1707 年）前，每升米仅值 7 文，雍正和乾隆初期也不过 10 余文，到乾隆五十七年当地大旱时竟增至 60 文，几十年间米价竟上涨了六七倍之多。米价的急剧上涨，给地主、商人囤积居奇谋取暴利提供了机会，反过来更加促使贫苦人民食不饱腹，有些人甚至以野菜、树皮、观音土聊且充饥。

综上所述，由于封建统治的腐败，地主、商人和高利贷者三位一体疯狂兼并土地，对广大劳动人民进行残酷的剥削，造成国民素质的不断下降。

3.封建经济制度制约了国民经济素质的发展

地主土地所有制和小土地私有制是中国封建社会生产方式的基础。在地主土地所有制下，地主对土地采取租佃制经营。清中期的地租形态，占统治地位的还是实物地租。佃农除负担地租外，还要负担政府的徭役。在小土地私有制下的自耕农，生产范围狭小，还要缴纳田赋和提供徭役，很难进行扩大再生产。清中期，地租剥削已相对增加，分成租制已普遍向定额租制发展，并出现了押租制。虽然租佃关系有所松弛，但政府对抗租、欠租的禁令异常严格。在繁重的封建剥削下，许多自耕农丧失土地而沦为佃农；而佃农更不可能改良生产。再加上人口激增，人均耕地面积减少，农业生产力的发展相对停滞，从而导致小农经济的贫困化，商品经济难以发展。

同时，在沉重的封建剥削下，自耕农和佃农仅仅依靠种地难以维持最低生活，不得不尽量生产自己所必需的手工业品，从而形成农业和手工业的紧密结合，使"男耕女织"自给自足的自然经济在农村更加根深蒂固，从而使商品经济丧失赖以发展的市场条件。清代前中期，在商品经济发展的冲击下，土地买卖盛行。这使一些拥有巨额资金的商人，热衷于把商业资本用来购买土地，从事封建地租的剥削。地主、商人还和高利贷者结合在一起，这种地主、商人、高利贷三位一体的盘剥，加强了封建地主经济的统治，不利于新的生产关系的成长，同时又限制了商业资本的积累和向产业资本的转化，限制了商品交换范围的扩大，阻碍了商品经济的发展。中国历代王朝都重本抑末，实行重视农业、抑制工商业、保证农业劳动力的政策。明清以来，政府在抑末的一面有所松弛，但并没有放弃对民间工商业的限制。清政府对工商业加强限制和掠夺，遏制了资本主义萌芽的成长。政府对工商业的限制和摧残，首先表现在对工商业的发展实行名目繁多的苛派勒索。各省关卡林立，巧立名目，重复取税或额外多征，使行商困难，堵塞了商品流通。其次，清政府还以"防范"造反为由，禁止开矿。对一些手工业部门，限制其原料供应和产品的制造。对某些手工业产品则压价强买，如乾隆年间，许多铜矿就是因清政府低价强购而致减产甚至倒闭。此外，清代尽管废除了匠籍制度，却仍然拥有相当大规模的官办手工业。清政府这些重本抑末、限制工商业发展的政策，使工商业失去了扩大再生产的可能性和条件，从而遏制了资本主义生产关系的成长。

总之，从乾隆嘉庆之际到道光二十年，是清朝社会经济由盛转衰的时期。封建经济制度的弊端和清政府的腐败统治，不仅使社会经济出现衰退，而且使本来就生长缓慢的资本主义萌芽受到遏制。因为这一时期，我国社会经济中资本主义萌芽的生长除了受社会生产力发展的约束以外，还受到封建主义的严重束缚，由于封建势力在政治上、经济上、思想上占据着统治地位，因此它可以从多方位遏制资本主义生产关系的发展。在这种情况下，国民的经济素质发展只能经过曲折、困难的道路极其缓慢地向前发展。

三、文化专制主义成为国民素质发展的思想障碍

文化专制主义是中国封建文化的重要特征，它完全控制了中国传统文化的

各个方面，尤其是支配了中国政教礼俗。"它决定了中国的政教礼俗，也因之而决定了中国的国民性。"① 这一点，在清代表现得尤为明显。

（一）文化压制阻碍了国民素质的发展

满族贵族所建立的清王朝特别注意加强对思想文化领域的控制，以维护自己的统治。为此，他们对任何反满思想和活动都严厉取缔和坚决打击。

其中最典型的要数詹事府少詹李呈祥因上"辨明满汉疏"而被流徙盛京一事。顺治十年（1653 年）二月，李呈祥上疏要求各部院衙门裁去满官，专任汉官。顺治帝对此极为不满，予以严厉斥责，满官更是恨得咬牙切齿，纷纷参劾他。结果，刑部拟定斩决。顺治帝为平息汉官不满情绪，从宽免死，流徙盛京。乾隆对汉人的民族情绪也十分戒备，文人往往因"疑似影响之词，横受诛戮"。如礼部尚书沈德潜作诗《咏黑牡丹》，有"夺朱非正色，异种也称王"之句，被认定是影射清王朝以异族夺得朱明皇位的逆词，令剖棺锉尸。乾隆四十三年（1778 年），江苏泰州举人徐述夔的《一柱楼诗集》，有"明朝期振翮，一举去清都""大明天子重相见，且把壶儿搁半边"之句。他有一天晒书，风吹动了书页，他便随口吟道："清风不识字，何必乱翻书。"乾隆以其"显有兴明灭清之意"，而将徐述夔照"大逆律"戮尸，其孙徐良田、徐良书问斩；同年，江苏丹徒县生员殷宝山因写《记梦》一篇，内有"若姓氏，物之红者"的句子，红者朱也，以"显系怀念故国，实属叛逆"罪，受大刑；乾隆四十四年，江西德兴生员祝廷诤作《续三字经》，有"发披左，衣冠更，难华夏，遍地僧"等语，因"明寓毁谤"，照"大逆律"戮尸，其孙祝涍"将逆书默写存留"，拟斩决，家属缘坐，流放多人。

清统治者为了压抑汉民族的民族意识，防止不利于封建统治的思想流传，还千方百计对书籍进行甄别和处理。顺治十六年（1659 年），清廷下令将民间流传的《四书辨》《大全辨》等书焚毁，开了查禁和焚书的先例。乾隆中期，

---

① 李中：《中国文化传统与现代化——兼论中国的专制主义》，《太平洋学报》2001 年第 3 期。

利用编纂《四库全书》的时机，对全国现存的书籍进行了一次规模巨大的、全面的检查，将其中不利于满族贵族统治，如在叙述明清关系史时，凡涉及清朝先世受明廷册封、揭露清军南下时屠城和烧杀劫掠暴行等史书、地方志书、传奇小说、戏曲杂文等，或进行查禁，或实行销毁，或进行删改。据章太炎先生统计，乾隆时被焚毁的书籍三千余种，六七万卷以上，书的种类几乎与《四库全书》所收之书相同。明末书院活跃，学术自由，许多士大夫借兴办书院聚党讲学、清议朝政、裁量人物，特别是江南地区系明末讲学活动最活跃的地区，也是抵抗清兵南下最顽强的地区。清朝统治者尚心有余悸，担心书院的活动会使复明反满思想滋漫，顺治九年便以圣谕的名义禁止建立书院。圣谕云："各提学官督率教官、生儒，务将平日所习经书义理着实讲求，躬行实践，不许别创书院、群聚党徒，及号召地方游食无行之徒空谈废业。"这是清政府第一个书院禁令。不仅禁止书院，而且要求对各地学生官员严加管束，不许出现类似书院中的那些现象。因此，同年又颁布条教，刻于石碑，立于各地官员的明伦堂前。《条教》的第六条规定"军民一切利病，不许生员上书陈言，如有一言建白，以违制论，黜革治罪"；第八条规定"生员不许纠党多人，立盟结社，把持官府，武断乡曲；所作文字，不许妄行刊刻，违者听提调官治罪"。

（二）大兴文字狱钳制了国民素质的发展

清代文字狱不同于明代之处，在于它多因镇压汉族人民的民族意识而发难。这显然是由于身为少数民族的清朝统治者，对数量巨大、文化悠久的汉民族的恐惧。清代帝王认为，汉人的民族意识一日不消灭殆尽，清朝的统治一日不得巩固。而汉人民族意识的传播者，主要是江浙士人，必须加以特别管制。

为此，清朝统治者利用望文生义、捕风捉影的恶劣手法，从挑剔文字入手，罗织罪状，屡兴大狱。"庄廷鑨明史案"是清代历史上的第一起较大规模的文字冤狱。康熙二年（1663年），浙江富户庄廷鑨将明末人朱国桢编写的明史当作自己的作品，并请人增添和补写了明末天启、崇祯二朝及南明史事，该书奉南明小朝廷为正朔，公开诋毁清统治者。被人告发后，清廷将已死的庄廷铡开棺戮尸，杀害了其弟及有关人士 200 余人。雍正朝的文字狱，株连范围进一步扩大，即除了竭力泯灭汉族的民族意识外，还被雍正帝用作打击政敌的有力工具。如大将军年羹尧是雍正帝夺取皇位的功臣，雍正帝即位后，为摆脱受政敌攻击的窘境，有意杀其灭口。于是借年羹尧奏折内将"朝乾夕惕"错写为"夕惕朝乾"，定其"不臣"之罪。雍正朝的文字狱中最大的一起是雍正六年的曾静、张熙案。曾静派门徒张熙游说川陕总督岳钟琪，希望他效法祖先岳飞起兵反清。岳钟琪向世宗告发此事。清廷在审案中，查出曾静的反清活动是受清初著名学者吕留良思想影响，于是把矛头集中在吕留良的子孙、门徒等。结果，死去多年的吕留良父子被开棺戮尸，其他有关人士分别被处以斩决、流放。乾隆朝的文字狱，与康熙、雍正两朝相比，案件次数激增，株连范围更广，惩治程度更严酷。许多案件是因对文字过分苛求挑剔，以至于把本来风马牛不相及的事，硬要联系在一起。如曾任大理寺卿的尹嘉铨，被抄家后在其文章中发现一句"为帝者师"，乾隆帝便认为他狂妄自大，俨然以皇帝的师傅自居，将他处绞。

至于清代文字狱造成的恶果，比明代更为严重。明清之际，由于社会格局的巨大变化，萌发了具有启蒙精神的社会思潮和带有若干近代色彩的自然科学，思想文化领域进入一个堪与战国时代相比拟的繁荣时期。就当时中国文化所达到的水平看，与欧洲同时的文艺复兴相去不远。遗憾的是，此后欧洲近代文化一日千里，而中国由于文化专制主义的束缚，由于文字狱一类高压政策的实施，启蒙思潮的发展道路被粗暴地切断了，民主和科学的精神遭到扼杀，广大士人绝口不提国事，转而埋头古籍的考证和整理工作。恰如龚自珍《咏史》所言"避席畏闻文字狱，著书都为稻粱谋"。于是，人们不敢议论当代的政治和社会问题，而被迫脱离实际，逃避现实，在故纸堆中寻找出路。这就影响了人们对世界和中国问题的探讨。

（三）生活规制影响了国民素质的发展

作为统治者，清代还通过制定风俗政策与制度，以达到维护封建统治的长治久安与消除民众的"谋反""叛逆"之心的目的。清代的风俗政策与制度（如法制、礼制、官制、服制、宅制、葬制、婚制、军制、释制、仪制、禁忌及相关政策），对约束官员、民人的行为规范，对一定历史时期社会风俗的形成变迁，有着法定的制约作用，如有"违制"，将受惩治。因而，清王朝统治者制定的社会风俗政策与制度，对官员、民人的心理素质发展产生了道德制衡的功效。

具体而言，以清代的社会各阶层的服饰为例，清统治者有严格的礼仪政策与制度规定，不得"越轨"。具体而论，顺治元年（1644年），清军入关，满族贵族统治者取代明王朝统治者而入主中原。新的清王朝统治者，利用武力和政权力量为后盾，强迫汉人遵从满族的衣着、发式、服饰习尚。早在清军进军中原过程中，便沿途发出告示，命令凡是投诚官吏军民人等，"皆着剃发"，衣冠服饰则一律"悉遵本朝制度"。于是京师（今北京）城内外，军民人等，皆行剃发易服，男子蓄辫而着满人服饰。后因受到各地汉族人民的强烈抵制与反对，清统治者考虑到局势尚未大定而暂时停止执行此"剃发易服"命令。次年，清兵攻下江南，南方各省略归平定，清政府又重申此令，厉行剃发之制，随之而来的则是全国性的改冠易服。

在饮食风俗上，清代饮食风尚、饮食文化等级森严，不同社会身份的人，从帝王、贵族、官僚、士绅到城镇乡村的市民、商人、农夫、手工业者、工匠、差役等，在平日婚丧嫁娶、人际交往等的饮食和筵宴风俗习尚方面，均有严格的等级规定，即所谓的"礼制"规范。如果稍有逾越行为，轻则以"违制"议处，重则以有"谋反"之心而论罪。这体现出清人素质发展受社会生活风俗影响的重要特点。

（四）文化保守与轻视科技之风严重影响了国民科学素质的发展

清王朝的对外政策，就是建立在"天朝上邦"意识之上，建立在传统的自然经济观念之上，建立在诸如"不宝远物，则远人格"之类的儒家经典之上。因而清代统治者把对外文化交流看成"怀柔遐方，加惠四夷"的政治行为，而并非将其视为文化发展的需要。1793 年，在热河行宫（今承德避暑山庄）发生了一件颇具讽刺意味的事件：这一年英国王乔治三世派遣马戛尔尼勋爵为特使，来华补贺乾隆 80 寿辰。这只是以此为名而已，实际上是请求中国开放更多口岸，减低税率，给予租界，派公使常驻中国。中国官员指示马戛尔尼拜见乾隆皇帝时，要行"三跪九叩"礼。其指导思想就是：西方各国都是荒远的夷狄，他们来到中华帝国是向心归顺。因此，这些夷人向"天下共主"的大清天子行"三跪九叩"礼，是天经地义。

在清代帝王中，康熙对自然科学怀有浓厚兴趣，宫廷中罗致了许多懂科学的传教士，聘请一批数学家研究天文数学，但是这些西方科学在中国未跨出宫廷一步，仅仅是供皇帝欣赏。而雍正、乾隆两位皇帝对自然科学均无爱好。如 1792 年马戛尔尼送给乾隆 80 寿辰的礼物中有天球仪、地球仪、铜炮、各种自来火炮、西洋船模型、望远镜等 29 种。乾隆只是将其作为"贡品、玩好"收藏，根本没想到这里面的科技含量及军事价值。

英国大臣马戛尔尼，曾请清军将领福康安检阅英国的"使团卫队"演习新式武器操练。福康安竟拒绝说："看亦可，不看亦可。这火器操作，谅来没有什么稀奇。"加之康熙末年，由于礼仪之争而驱逐传教士，罗马教廷与清朝关系破裂，采取封关锁国的政策，彻底阻止了西方科学技术知识的传入和交流。因此，中国国民素质发展逐渐落后，自然就是不可避免的了。

第三节　康乾盛世国民素质发展逻辑与
素质文化基本内涵的生成

崛起于东北的满洲贵族政权 1644 年挥师入关，建立了全国性政权——清。清朝全面接受明朝的政治制度，采取镇压和安抚并用的政策迅速稳定了统治秩序。同时，清朝统治者通过调整土地和赋役关系，迅速恢复了经济，从而创造了晚期封建社会的繁荣，呈现出"康乾盛世"百余年的社会安定局面，为清代国民素质的发展作出了重要贡献。

一、政治统治与国民素质发展的逻辑关系

"康乾盛世"历经康熙、雍正、乾隆三帝，持续时间为 134 年，是清朝统治的最高峰。这一时期，中国的封建政治制度达到极致，社会稳定，国力强盛，经济和人口增长较快，疆域辽阔，反映出三位统治者较高的统治手段和政治素养。

（一）文治武功："康乾盛世"的素质文化表现形态

康熙帝 8 岁登基，69 岁去世。在位 61 年间，康熙皇帝"将满洲森林文化、汉族农耕文化、蒙古草原文化、西部高原文化、沿海海洋文化等，推促交汇，加以融合"[①]，开辟了"康熙盛世"。1669 年，十五六岁冲龄之年的清康熙帝玄烨铲除权臣鳌拜并将其党羽一网打尽，将失落的皇权收归己有。从此，康熙帝被朝臣视为一代英主，皇权空前巩固。朋党是以私人关系为纽带在朝中形成的结党营私的官僚集团，它在一定程度上削弱了皇权。康熙朝主要的朋党势力有明珠、徐乾学、索额图、噶礼，康熙帝分别对之加以铲除，有力地巩固了皇权。

康熙帝一生文治武功、样样精通，是清朝历史，也是中国历史上一位杰出的君主。康熙帝崇儒重道，熟读儒家经典，如《大学》《中庸》《论语》《孟子》，皆能默诵，至老不忘。他亲自到孔庙祭拜，尊孔子为"万世师表"，并御制匾额颁行天下文庙。他熟读《资治通鉴》等史书，思索历代兴衰经验与教训。他尊重与推崇朱熹，亲自主编《朱子全书》并御制序言。康熙帝注重对外文化交流，积极吸纳西学。他是中国历史上第一位用心学习西方科技的君主。他虚

---

① 阎崇年：《森林帝国》，生活·读书·新知三联书店 2018 年版，第 177 页。

心学习数学、天文、历法、物理学、化学、生物学、医药学、音韵学、地理学、测绘学、人体解剖学等西方科学知识，有学术论著《康熙几暇格物编》传世。康熙帝力排众议，力主收复台湾，在台湾设府县进行管辖，开发台湾融合文化。继清太祖绥服漠南蒙古东部，清太宗征服漠南蒙古之后，康熙帝完全统一喀尔喀蒙古（今蒙古国），解决了自秦始皇以来难解的匈奴、蒙古这道难题。五世达赖喇嘛圆寂后，西藏发生内乱，康熙皇帝派兵入藏，平息乱象，设立驻藏大臣，西藏纳入清朝版图。康熙帝强调藏富于民，康熙朝减免天下钱粮共达545次之多，其中普免全国钱粮三次，计银 1.5 亿两①。康熙执政时期，黄河流域非旱即涝，诸河亟须治理。经过二三十年治理，显见成效。再加上当时玉米、马铃薯、白薯等高产作物的传入，对解决日益增长人口的粮食需要起到了重要作用。

康熙帝在政治统治上既保持了森林文化的传统，又融合了中华多元文化的成果，为之后雍、乾之治创造了良好的条件。

康熙帝崩逝后，其第四子胤禛继承皇位，这就是雍正帝。雍正帝 13 年的政治统治，为"康乾盛世"的辉煌起到了桥接作用。雍正帝登基之初即着手整顿吏治。雍正元年（1723 年）正月初一，他连发上谕谕示总督、巡抚、布政使、按察使、学政、知府、知县、总兵等地方文武官员，要廉政奉公、恪勤任事，一时朝野震惊，吏治大为改善。为了进一步保证吏治清明，雍正帝还采用了一种政府审计系统。他还意识到官员俸禄太低是造成明朝贪污盛行的主因，于是对官员的俸禄制度作了修订，将征收主要税粮时一般附加的"火耗"或"耗羡"合法化，从耗羡提取一小部分作为资助地方公共建筑工程和官员薪俸的补贴，希望以此来滋养官员的廉洁性。雍正帝即位后，吸取前代立储教训，创立秘密立储法，即将皇帝亲自撰写册立太子的一式两份文书封藏于匣内，分别置于乾清宫"正大光明"匾额后和内府以备核对。这样做既避免了皇子彼此争斗残杀，又使皇太子不致骄横日盛，有力地巩固了皇权。为抑制皇权的朋党势

---

① 阎崇年：《森林帝国》，生活·读书·新知三联书店 2018 年版，第 180 页。

力，雍正朝主要处理了对皇权威胁最大的宗室结党案。受宗室朋党案牵连的宗室、贵族、显官分别遭到革职或降级处理，威胁皇权的异己势力完全被清除。雍正帝谕令宋、元、明以来遗留的世袭贱民如浙江惰民、北京乐户、广东疍民以及他地丐户等开豁为民，编入正户，使千年遗风一次涤清。雍正帝继承先父未竟之业，派兵平息青海地区达赖浑台吉的分裂活动，使青海蒙古完全臣服。

雍正帝逝世后，继位的是皇四子弘历，即乾隆帝。乾隆帝25岁继位，在位60年，又做了三年多太上皇，是中国皇朝史上享年最长的皇帝。乾隆朝对抑制皇权的朋党势力继续进行严厉打击，铲除了当朝鄂尔泰、张廷玉的朋党之患，使皇权更加稳固。乾隆帝会多种语言文字，著文千余篇、作诗四万余首，主持编修《四库全书》《五体清文鉴》《八旗通志》《满洲源流考》《满文大藏经》等，将汉、满、蒙、藏、维、回等文化推进到一个新的融合时代。乾隆帝自诩"十全武功"，完全解决天山以北蒙古和天山以南维吾尔之难题，新疆归清。乾隆中期，在亚洲地域的蒙古各部，包括漠南蒙古（内蒙古）、喀尔喀蒙古（外蒙古）、厄鲁特蒙古（西蒙古）和布利亚特蒙古（北蒙古），完全归附。乾隆帝加强对西藏管辖，在西藏驻军，击败廓尔喀侵略，设金奔巴瓶，订立《西藏善后章程》等，巩固了清廷对西藏全面、有效的管辖。

（二）显性政治统治下的隐性文化统合："康乾盛世"素质文化内涵的生成特征

作为中国封建社会晚期的最后辉煌，"康乾盛世"能继续保持社会平稳而缓慢的发展，一定程度上得益于康熙、雍正、乾隆三位皇帝较高的政治素养。具体而言，统治国情复杂的帝国，康熙、雍正、乾隆三位帝王在提供庞大中央财政支持的中原地区以皇帝的身份出现，在帮助帝国维护安全秩序的满蒙地区以大可汗的身份出现，在藏地以文殊菩萨转世的身份出现。对不同的文化生态—经济区实行不同的治理方式，使"康乾盛世"帝国多元体系的整合达到了前所未有的高度。"汉满蒙回藏各得其所，各有不可替代的价值和功能：满蒙回藏人数少，但权重并不低；汉族人数多，但权重并不更高。它们通过大清皇帝的多元身份而获得统一，多元帝国实现了内在的均衡。"①大清还建立了多元互构、相互依赖的帝国治理结构，将各种中介性因素作为治理的依托。比如帝国以蒙古为中介，西南联雪域，西北治回疆，以满洲为中介，西和蒙古，南并中原，使帝国统治更加稳定。而康熙、雍正、乾隆三帝熟读儒家经典同时又不忘骑射之本，成为满汉乃至帝国的根本中介性要素。当初源于森林和草原文化的游牧渔猎者，以儒学为外化形态表现出高超的统治手段。"大清皇帝的身份在这里有了二阶属性，一阶是面对中原的身份，一阶是超越于所有各种身份之上的帝国一统性之象征。"②

清代康、雍、乾三世强化政治统治，对约一千四百万平方公里的中华版图实施长期、全面、稳定的统治，他们以满族森林文化为枢纽，统合农耕、草原、高原和海洋文化，面对中原、蒙古、藏区、新疆，采取不同的文化统合措施，实现了中华民族的文化大融合。由此，"康乾盛世"的政治统治具有重要的素质文化意义，即一方面康熙、雍正、乾隆三位帝王融合前代与帝国内部各种文化所形成的中华民族文化大融合的良好局面，成为中国传统素质文化发展的最后余唱；另一方面，一旦国事有变，进一步强化的政治统治所表现的暴力行为又撕裂了文化统合的温情面纱，从而唱响了中国传统素质文化发展的最后挽歌。

二、经济复苏与国民素质发展的逻辑关系

明清之际的战争导致生灵涂炭，对中原经济造成巨大冲击，使明朝造就的高度繁荣受到了严重破坏。但这种局面并没有持续很久，清朝统治者及时调整政策，使一度凋敝的农、工、商业逐步恢复，又开始接近明中期以后的经济发展水平。特别是长江流域一带，手工业的再度繁荣，商业的重新昌茂，城市的

① 施展：《枢纽 3000 年的中国》，广西师范大学出版社 2018 年版，第 271 页。
② 施展：《枢纽 3000 年的中国》，广西师范大学出版社 2018 年版，第 273 页。

奢华富庶，推动着清王朝走向顶峰——"康乾盛世"。

（一）经济复兴与弃儒经商之风

明清鼎革，战争连绵。战火所至，经济残破，至康熙中后期，经济重新走上恢复发展的轨道，资本主义生产关系的萌芽再度出现并缓慢增长，具有资本主义萌芽性质的作坊、手工工场比明代增多。比如，同治《黟县三志》卷13记载江宁丝织业至乾隆时期，"有开五六百张机者"，全城织机"以三万余计"。在经济总量世界排名上，康乾盛世（1661—1796年）时中国经济总量占世界第一，农业、手工业、贸易（茶、丝绸出口）等都达到世界先进水平，对外贸易长期顺差。乾隆末年，每年顺差高达85万两，超过康熙年间所定关税正额的二十多倍，以致英国为扭转对华贸易的逆差不惜发动了罪恶的鸦片战争。此时，全世界拥有50万以上居民的城市共有10个，中国就占了6个（北京、江宁、扬州、苏州、杭州、广州）。为此，法国启蒙学者伏尔泰称赞当时的中国是世界上最美、最大、人口最多、治理最好的古国。

康乾盛世商业发达，北京、佛山、苏州、汉口等商业城市汇聚天下商贾与货物。商品经济的触角不断伸入乡村，农业与手工业活动被卷入商业资本的大网。

在传统价值系统中，商业活动虽然具有"通货"的社会功能，但商人因讲"利"而受到鄙视。所以古代职业等级士农工商"四民"中，"商"被列为最低的等级。然而，随着明中期以资本主义萌芽和"康乾盛世"商品经济的日趋活跃，士人们开始改变对商人的传统观念。许多人弃儒弃农经商，商人成为一个重要的社会阶层。比如清初出身书香门第的唐甄，顺治时中举人，曾担任过山西省长子县知县，然而晚年转而经商。他说："我之以贾为生者，人以为辱其身，而不知所以不辱其身也。"唐甄认为经商是为了在独立的经济生活上维护自身人格的尊严。正如明末清初思想家陈确所言："学问之道，无他奇异，有国者守其国，有家者守其家，士守其身。如是而已。所谓身，非一身也。凡父母兄弟妻子之事，皆身以内事。仰事俯育，决不可责之他人，则勤俭治生洵是学人本事。"他还强调："确尝以读书、治生为对，谓二者真学人之本事，而治生尤切于读书……唯其志于学者，则必能读书，必能治生……岂有学为圣贤之人而父母妻子之弗能养，而待养于人者哉！"①

历史总是曲折向前发展的。清朝嘉道时期的学人沈垚在《落帆楼文集》卷24中概括清代经济生活说："天下之势偏重在商。"随着清初农业经济的逐步恢复，"康乾盛世"工商业重新趋向兴盛，清代经济再次回到明朝中后期以都市为中心的生动活泼的良好局面。

经济复苏带动了国民素质近代化的势头。由于清代商人大部分不是纯粹的商人，他们和农业的联系非常紧密，大多是商人兼农民，或农民兼商人。农商兼资表明清代商业经济是商农混合经济类型，并未完全摆脱农业经济的羁绊，有的甚至以农业经济为主。因此，清代商人的素质状况有力地代表了当时国民素质的发展态势与方向，从而成为国民素质近代化的滥觞。

（二）儒士营商与新素质文化内涵生成特征

士是中国传统社会一个重要阶层，其主要职能是通过提高内心修养来完善道德人格，然后出仕行道，治国平天下。隋朝科举制度兴起后，他们通过科举考试及第以实现自己"兼济天下"的梦想，如果不能达到这个目的，也要退而"独善其身"，皓首穷经以保持道德人格的完善。由明至清，特别是"康乾盛世"时期，由于商业繁荣，商品经济活跃，许多士子由于经济贫困、价值观念变化、科场失意等原因游离了他们传统的人生轨道，进入商人的行列。士人营商，使商人的文化素养得到了很大提升，许多商人笃好琴棋书画、雅歌投壶，精通经史、娴于子集，甚至出现了许多将儒家伦理哲学应用于商业经营活动的"儒商"。

儒士经商，士人将儒学思想带入商人经济活动之中，从而积淀为清代商人的文化心理，生成了新的素质文化内涵：第一，重利尚义。清代商人饱受儒家

① 陈确：《陈确集》上，中华书局1979年版，第158页。

文化思想熏陶，在经营过程中恪守商业道德，不以利害义。经商致富后，他们多行义举，同时又认为维护和保障自己的商业利益是正当的。他们冲破了儒家言义不言利的道德藩篱，建立起重利尚义的价值观。第二，崇人文重自然。儒家学说以"仁"为本，重人文轻自然。清代商人继承了儒家的人文传统，读史明经、赋诗作文的同时，由于商业实践的需要又涉足算学、地理学等领域，表现出崇人文又重自然的特点。第三，逾礼越制。中国封建社会等级森严、贵贱有别。为了维护封建等级制度，历代统治者都颁布许多条文限制人们随意消费，不同社会等级的人的着装、住房标准都有详细的规定。商人位居四民之末，备受歧视，对其规定的生活消费标准还不如农民。清代商人致富之后，往往僭越礼制，仿效官宦的豪侈生活，锦衣美食，高堂大厦，妻妾成群，对封建等级制度造成一定的冲击。

新的素质文化内涵生成于一定的社会环境，是对一定社会的能动反映。但它一经形成，就以自身相对的独立性表现出一个时代的素质文化特征。

第一，商人人格由自卑走向自信、自强，表明清代前期素质文化环境渐趋宽松和多元。

中国以农立国，早在春秋战国时期就形成了单一的自给自足的自然经济。为了维护小农以保证国家的赋役来源，历代王朝对商业实行打压政策，因此商人位居"士农工商"四民之末。与这种政治经济结构相适应的社会意识形态，对商人也大加挞伐。"君子喻于义，小人喻于利"，儒家把追求商业利益的商人划入道德领域的小人范围。法家的韩非把商人看作社会的蛀虫。在这种社会氛围中，商人面对政府和世人的白眼，逐渐产生了人格自卑。"康乾盛世"，商品经济的迅猛发展使商人的社会地位发生了明显改变，商人开始摆脱历史给予的沉重心理压力，逐渐建立起自尊、自信的人格。他们不仅能够坦然正视自己的职业，不再将经商看作低人一等的贱业，而且认识到"士商异术而同心"，对自己所从事职业和自身价值有了更理性的认识。正因为如此，弃儒营商开始成为士子博取社会地位，实现自我价值的一种新途径。

清代前期市场商品丰富，竞争激烈，商人为在市场争得一席之地，纷纷在产品、服务质量及价格上下功夫。因此，商人大多坚持诚信经营、薄利多销的原则，在经营方式上也由独资经营走向合资经营。同时面对新的复杂多变的市场环境和自身能力不足的困境，商人主动改变管理模式，将所有权和经营权相分离，聘请商业人才代为经营，经理制应时而生。这些敏锐的商业判断和决策，是缺乏文化素质的人难以做到的。较高的文化素质，促进了商人的发展，使他们积累了雄厚的资金，开始大胆追求生活的美满幸福，从而对封建等级制度产生了巨大的冲击。正如马克思所说："商人对于以前一切都停滞不变，可以说由于世袭而停滞不变的社会来说，是一个革命的要素。……现在商人来到了这个世界，他应当是这个世界发生变革的起点。"[1] 由此，为国民素质的近代化准备了文化前提，带来了国民素质现代化的一丝曙光。

第二，商人素质的伦理化特征表明清代素质文化环境存在阻碍其进一步向前发展的因素。

清代养成商人素质与产生儒家文化的经济基础大部分交叉、重合。这种经济情况决定了商人难以打破旧的道德价值体系。因而，在这种以伦理为本位的文化中，清代商人素质的伦理性特征非常明显。比如清代商人虽然长时间置身于商海之中，但他们不搞利益交换原则的泛化，不把商品价值交换原则带入社会伦理生活之中。他们孝亲友弟，赈贫济困，崇尚亲情；他们忠君爱国，捐资平叛，具有火热的爱国情怀。但是，大量商人之所以走上经商之道，主要是为了孝亲养家，正是这种经商动机、目的的伦理性造成了清代素质文化的伦理化特征。在此文化环境下，商人缺乏从事商业行为的持续动力，一旦经济丰裕，具备孝养的物质基础后，要么罢商而归，要么轻财好施，辛勤积攒的财富轻易挥洒，严重影响了商业资本的进一步积累与扩大。

清代商人素质的伦理化特征的另一个表现是，商人致富之后，生活方式上对官宦的效仿显现了他们自尊自信的健康人格，反映了他们想改变其受压制的社会地位。然而，经商致富后，商人或者督课子弟走科举致仕之路，或者直接

---

① 《马克思恩格斯全集》第 25 卷，人民出版社 1974 年版，第 1019 页。

用钱捐得官衔。如此，耗费掉了商业继续发展的大量资金，同时加剧了商人的封建性，使他们和封建统治者结成更加紧密的命运联合体。这种迷恋权力的官本位思想，使商人在文化观念上日趋保守，从而难以企望其继续开启素质文化发展的新篇章。

三、文化发展与国民素质发展的逻辑关系

清代康、雍、乾三朝，是中国历史上著名的盛世。国家的统一和安定，社会经济的长足进展，促进了民族文化的融合和自我批判思潮的兴起，再加上西学东渐的余风续吹，有力推动了清代素质文化内涵的不断扩充。

（一）文化整合促进了素质文化因子的混合

入关前的满洲尚处在农奴制阶段，在取代明朝建立政权之后，满族加速了宗法农业化的进程。新兴的满族军事地主阶级在"汉化"中成为地主阶级统治者的主体。借助于"首崇满洲"的原则，清朝运用政权的强大力量进行文化统合，为日趋僵化的封建文化注入新鲜活力，深刻影响清代素质文化格局，推动了清代前期素质文化一度出现繁荣局面。

具体而言，在约1亿人的中原农耕区，清初强力推行满化政策，遭到汉族的强力抗争。康熙执政时期进行政策调整，停止圈地，重农耕，兴水利，采取多种文化统合措施，实行开科取士，荐举博学鸿儒，习汉语，尊孔读经，逐步同农耕文化融合。到了康熙中后期，推行礼法，出现了约百年的社会安定，这表明森林文化同农耕文化的统合取得了成效。在关外林区，满洲入关前即设盛京、吉林、黑龙江三将军对之进行有效管辖，表明森林文化与农耕文化已经统合完成。在北方牧区，清朝执政者经过一个半世纪将蒙古全部纳入大清版图，实现了对草原文化的有机统合。在西部高原地区，清朝尊教重俗，通过册封达赖喇嘛、班禅额尔德尼、章嘉呼图克图、哲布尊丹巴呼图克图，驻军藏区，设置驻藏大臣等手段，对西藏进行管辖，高原文化统合取得了明显成效。在东部

沿海地区，康熙二十二年（1683 年）统一台湾，设府置县，科举取士，后设立台湾省。清代前期管辖的海洋区域北起黑龙江入海口南至曾母暗沙，实现了对海洋文化的统合。

由清初开始，经过"康乾盛世"的文化统合，清朝因地制宜，"以森林文化为纽带，统合农耕文化、草原文化、高原文化及海洋文化"①，实现了中华文化的多元一统，促进了华夏各民族的素质融合。在满汉人相处中，潜移默化地改变各自原有的文化习俗。在语言的改变上，到康熙末年，《康熙起居注册》记载盛京因满汉杂处已出现"满洲不能说满语"的情况。在婚姻制度上，随着汉化的深入，满族接受汉族伦理观念，废止了"族内婚"习俗。在丧葬制度上，入关前满洲贵族有"人殉"陋习。《清史稿·朱斐传》记载，康熙时汉官朱斐上疏请禁人殉："泥信幽明，未有如此之甚者。夫以主命责奴仆……不敢不从。好生恶死，人之常情，捐躯轻生，非盛世所宜有。"康熙采纳其建议，于 1673 年明令禁止人殉。在服装上，汉族文化也从满族文化中汲取营养，马褂、马甲等在民间广为流行，能充分显示女性身材的满族旗袍，被汉族妇女所喜爱以至延续至现代。总之，经过长期的文化整合，不同的文化习俗实现有机融合，最终都成为中华民族的素质文化基因的一部分。

（二）自我批判思潮与素质文化新因子的生成

康乾盛世社会经济的长足发展，使萌发于 16—17 世纪的资本主义萌芽重又恢复生机，在这样的文化土壤上，带有早期启蒙性质的自我批判思潮继明朝中期重新波澜壮阔地兴起。

清代前期的许多思想家认识到远人事尚天道、重空浮不务实的宋明理学对社会发展危害极大，试图对宋明理学进行批判性总结。他们批判的矛头一方面对准宋明理学的禁欲主义，对"存天理，灭人欲"的说教进行猛烈抨击，颂扬人的主体意识和社会价值。在清代前期思想家中，对宋明理学禁欲主义抨击极

---

① 阎崇年：《森林帝国》，生活·读书·新知三联书店 2018 年版，第 198 页。

为尖锐的是戴震。他痛斥宋明理学鼓吹的"存天理，灭人欲"之说，认为欲望是人血气之自然，明白此自然之道就是"天理"，二者有别但不可分割。在《孟子字义疏证》卷下中，他认为割裂"理""欲"二者的统一，"适成忍而残杀之具"。对宋明理学禁欲主义的批判，很好地体现在这一时期的文学著作中。吴敬梓的《儒林外史》描写了礼教对人性的戕害和人性与礼教的冲突。李汝珍的《镜花缘》为妇女命运大声疾呼，认为男女应享受平等的待遇、平等的教育、平等的选举制度。曹雪芹的《红楼梦》一方面描写少女美的灵魂；另一方面又痛斥宗法礼教对这美的毁灭。蒲松龄的《聊斋志异》从理想、浪漫的层面对爱情加以抒写，为爱情唱出热烈的颂歌。这些批判思想在一定程度上反映了市民阶层的民主要求，包含着民主个性解放的新思想，显示出不同于以往时代的思想特征。

清代官方尊崇的"圣学"是程朱理学。明代中后期因阳明心学兴盛而一度被冷落的程朱理学重新取得尊崇地位。然而，清代学者却以一种强烈的怀疑精神对其经籍及其注说加以重新审视。宋明理学家所赖以建立思想体系的重要经籍受到清代学者的怀疑与否定。清初经学家、文学家毛奇龄在《四书改错》中大胆说："四书无一不错，……然且日读四书，日读四书注，而其就注义以作八比，又无一不错，……真所谓聚九州四海之铁，铸不成此错矣。"这种怀疑性批判和否定，直接动摇了支撑清代正宗统治思想的哲学依据。正如梁启超所指出，即使是大哲人的思想学说，也只能"匡一时之弊，规当世之利，而决不足以范围千百万年以后之人"①。"圣学"权威的动摇，表现了哲学、政治领域的文化反思，反映出清代国民的观念意识在突破中世纪的束缚中向近代曲折伸展。

在对理学空谈天理心性的批判中，清代思想家提出要"崇实黜虚"，提倡"崇实"的"实学"。实学的基本特点是讲求经世致用，反对空谈心性，力倡务实之风。实学的本质是崇尚道德理性、注重人的道德修养、关注社会群体的人文精神，坚持"君子爱财，取之有道""以义取利"的人生价值观。实学发挥《尚

---

① 《梁启超全集》卷2，北京出版社1999年版，第679页。

书》中"正德、利用、厚生"的思想，清初思想家颜元在《存学篇》卷1中认为"正德者，父慈子孝，兄友弟恭，所以正民之德也；利用者，工作什器，商通货财之类，所以利民之用也；厚生者，衣帛食肉，不饥不寒之类，所以厚民之生也。""利用成则厚生行，厚生行则正德成。"这就是说，在正德价值观念的指引下，从事科学技术与生产，提高人们的物质文化水平，实现社会稳定安宁。这种把道德与经济、善良与科学、仁爱与自然完美地结合起来的思想，在某些方面已经突破了封建藩篱，成为近代素质文化的新基因。

（三）西学东渐与近代科学文化素质的萌芽

明晚期进入中国的西学，在清初呈现出活跃的势头，中西文化的交汇和冲突更为深入地向前推进。清初传教士多活动于宫廷，当时的皇帝热衷于西学，是主持中西文化交流的主角。

清入关时，明末参与修订历法留在北京的传教士汤若望被任命为钦天监监正，主编新历。顺治帝对汤若望也是优宠有加，下旨称赞汤若望修订《大清时宪历》的功劳，评价他精于象纬，闳通历法，远远超过清朝专家的水平。由此可以看出，顺治帝并不隐讳中国传统历法具有缺陷，公开承认西洋学术可以补中国之不足，这种反对封闭而主张博求外来文化的思想尽显其开放意识。

康熙帝对西方文化有更加浓烈的兴趣。他招聘西方各种专门人才来中国工作，西方传教士南怀仁、闵明我、徐日升、安多等先后到钦天监和皇宫任职并享受优厚待遇。康熙任用西方传教士，目的在于学习西学，发展中国的科技文化。例如，他令南怀仁主持天文历法工作并制造兵器；令白晋组织、训练中国测绘人员；命徐日升等参与编辑大型天文、历法、乐理丛书。康熙帝本人也向南怀仁认真学习几何学、静力学、天文学及天文仪器、数学仪器的使用方法。南怀仁死后，白晋、安多、张诚、徐日升、巴多明等传教士被召入宫中为康熙讲授几何、测量、代数、天文、物理及解剖学知识。康熙帝对西学的热情，显示他锐意进取的文化精神和开放的文化心态。

在清初皇帝的影响下，当时主持编修《四库全书》的纪昀坦承与中国传统科技相比，西洋的天文历算、水利技术、器械制造确实高明很多。基于对西方自然科学的价值认同，他在修《四库全书总目》中专门收录西洋科技图籍十一种并明确提出"节取其技能，禁传其学术"的主张。这一点表明，清代士大夫从盲目排拒西学开始转入有选择性学习，即在严峻现实面前不得不承认夷狄并非一切不如中国，在技能方面西方科技值得加以借鉴。由此，"节取其技能，禁传其学术"的主张，成了近代改良派冯桂芬、郑观应及洋务派张之洞、李鸿章等人"中体西用"论的思想源头，使西学与中国传统文化由冲突走向融合，为近代国民科学文化素质发展提供了出发点。

总之，清代素质文化处在封建社会发展末期，随着社会本身走向衰老、僵化，其内在的弊病开始突显。所以，在清代早期素质文化复兴、繁荣的背后，危机也在蔓延、生长。于是，清代的素质文化的发展就具有两大特质：一是集前代之大成，走向全面综合；二是深刻的自我批判和否定导致的文化裂变，从而造成了清代素质文化发展的二重性。

第五章 近代国民素质发展及素质文化特征

17世纪以后，西方列强的势力逐渐侵入中国，中国成为西方列强在亚洲地区竞逐的重要场所。经历了鸦片战争、不平等条约的签订等一系列挫败，外来侵略危机越来越深，清朝正从这个时期开始走向没落，无论是政治、经济还是文化都逐渐走向低谷，少许有识之士开始认识到改革的重要性，改革的呼声也越来越高，中国近代史的发展在这种危机与改革不断深化的情形下开端了。

中国近代历史是自 1840 年起逐渐走向半殖民地半封建社会的历史，也是中国人民从旧民主主义革命走向新民主主义革命并最终赢得民族解放的历史；同时又是世界主动走向中国、中国被迫走向世界的历史。从鸦片战争到自强运动；从百日维新、民国成立到五四运动；从国民大革命到土地革命战争；从中华民族的全面抗战到解放战争，就其主流和本质来说，是中国一代又一代仁人志士和人民群众为救亡图存和实现中华民族的伟大复兴而英勇奋斗、艰苦探索的历史；尤其是全国各族人民在中国共产党的领导下，进行伟大艰苦的斗争，经过新民主主义革命，赢得民族独立和人民解放的历史。

在一定历史时期内，近代国民素质是不断下降的，总体呈现出"U"型发展形态，形成破而后立的鲜明特征。晚清至民国时期，由于战争动乱、自然经济解体、传统文化式微及西方文化的冲击等原因，国民不论是在身体上、心理上还是社会文化方面都逐渐在下降，并降落到近代国民素质的最低点。与此同时，随着中国被迫走向世界，经历了太平天国运动、洋务运动、戊戌变法、清末新政、新文化运动、五四运动，抑或是抗日战争和解放战争，国人在新思潮的影响下，不断努力寻求新的发展道路的愿景，也正是通过这些伟大的尝试与努力，在失败与成功中探索出了一条伟大的道路，也正是这些革命文化，在国民素质整体下降的形势下，使中国精神得到了回升。

第一节　近代国民素质发展形态及特征

一、国民身体素质发展形态及特征

清朝晚期，清政府实行闭关锁国政策，随着封建统治阶级的奢侈腐化，依恃着强大的国家机器对人民高压统治，不断加强对百姓的剥削，致使百姓生活愈发贫困。反观西方国家逐渐向资本主义发展，经过新航路开辟、殖民扩张和工业革命以后，经济迅速崛起，开始对外抢占商品市场和原料产地，获取更多原始资本和殖民地。西方列强不断向海外侵略，输出鸦片，最终导致道光二十年（1840 年）鸦片战争的爆发。与此同时，不平等条约的签订，促使清政府加强对百姓的搜刮和剥削，百姓生活更加穷困。多次帝国主义侵略战争和国内的农民运动战争，导致社会动荡，经济落后，生活贫困，使国民身体素质在历史上降到最低点，与世界其他国家相比，同期人的死亡率最高。

（一）鸦片的输入、吸食及种植的本土化严重影响并降低国民的身体素质

1840 年爆发的鸦片战争是近代中国历史的开端。为了打开中国的大门，把中国变成自己的商品市场和原料产地，英国殖民主义者先向中国走私鸦片，继而发动了鸦片战争。鸦片战争前后，大量鸦片倾销中国，烟民剧增，最终导

致部分百姓身体羸弱，身体素质明显下降。第一次鸦片战争前，由表 15 可以看出从 1821 年至 1836 年鸦片的销售情况，呈每年迅速上升趋势。鸦片输入严重败坏了社会风尚，摧残了人民的身心健康，也波及国民的道德素质和心理素质。烟毒泛滥不仅给中国人在精神上、肉体上带来损害，同时也破坏了社会生产力，造成东南沿海地区的工商业萧条和衰落。

表 15　1821—1836 年度印度鸦片在华销售情况表

单位：箱

贸易年度	孟加拉国鸦片	麻洼鸦片	合计
1821—1822 年	2910	1718	4628
1822—1823 年	822	4000	5822
1823—1824 年	2910	4172	7082
1824—1825 年	2655	6000	8655
1825—1826 年	3442	6179	9621
1826—1827 年	3661	6308	9969
1827—1828 年	5114	4361	9475
1828—1829 年	5961	7171	13132
1829—1830 年	7143	6857	14000
1830—1831 年	6660	12100	18760
1831—1832 年	5960	8265	14225
1832—1833 年	8290	15403.5	23693.5
1833—1834 年	9535	11715	21250
1834—1835 年	7767	8749	16516
1835—1836 年	11992	14208	26200
1836—1837 年	8075.5	13430.5	21506
1837—1838 年	7203.5	14508.5	21712
1838—1839 年	7637.75	7611.5	15249.25

资料来源：Canton Register 1827—1836 年各年度鸦片贸易及进出口报告、Canton Press 1836—1839 年各期鸦片贸易统计表。

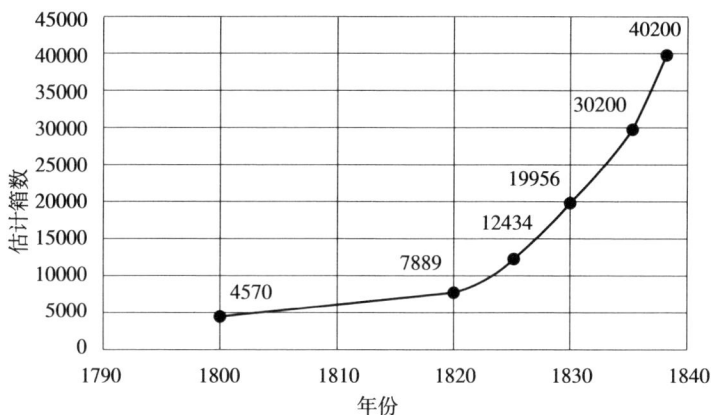

图 2　鸦片输入中国数量（1800—1838 年）

1871 年，韦德在《英国政府蓝皮书》中写道："在我看来，中国人吸食鸦片，无异于英国人酗酒，都极具危害性。鸦片不仅使人散尽家财，还没有根治的法子。每个鸦片吸食者的道德品行和身体素质，都在持续性下降。不过，鸦片的危害甚于酒精，因为没有证据表明，酗酒会令人臭名昭著。"可见，吸食鸦片的真正危害在于败坏身体，毁灭道德和名声。光绪初，中国社会人口结构大体上是"妇女居其半，其余老弱居三分之一，吸鸦片者亦三分之一"①，吸食鸦片对国民的身体伤害和影响的人口之多（见表 16）可见一斑！

表 16　晚清时期中国鸦片消费量及吸食鸦片成瘾人口统计表

年份	进口鸦片（箱）	走私鸦片（箱）	国产鸦片（担）	估计吸毒成瘾人口（万）
1800 年	4500	—	—	—
1810 年	4968	—	—	—
1820 年	12050	—	—	—
1830 年	33906	—	—	—
1839 年	50350	20000	11000	107—178

———————

① 《皇朝新政文编》（一），见沈云龙主编：《近代中国史料丛刊三编第三十辑》，文海出版社 1966 年版，第 131 页。

续表

年份	进口鸦片（箱）	走私鸦片（箱）	国产鸦片（担）	估计吸毒成瘾人口（万）
1850 年	55000	—	—	
1860 年	63000	—	—	
1870 年	70000	20000	77000	220—366
1880 年	100000	20000	400000	684—1140
1895 年	56000	5000	400000	606—1010
1899 年	64000	—	—	
1900 年	55000	5000	376000	573—956
1905 年	56000	5000	376000	
1906 年	60000	5000	580000	848—1414
1910 年	20000	5000	158000	

注：表中数据参考：1. 马士：《中华帝国对外关系史》《海关报告书》《拒毒月刊》；2.《益闻录》，第 145 号，光绪八年二月二十四日；3. 光绪《东华续录》，卷 185，第 5—6 页；4.《国际鸦片委员会报告书》卷 2，第 57 页；5.《中华年鉴》，1928 年，第 526 页；6.《中国烟祸年鉴》，第 3、4 期；7.《拒毒月刊》，第 1—110 期。转引自苏智良：《中国毒品史》第 547、548 页，附录二。

　　由于种植罂粟、生产鸦片的比种植粮食等农作物的效益高得多，贫穷无靠的农民纷纷改种大烟。同时，腐朽的清政府为缓解财政危机，对鸦片采取"寓禁于种，寓禁于征"的办法，鼓励种植鸦片，甚至明令农民种植鸦片以获取巨大税收。这种放任和不加管束的政策，加剧了百姓吸食鸦片的事态，吸食鸦片的人数不断上升，种植鸦片的土地面积也不断扩大（见表 17），最终都造成了吸食鸦片的人数不断增加，严重影响并降低了国民的身体素质。据《东华续录卷九十八》记载："自咸、同以后，烟禁已宽，各省种植罂粟者，连纤接畛，农家习以为故常，官吏亦以倍利也，而听之。"蒋狄明在《中国禁毒历程》一书中估算，1906 年全国种植罂粟用地约为一千八百七十一万亩，全国总耕地为 125 亿亩，罂粟种植面积占了 1.5%。其中西南的云贵川罂粟种植面积较多，占了全部耕地面积的 8.69%。由于罂粟的种植，粮食作物的种植面积开始减少，有些地区甚至为此引发了粮荒，"谷米日贵，粮食日艰，无论凶荒之岁也，即年岁顺成，米价曾不少落，几乎农田所出有不敷海内民食之患"。① 这就使

① 苏智良：《中国毒品史》，上海人民出版社 1997 年版，第 184 页。

本来就十分尖锐的人口与土地的矛盾更趋严重，极大地限制了人口的增长。"晋民好种罂粟，……几于无县无之，旷土伤农，以致亩无栖粮，家无储粟……。垣曲产烟最多，饿死者亦最众。近日种烟之利，以交城为最励，而粮价亦以交城为最。"①"……罂粟收浆之际，正农功吃紧之时，人力尽驱于罂粟，良苗反荒芜而不治，此人力之所以日弛也。地利既差，人力又减，因而时之在天者，上熟仅得中捻，中捻便若无麦无禾，一遇天灾流行，遂至疲荼而不可救药。"②

　　上至贵族达官，下至绅商百姓，八旗绿营兵丁以及妇女僧尼道士，吸食鸦片的人越来越多，"随在吸食，痼癖不除，足以弱种"③。据1835年统计，全国吸食鸦片者约在二百万人以上，而"现任督抚嗜烟者约占半数"④，这就加速了清朝统治机器的腐化，鸦片输入激增，使中国在中英贸易中迅速由年出超白银七百余万两转为入超数千万两，造成白银外流、银贵钱贱、国库空虚等严重的经济后果。而这些后果最终转嫁到广大劳动人民身上，引起人民的更大不满与反抗。

表17　1872—1906年各省国产鸦片年产量

单位：万担

省份	1872 年	1879 年	1887 年	1896 年	1901 年	1906 年
云南省	—	3.50	—	8.00	—	7.80
贵州省	—	1.50	—	4.00	—	4.80
四川省	—	17.70	15.00	12.00	15.00	23.80
甘肃省	0.50	—	—	1.00	—	3.40
陕西省	—	—	—	—	—	5.00
山西省	—	—	—	—	—	3.00
直隶	—	—	—	—	—	1.20
河南省	—	—	—	—	—	1.50
山东省	—	—	—	—	—	1.80

① 李文治：《中国近代农业史资料》（第1辑），生活·读书·新知三联书店1957年版，第462页。
② 李文治：《中国近代农业史资料》（第1辑），生活·读书·新知三联书店1957年版，第462页。
③ 林则徐：《林则徐家书》，中国长安出版社2015年版，第51页。
④ 林则徐：《林则徐家书》，中国长安出版社2015年版，第51页。

总之，鸦片严重损害了中国人民的身心健康和经济生活，给中国社会带来了严重的危机。鸦片的生产、吸食，一方面阻滞了近代中国人口数量的增长，另一方面大大降低了近代中国人口的身体素质。鸦片和战争对近代中国人口产生的双重影响，从一个侧面说明了清朝的封建统治已经腐朽不堪，行将走到的尽头。"这场战争，自西方人 1514 年到中国起，是他们积 325 年窥探之后的一逞。对于中国人来说，这场战争是一块界碑。它铭刻着中世纪古老的社会在炮口逼迫下赶往近代的最初的一步。"①

（二）近代中国长期处在反侵略和民主独立的斗争中，生存环境恶劣，限制了人口的增长，不利于人口素质的提高

在清朝的封建统治和帝国主义侵略的双重影响下，广大劳动人民的生活更加贫困，很多人连基本的生活都无法维持。从全国总的情况来看，人口的增长基本处于停滞状态，死亡率不断增高。1860 年至 1864 年，清军及外国侵略者在江浙战场上所屠杀的太平军民，因饥荒战乱导致的死亡的军民就达三百万人左右。② 经过对太平天国革命的残酷镇压，使中国的人口受到了重大消耗，人口死散，土地荒芜，人口形势不断恶化。由此可见，战争对人口的影响是巨大的，而战争所带来的国民流离失所，土地荒芜，基本生活条件无法保证，直接影响了国民的身体素质。

1912—1949 年，以蒋介石为代表的大地主大资产阶级的新军阀政权，采取对内军阀混战、残酷压迫人民、镇压人民革命斗争，对外投靠帝国主义的政策，把中国推向了更黑暗时期，使国家一直处于分裂状态。经济滞后、政治不良、社会腐败、战争频仍、盗匪、瘟疫、水灾、饥荒、失业及吸食鸦片等，严重摧残着国民的身体健康，国民身体素质在严重下降后处于持续徘徊期。

---

① 陈旭麓：《近代中国社会的新陈代谢》，上海人民出版社 1992 年版，第 53 页。
② 路遇、滕泽之：《中国人口通史》，山东人民出版社 2000 年版，第 791 页。

残酷地镇压人民的革命活动及军阀混战，造成大量人口死亡。蒋介石政权对中国共产党的革命根据地发动了五次"围剿"战争，纵兵破坏、烧杀抢掠，对共产党人和革命人士斩尽杀绝。江西、福建、浙江、湖南、湖北等省都受到严重破坏，以江西省为最。"在革命高潮时，根据地和游击区的面积占全省的三分之二，人口约居二分之一，一千万左右。当红军主力撤出后，国民党反动派怀恨人民支持革命，对根据地人民进行疯狂报复，杀人无以计数。除青壮年随红军长征外，多被杀害。大批人逃难异乡，全省大部分地区受到无情的蹂躏，人口骤减"。"经考查，民国十七年江西省约有人口两千四百万，至民国二十五年只有不足一千六百万，8 年里减损人口八百万。"① 各种生活设施被严重毁坏，耕畜被洗劫，给人民恢复生产和生活造成了长期的不利影响，严重损害了人民的身体健康。

自 1927 年至 1930 年间，大小军阀之间的战争到处发生，其中大规模战争就有 7 次。战祸遍及大半个中国，很多民户四处逃亡，有些死于战乱之中。1930 年，以蒋介石为一方，以冯玉祥、阎锡山为另一方的蒋冯阎大战，亦称中原大战，动用兵力一百多万。一方面双方战斗死伤三十余万；另一方面，双方军队到处杀人放火，无所不为，人民的生命财产遭到严重损失。河南省"因战争死亡人口达十二万余口，受伤人口一万九千五百余口，逃亡在外有达一百一十八万五千余口"②。战争使大批农民无法安身、从事生产，人民生活恶化，到处发生饥荒，民不聊生。

日本帝国主义侵略中国（1937—1945）的八年间，给中华民族造成了不可估量的损失。在日军侵华期间，1937 年 12 月 12 日开始的、最残忍的南京大屠杀，被杀者达三十多万人，众多妇女被奸污后又被杀害。据 1946 年年初延安《解放日报》调查统计，在日寇八年的侵华战争期间，仅晋察冀、冀鲁豫、冀热辽、太行、晋绥、山东、淮海、苏皖八个解放区，被日寇杀害的平民就有

---

① 路遇、滕泽之：《中国人口通史》，山东人民出版社 2000 年版，第 941 页。
② 路遇、滕泽之：《中国人口通史》，山东人民出版社 2000 年版，第 939 页。

304 万，晋冀鲁豫边区因日寇施放毒气、病菌而中毒的就有 1200 万人。据粗略统计，在日本帝国主义八年的大规模侵华战争中，除军队死亡人数外，直接造成中国人口死亡 1800 万。

此间，日本侵略者不仅直接杀害我同胞，而且到处狂轰滥炸、扫荡、抢掠，使人民不能安业，耕地荒芜，生活之困史无前例。表 18 数据足以说明日本侵华对人民的生命财产的破坏是极其残酷的，所造成的困难和饥荒是极为严重的，对人民身体的摧残的程度也是显而易见的。

表 18　日本侵华战争对我国农业造成的直接损失

省份	耕地荒芜	农具损失	畜牧损失
江苏省	28%	42%	70%
山东省	160 万亩	550 万件	368 万头
浙江省	280 万亩	/	10 万头
江西省	150 万亩	/	27 万头
湖北省	1325 万亩	658 万件	40 万头

参考路遇、滕泽之：《中国人口通史》，山东人民出版社 2000 年版，第 945、946 页。

自然灾害频繁发生，使受战争灾难的人民雪上加霜。"1929 年（民国十八年），全国 841 个县发生旱涝灾害，灾民达 3870 万"[1]。1931 年（民国二十年），各地阴雨成灾，长江、黄河、淮河、汉水暴涨，堤防失修，洪水泛滥成灾达十六七省。据国民党政府统计，仅苏、皖、鄂、湘、豫、鲁、赣、浙八省，受灾农田 1.5785 亿亩，灾民 5271 万，死于灾荒者 370 万。[2]1936 年（民国二十四年），黄河、长江中下游地区又一次发生大水灾，灾民 2000 多万，死人 300 万。广大农民生活在水深火热之中，在死亡线上挣扎，其身体素质的提高更是无从谈起。

烟毒泛滥，对人的身心素质破坏极大。在 20 世纪 20 年代末，中国的烟土生产量已达 15000 吨 / 年[3]，这就充分说明，当时吸食鸦片人数众多。"从一些

---

① 民国二十二年《申报年鉴》。

② 张留学、王淑玲主编：《中国革命史》，河南大学出版社 1993 年版，第 236—237 页。

③ 周宪文：《中国烟祸及其救济策》，《东方杂志》第 23 卷 20 号。

资料中可以看出烟毒泛滥的程度在民国时期已到了十分严重的地步。1930年至1931年，南京市查获的烟犯达4080人，青岛市为894人，北平市为1510人。而其中半数以上均为青壮年，这与清代缙绅富商及下层吏役吸食者相比，对社会造成的危害更大。因吸毒而引发的刑事案件也屡见不鲜，据1938年15省98法院报告刑事犯的状况，其所犯罪名，以吸食鸦片为最，其中男犯为25055人，女犯为2380人，高居刑事犯罪率之首"①。这种状况严重影响了社会风气和社会治安，同时，对国民的思想道德素质影响极坏。

贫困的生活条件严重影响了国民体质。据民国教育部编：1932年度全国专科以上学校学生体格检查结果，发现学生28369人中，发育完全者为11943人，占总数的47.2%；而发育不完全者计13361人，占52.8%；营养完善者计11069人，占47.7%；而营养不良者计12288人，占52.6%②。生活贫困使人们营养不良，直接影响了国民素质。人口学者许仕廉对东西民族人口体质作过比较调查，"论重量，西人二十至四十岁，每人平均身重百四十磅，而华人同年龄每人平均重量百十五磅而弱。论高度，美人平均英尺五·八，五·三。论血肉之成分和血色之浓淡，白人每百人中六十人以上，其血色浓旺超过九十以上；而华人则百人中不及一半"③。

概而言之，鸦片战争至新中国成立，盲目的闭关锁国、列强的入侵、封建统治阶级的无能高压统治及蒋介石统治集团腐败、经济落后、战争、灾害、贫困、饥荒及吸食鸦片等，是导致国民身体素质急遽下降和死亡率高的主要因素。据金陵大学1936年对17个省的5499名已逝男女调查材料计算，当时男女的平均寿命均为34岁。"故有人评论世界大民族中人寿之短，以中国为最。而人民死亡率，亦以中国为最高"。④

---

①　张庆军、刘冰：《略论民国时期的人口素质》，《学海》1996年第2期。

②　孙本文：《现代中国社会问题》第2册，商务印书馆1947年版，第213页。

③　许仕廉：《民族主义下的人口问题》，《东方杂志》第23卷16号。

④　许仕廉：《民族主义下的人口问题》，《东方杂志》第23卷16号。

二、国民心理素质发展形态及特征

在中国长达两千多年的封建社会中，农耕经济或自给自足的小农经济占统治地位，一方面为中国文化的长期延续和增进向心力起到积极作用；另一方面积累了文化的保守性，反映到国民的心理上，表现在保守、散漫、不思进取等，以致消极影响到大多数国民没有争做主人的意识，处在依附地位，丧失了独立人格和自由个性。近代中国国民由于饱受鸦片、闭关锁国政策、新文化运动及抗日战争等的影响，心理素质逐渐由低落走向了高潮，并在新中国成立时达到了高潮。

（一）吸食鸦片严重影响国民的心理素质

受到鸦片战争的严重影响，鸦片不断输入到国内，吸食鸦片成为普遍现象。吸食鸦片不仅仅使百姓倾家荡产、社会风气败坏，民风日下，更毒害了中国人民的身心健康，造成了严重的社会危机，给社会带来的不安定因素与日俱增。鸦片输入中国后，全国各地烟馆林立，吸食人数达 200 万。民众吸食，造成体质下降，军人吸食，严重地削弱了军队的战斗力。各色人等如王公大臣、军官将领、庶民百姓，甚至连妇女、僧尼也沾染吸食鸦片的恶习，整个社会一片委顿萧条，种种罪恶因此而生。

《炮子谣》（节选）

清·陈澧

请君莫畏大炮子，百炮才闻几个死？

请君莫畏火箭烧，彻夜才烧二三里。

我所畏者鸦片烟，杀人不计亿万千。

君知炮打肢体裂，不知吃烟肠胃皆熬煎。

君知火箭破产业，不知买烟费尽囊中钱。

呜呼！太平无事吃鸦片，有事何必怕炮怕火箭？

吸食鸦片不仅严重影响了人民的身体素质，还降低了人民的道德文化素质，对吸食者的身心造成严重摧残。"凡吸烟之人，不耐劳苦，筋力减也；不能振作，精神颓也；不思久远，心术坏也。图片刻之安，不问来日；贪一身之适，不顾全家。"① 由于吸食鸦片，"昔之上农夫，浸假变而为惰农矣；又浸假变而伪乞丐，为盗贼矣"。嘉道之际，会稽人王衍梅记述说："张四，吾乡人，游岭南，嗜鸦片烟。衣食尽耗，瘾至，窘不自支，纸他人煤灰以稍存活。"② 寥寥数语，画出了吸食烟片者的惨象。鸦片不仅损害了吸食者的身体，而且泯灭了他们的人性，败坏了他们的品格，种种罪恶因此而生。民间歌谣"大烟是杆枪，不打自受伤。几多英雄汉，困死在烟床"，很好地形容了大烟的危害。其实，鸦片烟还对吸食者的家庭、社会造成严重危害，给中国人民带来巨大灾难。在云南德宏有这样的说法，充分显示大烟对家庭、社会的危害："竹枪一支，打得妻离子散，未闻枪声震地；铜灯半盏，烧尽田地房廊，不见烟火冲天"。正如马克思曾经指出："非法的鸦片贸易年年靠摧残人命和败坏道德来填满英国国库。"③

（二）国民由自是心理逐渐开始向崇洋转变

纵观中国近代史的发展，国人对待西洋文明逐渐经历了"自是——喜洋——用洋——惧洋"的不同发展阶段，也充分体现了国民心理素质的发展轨迹和形态。

封建统治阶级故步自封，施行闭关锁国政策，唯我独尊。国人在心理上存在盲目的自我优越感。在自身封闭性因素的影响下，社会的发展越发缺乏活力，越发趋于保守僵化，国人始终以天朝大国自居，其他皆蛮夷之地，应向我天朝朝贡称臣，宣扬"中不如西"的观念，国民从心理上来说具有相当的自豪感，不接受外来文化。这正是一种自是的、自我膨胀的，抑或坐井观天式的心理表现。

---

① 《皇朝经世文编》卷24，台北文海出版社1987年版，第451页。
② 李文治：《中国近代农业史资料》（第1辑），生活·读书·新知三联书店1957年版，第462页。
③ 《马克思恩格斯选集》第2卷，人民出版社2012年版，第793页。

而当列强用侵略战争打开中国大门之后，国民的心理逐渐由自大开始向崇洋转变。1843年澳海关告示指出：广州"近岁以来，开设洋货店户者，纷纷不绝"①。国外资本主义不断侵占着中国市场，外国商品（洋货）开始源源不断地输入国内，优越的质量和新颖的款式等受到了国人的欢迎。同时，鸦片战争开始以后，面对外敌入侵，朝廷官员魏源提出"师夷长技以制夷"的军事思想，学习西方资本主义各国在军事技术上的一套长处，学习战舰、火器及养兵练兵之法，抵抗侵略、克敌制胜。"师夷长技以制夷"思想呈现了一种爱国主义思想，向处于巨大变故中的中国人提出了"向西方学习"的新理念。这一思想后来成为向西方学习的思想源头，在中国近代思想史上占非常重要的地位，在实践意义上，它是后来洋务运动甚至维新变法、辛亥革命等一切革新运动的先声。

由于受到鸦片战争的影响，国人逐渐开始惧洋，一方面是受鸦片战争的影响，鸦片大量输入中国，烟毒之害日甚。林则徐认为，如果鸦片不从严治理，"是使数十年后，中原几无可以御敌之兵，无可以充饷之银"②。除鸦片外，洋货的运入使国内工商业者失业破产，郑观应谈及这一情况时说："洋布、洋纱、洋花边、洋袜、洋巾入中国，而女红失业。煤油、洋烛、洋电灯入中国，而东南数省之柏树皆弃为不材。洋铁、洋针、洋钉入中国，而业冶者多无事投闲。此其大者，尚有小者，不胜枚举。所以然者，外国用机制，故工致而价廉，且成功亦易。中国用人工，故工笨而价费，且成功亦难，华人生计皆为所夺矣。"③从此而言，国人的心理素质发生了巨大变化。

（三）近代中国国民心理素质发展提到新高度

"五四新文化运动"体现了有志之士坚持确立与尊重个人价值的主体地位。梁启超等人开始改变由原先对西方器物和制度的层面楔入，进而深入文化心理

① 黄逸：《近代中国民族资本商业的产生》，《近代史研究》1986年第4期。
② 林则徐：《林文忠公政书》，中国书店1991年版，第104页。
③ 夏东元：《郑观应集》上册，上海人民出版社1982年版，第715页。

层面的认识，从中西间的形而下的比较，进而采取形而上的比较，从而看到了西方的近代文化同中国的传统文化的整体对立，发表了《新民说》，提出了国民性改造，提出要把培养"新民"作为"今日中国第一要务"，对以纲常名教为主干的传统价值体系发起冲击，以唤醒国人挣脱禁锢心灵的精神牢笼，塑造积极适应社会变革的新的精神生命，从而改变社会面貌。"《新青年》的作者们说——从个人有独立自主权利的观点出发，他们提倡独立思考，反对依附古人，反对盲从封建权威，反对做习惯势力的奴隶，要求从封建传统束缚下解放人的个性与才能，使其能够得到自由的发展"①。为此，坚持"科学"与"民主"是实现人的现代化、提高国民素质的客观要求，是"救亡图存"的有力武器，是中国迈向现代化的精神基石。五四新文化运动的思想，对于促进近现代国民主体意识的提高，争取民族独立，促进社会变革，不仅具有重要的理论意义，而且富有强大的指导意义。

正如严复所认为的，中国人"贵述古而薄谋新""戒进取，教止足"②。梁启超把人的"奴隶性"分为"身奴"和"心奴"两种，并认为"身奴"和"心奴"是人获得自由的大敌，号召国民"自除心中之奴隶始"③。鲁迅则认为："实际上，中国人向来就没有争做过'人'的价格，至多不过是奴隶。"④他提出："凡是愚弱的国民，即使体格如何健全，如何茁壮，也只能做毫无意义的示众的材料和看客。"⑤陈独秀也同样重视国民独立之自由人格的解放，认为，人人有心思，应自察所信，无盲从他人之理，"集人成国，个人之人格高，斯国家之人格亦高；个人之权巩固，斯国家之权亦巩固"⑥。可见，陈独秀把国民的个人独立自由之人格的树立作为首要解决的问题，提高国民的心理素质是至关重要的。

---

① 胡绳：《从鸦片战争到五四运动》下册，上海人民出版社 1982 年版，第 1191 页。
② 王栻主编：《严复集》第 1 册，中华书局 1986 年版，第 66 页。
③ 吴嘉勋、李兴华：《梁启超选集》，上海人民出版社 1984 年版，第 230 页。
④ 《鲁迅全集》第 1 卷，人民文学出版社 1981 年版，第 213 页。
⑤ 《鲁迅全集》第 1 卷，人民文学出版社 1981 年版，第 417 页。
⑥ 陈独秀：《陈独秀文章选编》（上），生活·读书·新知三联书店 1984 年版，第 103 页。

九一八事变充分反映了国民的独立意识的觉醒。九一八事变是日本在中国东北蓄意制造并发动的一场侵华战争，是日本帝国主义全面侵华的开端。1931年9月18日，日本关东军自毁南满铁路柳条湖路轨，却反诬中国军队破坏，并以此为借口，公然挑起战火，向东北军驻地北大营攻击，炮轰沈阳城，在19日晨，日军侵占沈阳。由于蒋介石反动政权对日寇的侵略采取不抵抗政策，激起了中国人民的无比愤慨，抗日救亡运动逐渐走向高潮。北平学生抗日救国联合会发表"告全国民众书"，组织对日宣战请愿团，强烈要求抗日，并召开了抗日救国大会，通电全国，要求南京政府"改订外方针，认定日本为目前中国最大敌人"，实行"对日宣战"，对日经济绝交。之后，天津、青岛、太原、芜湖、武汉、长沙、重庆、桂林等城市的工人、学生及其他群众都进行了各种形式的抗日爱国活动。

毛泽东曾明确指出："自从一九三一年九一八事变日本帝国主义武装侵略中国以后，中国又变成了一个殖民地、半殖民地和半封建的社会。"[1] 中国社会性质虽然发生了变化，但是中华民族得到了空前的觉醒和团结，中国国民的心理素质也提高到了新的高度；在民族危机感逐步加深的过程中，民族责任感也迅速提高，并付诸实践。许多爱国知识分子积极发表政见和主张，呼吁全国人民，"彻底明了国难的真相！""人人应视为与己有切肤之痛，以决死的精神，团结起来作积极的挣扎与苦斗"，广大民众和各界人士以各种形式积极投身抗日救亡运动。国共两党是当时中国的两大政党，九一八事变后，随着中华民族的空前觉醒，民族团结也日益增强，两党的民族使命感迅速增强，有力地促进了两党的再次合作，从东北地区到西北地区，最后发展到全中国，终于开创了团结御侮、共同抵抗日本帝国主义侵略的新局面，实现了民族大团结[2]。

"一二·九"爱国运动促进了抗日民主运动的新高潮。1935年，日本帝国

---

① 《毛泽东选集》第二卷，人民出版社1991年版，第626页。

② 马尚斌：《九一八事变与二十世纪中国》，《辽宁大学学报》2001年第5期。

主义为将中国变成其殖民地，进一步扩张它的侵略势力，企图成立"华北国"。面对日本帝国主义的侵略扩张，国民党政府继续采取妥协政策。华北的政治、经济实权都掌握在日本侵略者手中。面对祖国尊严受到伤害，面对民族受到凌辱，1935 年 12 月 9 日黎明，北平大中学校学生怀着以我们的热血献给危急的祖国的决心，有七千多人奋起举行大规模的抗日救亡示威游行，发出团结救亡的怒吼，高呼"停止内战，一致抗日""打倒日本帝国主义""反对华北自治""武装保卫华北""争取爱国自由"等口号，并向国民党政府提出了六项抗日主张。"一二·九"极大地鼓舞了全国人民抗日的决心，上海、杭州、广州、天津、武汉、南京、长沙、徐州、西安、重庆、开封、太原等地的学生相继举行声势浩大的示威游行，一致响应北平学生的抗日爱国行动，上海、广州、济南等地的学生先后有组织地到乡村开展抗日救亡宣传活动，工人、妇女界、文化界都先后发表宣言，向国民党政府请愿，要求国民党政府停止内战，出兵抗日。

"一二·九"运动促进了中华民族的觉醒，也体现了国民心理素质的提高，进一步推动了全国各阶层人民的抗日救亡运动。同时，掀起民族自救的巨浪，并迅速波及全国。农民放下锄头，工人放下铁锤，学生投笔从戎，奔赴抗日战场，共御外侮，百折不挠，用自己的行动乃至最宝贵的生命，践行着"天下兴亡，匹夫有责"的铮铮誓言，直至取得抗日战争的最后胜利。

抗日战争的胜利，是中华民族不畏强暴、坚韧不拔、不怕牺牲、敢于斗争、敢于胜利的伟大精神的象征，是中华民族的光荣，展示了中华民族的坚强品性。抗战精神是以爱国主义为核心的民族精神的时代体现，成为中华民族宝贵的精神财富和取之不尽、用之不竭的力量源泉，"可概括为：天下兴亡、匹夫有责的爱国精神；万众一心、共御外侮的大局意识；百折不挠、愈挫愈奋的必胜信念；不畏强暴、血战到底的英雄气概"[1]，也是中国近现代国民心理素质水平的标志。

---

① 李向军、危兆盖：《论抗战精神》，《光明日报》2005 年 8 月 30 日。

三、国民社会文化素质发展形态及其特征

（一）"鸦片战争"开启了国民社会文化素质转型之门

鸦片战争前，清朝政府自诩为"天之中心"，故步自封，妄自尊大，导致"中国人世界观中的所有这些因素，诸如对落后邻国在文化和规范方面所具有的优越感，对外界观念和货物的自觉排斥和蔑视，面向其内陆腹地而非其沿海视野的农业官僚政体，等等，使中国不太可能像日本政府在1868年所宣称的那样，将'拓新知于海外'"①。鸦片战争后，英国的炮舰轰开了中国紧闭的门户，中国自给自足的发展体系终于被打破，清朝统治者"天朝上国"的愚昧思想受到西方世界的冲击，尤其是"西学东渐"，学习西方、救亡图存成为近代中国思想的主流，经历了从地主阶级学器物到早期资产阶级学制度的发展。帝国主义的入侵与战争，激发了国内革命者和有志之士的觉醒，促使中国出现数千年来从未有过的大革命局面，并对传统国民社会文化素质向现代化转型起到了引导性作用，开启了近代国民社会文化素质转型之门，进而启发了国民民族自我意识的觉醒，理性地认识到"闭关锁国"之弊端，开放意识的萌芽开始生长。

（二）"新知识分子"提升了国民的社会文化素质和水平

随着社会变革的加剧，内忧外患的社会环境，清政府为了维护自己的统治地位，提倡尊孔读经、科举取士、增扩"正途"学额、推行"捐纳"等。与此同时，随着近代资本主义和近代文化事业的发展，新型知识分子群体也逐步形成，如王韬、郑观应、马建忠、严复、康有为等人，受西学东渐的影响，不断向西方寻求真理，他们的思想达到了时代的新高度。他们对于晚清时期中国近代文化的形成和发展有着重大影响，并在内忧外患的社会环境下，无形中推动了国民社会文化素质的发展。以教育为例（见表19），1907年到1909年全国

---

① ［美］吉尔伯特·罗兹曼主编：《中国的现代化》，国家社会科学基金"比较现代化"课题组译，江苏人民出版社2003年版，第23页。

学堂教职员人数和学生人数得到了大幅度的增加，增幅近50%和60%，由此可见，该时期内知识分子队伍发展之迅速，也内在地提升了国民的社会文化素质和水平。

表19 1907年和1909年全国学堂教职员人数及学生人数统计表

单位：人

年份	1907年	1909年	增幅
教职员人数	124388	186501	49.99%
学生人数	1024488	1639921	60%

参见陈学恂主编：《中国近代教育史教学参考资料》（下册），人民教育出版社1993年版，第310—330页。

（三）改造和重塑"国民性"，国民社会文化素质发生了质的转型

随着近代中华民族危机的日益加剧，"五四"新文化运动的倡导者和先驱者痛定思痛，从总结辛亥革命"无量头颅无量血，可怜购得假共和"的失败教训入手，认为共和制度之所以不能被真正得到巩固，根本原因在于缺少一场对旧思想文化、旧礼教的彻底批判。他们对中华民族衰落的原因的认识越来越深刻，逐渐升华到国家的兴衰、民族的强弱与国民性直接相关的高度，从而呼唤改造国民性，希望通过塑造新国民人格来改变社会面貌。"《新青年》的作者们说……从个人有独立自主权利的观点出发，他们提倡独立思考，反对依附古人，反对盲从封建权威，反对做习惯势力的奴隶，要求从封建传统束缚下解放人的个性与才能使其能够得到自由的发展。"[1]"五四"新文化运动的主将鲁迅认为，改造国民性的目的是"立人"，立人是"立国"的前提；中国现代化的关键"首在立人，人立而凡事举"。李大钊在《民彝与政治》一文中指出，立宪国民之责任，不仅在保持国之权威，并宜尊重人之价值。陈独秀认为，中国要摆脱愚昧状态，"当以科学与人权并重"，对国民进行深刻的思想启蒙，以现代思想改造国民的精神素质使之觉悟，提出现代人应具备："（1）自主的而非

[1] 胡绳：《从鸦片战争到五四运动》下册，湖南文艺出版社2012年版，第764页。

奴隶的；（2）进步的而非保守的；（3）进取的而非退隐的；（4）世界的而非锁国的；（5）实利的而非虚文的；（6）科学的而非想象的。"[1]

鸦片战争的失败，把中国推向了半殖民地半封建社会，救亡运动开始成为时代的主题。中日甲午战争之后，中国进一步衰落，面临着被世界列强肢解和瓜分的严重危机。"俄北瞰，英西晲，日东瞬，处四强邻之中而为中国，岌岌哉！""海水沸腾，耳中梦中，炮声隆隆，凡有君子，岂能无沦胥非类之悲乎！"[2]亡国的大祸使人忧心如焚，救亡迫在眉睫。有识之士不能不反思：日本自明治维新仅30年，就能一跃与西方列强并驾齐驱。究其原因，乃是中国不思变革，自以为是，不知世界发展已进入民主政治和工业化的道路。中国要摆脱落后的状态，必须从意识形态、政体上及教育上进行变法。社会文化素质发展的特征主要表现在以下几个方面：

第一，"民主"与"科学"精神的提出，是传统国民社会文化素质向现代转型的源泉。新文化运动是一场思想启蒙运动，在思想上打破封建思想的束缚，它给中国人民指明的方向，动摇了封建统治思想，人民的思想得到空前的解放，先进的知识分子受到了一次"民主"与"科学"之洗礼，推动了中国自然科学之发展，后期传播的马克思主义成为先进的知识分子改造国家、拯救社会之利器。"民主"就是实现个人的自主自立，获得人格独立、个性解放，人与人之间具有平等地位，"尊重个人独立自主之人格，勿为他人之附属品"[3]。"科学"是"一切有用的学问"，它包括"天文、地理、伦理、化学、物理、算学、图画、音乐"等。"国人而欲脱蒙昧时代，羞为浅化之民也，则急起直追，当以科学与人权并重。士不知科学，故袭阴阳家符瑞五行之说，惑世诬民，地气风水之谈，乞灵枯骨。农不知科学，故无择种去虫之求。工不知科学，故货弃于地，战斗生

① 中国社会科学院近代史研究所编：《五四运动文选》，生活·读书·新知三联书店1959年版，第2—6页。
② 中国史学会主编：《戊戌变法》第4册，神州国光社1953年版，第384、385页。
③ 中国社会科学院近代史研究所编：《五四运动文选》，生活·读书·新知三联书店1959年版，第10页。

事之所需——仰给予异同。商不知科学，故惟识罔取近利，未前之胜算，无容心焉。医不知科学，既不解人身之构造，复不事药性之分析，菌毒传染，更无闻焉。"① 五四新文化运动所提出"民主"与"科学"精神，逐步走向实际的社会变革活动，影响到国民思想的深处，促进着传统国民社会文化素质向现代化转型。

第二，国民男女平等观念的形成，是传统国民社会文化素质向现代转型的生动体现。随着中西方交往的增多，西方生活方式传入中国，中国的生活习俗发生了巨大变化，传统礼仪受到冲击，但普通大众的生活没有根本改变，而城乡、地域差别较大。在传统社会中，女子在家庭被定位为"相夫教子"的"贤妻良母"，所谓"妇者，服也，服于家事，事人者也"。她们的生活空间绝大部分是困守闺中。五四新文化运动提出男女平等，发出"女人是人"的口号。男女平等成为社会发展的一种趋势，有不少女性或出于对职业的热爱，或因婚姻生活不幸福，选择了独身生活，吕碧城、曾宝荪、张竹君、杨荫榆、林巧稚、冼玉清等人，为其中之佼佼者。这在中国近代史中是一种具有真正意义的提升。

再如，女人裹脚的取消，清朝末期，缠足被当时的知识分子们视为中国社会落后的象征之一，并认为缠足造成中国妇女的柔弱，进而影响到整个民族及国家，因此开始推行反缠足运动，成立许多天足会。辛亥革命先驱孙中山先生建立的临时政府，就曾经颁布过禁止女子缠足的法令。中国的缠足风俗开始从沿海大城市消失，并逐渐影响到内陆地区，缠足风俗遂完全消失，民国政府还公布法令，对裹脚者进行罚款。1912 年 3 月 11 日，孙中山令内务部通饬各省劝禁缠足："夫将欲图国力之坚强，必先图国民体力之发达。至缠足一事，残毁肢体，阻阏血脉，害虽加于一人，病实施于子孙，生理所证，岂得云诬？至因缠足之故，动作竭蹶，深居简出，教育莫施，世事罔问，遑能独立谋生，共服世务？以上二者，特其大端，若他弊害，更仆难数。曩者仁人志士尝有天足会之设，开通者已见解除，固陋者犹执成见。当此除旧布新之际，此等恶俗，

---

① 中国社会科学院近代史研究所编：《五四运动文选》，生活·读书·新知三联书店 1959 年版，第 7 页。

尤其先事革除，以培国本。为此令仰该部速行通饬各省，一体劝禁，其有故违禁令者，予其家属以相当之罚。"[1]条令的颁布使千百年来妇女缠足的陋习被革除，解放了亿万中国妇女。

第三，开设学校，文盲减少，国民文化素质有一定程度的提高，但教育非常落后，学校教育仍不发达，得以接受各类学校教育的人数极为有限。

尽管近现代的中国兵连祸结，经济社会发展受到极为严重的影响，但教育对提高国民科技文化素质乃至整体素质的重要性为更多有识之士所重视。因而有条件的知识青年积极出国留学，学习新知识，接受新观念。学成回国后，加入日益增多的各类新式学堂，影响和促进着教育思想与教学方式的变革。1925年，清政府废止了科举制，改办学堂，派留学生出国。20世纪初，各类新式学堂涌现，甚至各类女学堂也有设立。接受学校教育的人数及教育普及的程度较前有了明显的增多和提高。这对提高人口文化素质无疑是有好处的。当然，这种影响在人数和范围上是有限的，真正能够接受这些教育的人数与全国人口相比，是极少的一部分，完全谈不上是普及。需要指出的是，就整体来说，教育落后状态并没有得到真正改观，与国内需求和西方国家相比差距极大。

当时中国不识字的人"处处皆是也"，农村非常严重（见表20、表21）。据国民政府教育部1933年度第一次教育年鉴所载，全国文盲约占总人口的80%左右（约3.6亿人）。大城市这种高文盲率与广大农村相比，又只是小巫见大巫。由此可见，文盲半文盲率过高的现象，始终伴随着近现代中国社会，其所产生的被动性、消极性严重影响着经济社会发展。

表20　20世纪30年代宝丰县与莘县学龄儿童受教育情况

省份	时间	学龄儿童在校人数比重	失学者人数比重
河南宝丰县	20世纪30年代	4%	96%
山东莘县	1934年	19.30%	80.70%

注：相关数据来源于《宝丰县志》《莘县志》卷5。

---

[1]　叶孝信：《中国法制史》，北京大学出版社1989年版，第309—310页。

表 21　不同时间、地区的文盲约占总人口的比重情况

省份	时间	文盲约占总人口的比重
江苏江宁县①	1925—1926 年	73.00%
河北定县②	1930 年	74.00%
北平	1933 年	33.33%
南京	1933 年	59.90%
上海	1947 年	43.74%
南京		
北平		
青岛		
西安		
汉口		

注:① 的数据仅为对江苏江宁县某 481 家人口的调查结果;② 的数据仅为对河北定县 12—25 岁的男女青年的调查结果。

我国的小学教育与欧美国家距离甚远（见表 22）。纵向比较，中等教育发展较快；横向比较，与欧美各国的差距仍较大（见表 23、表 24）。虽然这部分人口在绝对数量上有相当提高，但在总人口比重中同西方国家相比仍不可同日而语。高等教育发展迟缓，接受高等教育的人数极少。"然以本时期中吾国高等教育与欧美各国之高等教育相较，则犹瞠乎其后。以学生人数论，民国二十五年度，吾国全国专科以上学校学生计 41922 名。而是年英国本部，有大学及专科学生 53328 名，意大利有 55928 名，德意志有 83727 名，法兰西有 82218 名（1935 年），美国有 125000 名。各国专科以上学校之学生数，均超过与吾国专科以上学校之学生数。倘以人口之比例计算，则益吾国大学学生数量之稀少……教育落后尚多。"由此可见，从文化教育上来说，虽然近代中等学校和大学的数量及在校学生人数在不断增加，但是真正能够接受相关教育的人数比例极小，对于提高近代国民社会文化素质的作用有限。

表22 19世纪二三十年代中美英三国入学人数占学龄儿童总人数的比重

时间	中国	美国	英国
1924—1925年	12.54%		93%
1930年	9.36%	74.14%	

注：①中国的数据来源南京国民政府教育部1930年提供给国联教育调查团的材料；② 1930年美国的小学生人数为15791135人，等于全国总人口的14.93%，等于在学龄期内总人口的78.98%。而中国仅有小学生8839434人，等于全国总人口的2.37%，等于在学龄期内总人口的12.54%。

表23 全国中等学校数和学生人数统计情况

时间	全国中等学校数（所）	学生人数（人）
1912年	832	98045
1936年	3264	614046
1928年	1339	274811

注：同期，中国在校普通中学生仅占总人口的0.084%，英国则占1.66%，美国占4.24%，法国占1.45%，德国占1.34%，意大利占0.46%，苏联占1.25%。

表24 全国专科以上高等学校数统计情况

时间	全国中等学校数（所）
1920年	11
1930年	59
1937年前夕	108

注：以上数据来源于《民国档案》1992年第1期。

第二节 近代国民素质"二元"发展的原因

中国的民族危机，在外是由于帝国主义列强的侵略，而其内因则是清朝的腐朽统治。清朝是中国历史上最后一个封建王朝，在政治上实行封建君主专制，在经济上残酷地剥削压榨广大人民。而其统治集团却过着穷奢极欲的生活，尤其在鸦片战争以后，更是日趋腐败，走上与外国侵略者妥协的道路。《辛丑条约》签订后，清政府丧失了最后一点儿抵抗意志，完全听从列强的摆布，成为"洋人的朝廷"。这标志着中国社会半殖民地秩序已经基本形成。可见，帝国主义列强的侵略和封建主义的统治，是鸦片战争后中国民族危机日益深化的根本原因。

正是由于近代经济滞后、政治不良、社会腐败、战争动乱频发、卫生水平低下、自然灾害、饥荒、失业及吸食鸦片等，严重摧残着国民的身体、心理和精神，国民素质才不断衰落。关于近代国民身体素质从目前掌握的、比较可靠的文字、图片等资料简单分析，基本达成一个共识——国民素质处于历史发展的最低谷。主要原因有以下几个：

一、战争与社会动荡是国民素质下降的政治原因

1851 年，中国人口达到 4.3 亿的高峰，但此后的近 30 年间，人口损失据估计达 1.4 亿，其中直接人口损失 1 亿左右。主要原因是战争和天灾。

帝国列强借助坚船利炮的威力，通过鸦片战争打开了中国的大门，给中国的政治经济社会带来了深远影响。从政治上来说，签订了不平等条约，主权不再完整，外交受挫，中国逐渐沦为半殖民地半封建社会。在经济上，经济主权受到严重影响，大量白银外流，清政府为了赔偿向国民征收大量赋税，国民生活苦不堪言，基本生活无法保障。鸦片使国民的身体素质受到严重影响，据有关文字资料的不完全统计，在鸦片战争的大小战役中伤亡情况如表 25 所示：

表 25　第一次鸦片战争 12 次战役中、英战斗伤亡统计表

战役	中方伤亡	英方伤亡
第一次定海之战	死 13 人，伤 14 人	无伤亡
沙角、大角之战	死约 760 人	无死亡，伤 38 人
虎门之战	死伤 500 人以上，被俘 1300 人以上	伤 5 人
乌涌之战	死约 500 人	死 1 人，伤 8—9 人

战役	中方伤亡	英方伤亡
广州之战	死 500 人以上，伤 1500 人以上	死 9 人，伤 68 人
厦门之战	死 70 余人，伤 37 人	死 1 人，伤 16 人
第二次定海之战	伤亡颇多，千人不止	死 2 人，伤 27 人
镇海之战	将领死伤 53 人，士兵伤亡数以百计	死 3 人，伤 16 人
浙东之战	兵勇战死 540 余人，伤 200 余人，被俘 40 余人	死 4 人，伤数人
乍浦之战	死亡 696 人（官 17 人，兵 679 人）	死 10 人，伤 54 人
吴淞之战	死亡 89 人（官 89 人，兵 81 人）	死 2 人，伤 25 人
镇江之战	死 239 人，伤 264 人，失踪 68 人	死 39 人，伤 130 人
合计	死 3100 人，伤约 4000 余人	死 71 人，伤 400 余人

注：表中数据参见张莉：《第一次鸦片战争中、英军队的伤亡及其影响》，东北师范大学，2008 年。

恩格斯指出："暴力的胜利是以武器的生产为基础的，而武器的生产又是以整个生产为基础，因而是以'经济力量'，以'经济情况'，以暴力所拥有的物质资料为基础的。"① 清朝末期，由于最高统治者昏庸无能，穷奢极欲，因循守旧，故步自封，不但使整个国家机器弥漫着腐败的气息，而且由于实行残酷的封建经济剥削和民族压迫，导致民不聊生，社会生产力不断遭到破坏，经济状况极端落后，从而大大削弱了战争赖以取胜的经济基础。

鸦片战争以后，中国人民在封建地主阶级及外国侵略者的压迫下苦不堪言，不得不起来进行反抗斗争，于是在 1851 年 1 月爆发了震撼全国的太平天国农民起义。太平天国运动是由洪秀全、杨秀清、萧朝贵、冯云山、韦昌辉、石达开等组成的领导集团从广西金田村率先发起的反对清朝封建统治和外国资本主义侵略的农民起义战争。它是中国历史上旧式农民运动的最高峰，从 1851 年至 1864 年，历经 14 年，波及 18 个省份，战事波及大半个中国，使清廷国力大伤，最终在清政府和外国侵略势力的联合绞杀下失败了。

根据太平天国前后《户部清册》所载的户口数，从 1851 年至 1864 年中国

---

① 《马克思恩格斯选集》第 3 卷，人民出版社 2012 年版，第 546 页。

人口锐减 40%，人口损失达 1.6 亿。太平天国战争给中国带来的人口损失至少在一亿以上，直接造成的死亡人口达 7000 万。太平天国运动期间，人口数量急剧下降。葛剑雄在《中国人口发展史》中指出："1851 年至 1865 年这 14 年间总人口减少了 1.12 亿，下降了 26.05%。"美国传教士哈巴安德在 1880 年《中国纪事》中称，中国在太平天国战争和云南、陕甘回乱及北方 5 省大饥荒中的人口损失达 6100 万。3 年以后，他修正了自己的这一看法，认为人口损失应该是 8300 万，其中太平天国战争造成的人口损失约为 5000 万。

太平天国战争给中国带来的人口损失至少 1 亿以上，其中直接损失 7000 万。最为严重的江苏、安徽、江西、浙江、湖北五省人口损失至少八千七百万。甘肃在"回乱"中的死亡人口达 800 万，陕西在"回乱"与大饥荒中的死亡人口为 200 万。可见，战争战乱直接影响了国民数量。清政府为了镇压太平天国革命，造成了中国人口史上的一次浩劫，对国民身体素质影响重大。

表 26　清朝镇压太平天国革命人口减少数

单位：万人

省份	战前人口（1851 年）	战后人口		减少人数	减少人数比重
		年份	人口数		
江苏	4430.3	1874	1982.3	2448	55.26%
安徽	3763.1	1864	1348.8	2414.3	64.16%
浙江	3010.7	1874	1084.3	1926.4	63.99%
江西	2451.6	1864	2448.7	2.9	0.12%
湖北	3381	1864	3166.7	214.3	6.34%
广西	782.3	1888	750.9	31.4	4.01%
福建	2009.9	1864	1923.6	86.3	4.29%
直隶	2345.5	1883	2192.1	153.4	6.54%
合计	22174.4		14897.4	7277	32.82%

注：本表根据路遇、藤泽之：《中国人口通史》下，山东人民出版社，第 796—801 页统计编制而成。

表27 江苏省太平天国革命前后12县人口统计

单位：万人

县别	统计时间	人口数量	统计时间	人口数量	减少百分比
嘉定	1813 年	43.6466	1864 年	22.3131	48.88%
句容	1809 年	30.6968	1900 年	7.9053	74.25%
吴江	1820 年	30.4057	1864 年	11.3653	62.62%
青浦	1810 年	33.2164	1865 年	20.887	37.12%
常熟	1820 年	37.7918	1865 年	21.3532	43.50%
昭文	1820 年	26.0839	1865 年	18.5571	28.86%
无锡	1830 年	33.9549	1865 年	7.2052	78.78%
金匮	1830 年	25.8934	1865 年	13.8008	46.70%
江阴	1839 年	56.463	1876 年	17.6603	68.72%
溧水	1847 年	18.5143	1878 年	3.0847	83.34%
高淳	1847 年	18.893	1869 年	5.5159	70.80%
丹徒	1859 年	33.1713	1867 年	10.7611	67.56%
合计		388.7311		160.409	58.74%

对太平天国革命的镇压，不仅使中国人口受到了巨大耗损，社会经济的发展也遭到了严重破坏。特别是手工业比较发达的长江下游江浙地区，经济全面崩溃。由于人口耗损过大，使恢复发展工作更加艰难。而且，帝国主义的侵略势力更深地打入了中国，使中国的半殖民地性质陷得更深，人民生活更加贫困，人口形势更加恶化。帝国主义的残酷掠夺、封建统治者的奢侈挥霍、战争的摧残和自然灾害的肆虐，使近代中国人民处于水深火热之中，近代中国的人口数量降到了谷底，国民的身体素质也逐渐下降。

民国的建立，虽然结束了清朝的封建专制统治，但并没有改变中国半殖民地半封建社会的性质，人民不仅没有得到任何好处，反而陷入了更深的军阀战争引致的灾难中。清朝后期人口发展缓慢的局面也没有得到改变。整个民国期间，社会动荡不安，长期军阀割据，战争连年，国家一直处于分裂状态。尽管在各地的军阀统治下，人民的赋税负担很沉重、生活贫困，国内人口虽不可能有大幅度的增长，但也不会不增长，而是保持低增长。即民国初始，约有人口 44294 万人，至民国八年（1919）已达 46848 万人，年均增长率约

7‰左右。①

第一次国内战争时期，北平政府一直处在派系斗争之中，各派军阀，动辄兵戎相见，国家利益、民族利益等全不在他们的考虑之中，使全国处于更加严重的分裂状态，人民承受着更沉重的苛捐杂税负担。国民革命军总司令蒋介石，在日本、英国、美国等帝国主义和国内大地主大资产阶级的支持下，密谋策划，于 1927 年 4 月 12 日发动反革命政变，突然对正在与之合作北伐的共产党人和革命群众发动袭击，进行血腥的大屠杀。在蒋介石"宁可错杀一千，不可使一人漏网"的反动口号下，至 1928 年上半年，有 30 多万犯人惨遭杀害，长江中下游地区一片恐慌气氛，闹得人不安业，社会秩序严重混乱。

这一时期的社会形势，不能不影响到人民的生活，影响到人口的发展。但从总体情况来说，虽然形势日益变坏，但蒋介石的黑暗统治刚刚开始，对人口的发展尚未产生太大的影响，人口仍有一定的增长。由 1919 年的 46848 万增长到 1928 年的 49538 万，年均增长率还在 6‰左右。

第二次国内战争时期，是中国最黑暗的时期，也是我国人口增长停滞的时期，这一时期的战争对社会生产与发展造成了很大的破坏，人口受到很大的损失。1927 年至 1930 年，大规模的军阀战争有 7 次，小战争无以为计，给百姓和社会发展带来了严重的破坏。河南省地处战场中心区域，损失最为惨重，据河南省《赈务会编》中十九年《豫灾纪实》说："因战争死亡人口达十二万余口，受伤人口一万九千五百余口，逃亡在外省达一百一十八万五千余口，被军队拉夫一百二十九万七千七百余口，其中因以致死者三万余口，而兵士之死亡不在内，欧洲大战恐无此等情形也。……又财产损失估洋四亿八千三百三十万余元，破坏房屋损失估洋五十二万余元，被焚房屋估洋三千八百一十五万余元，总计为六亿五千一百四十六万九千余元。而间接及无形之损失尚不在内。"②民国十九年（1930 年），豫省战灾 27 县，兵灾 58 县，匪灾 65 县，旱灾 23 县，水

---

① 路遇、藤泽之：《中国人口通史》下册，山东人民出版社 2000 年版，第 934 页。

② 荣孟源：《蒋家王朝》，中国青年出版社 1980 年版，第 119 页。

灾 13 县，蝗雹之灾均 12 县。全境灾民共计 1311.61 万人，几占全省人口二分之一，损失财物总计为65146.9余万元，此等浩劫实中外古今所罕见罕闻[1]。大大小小的战争造成社会生产力停滞，人民生活水平急剧恶化，饥荒不断，甚至多地出现了饿死人、"人吃人"的现象。

经考查，民国十七年（1928 年）江西省约有人口 2400 万，至民国二十五年只有不足 1600 万，8 年里减损人口 800 多万。其次，福建省遭破坏也很严重，人口损失也在数百万。整个长江中下游地区，均遭到不同程度的破坏[2]。另外，这一时期水旱灾害特别严重。民国十八年（1929 年），全国 841 个县发生旱涝灾害，灾民达 3870 万人。民国二十年（1931 年），长江黄河流域的中下游地区各省发生严重水灾，灾民 1 亿多，死人 370 万[3]。民国二十四年（1935 年），黄河长江中下游地区再次发生大水灾，灾民 2000 多万，死亡 300 多万。[4]

1937 年 7 月 7 日，日本帝国主义蓄谋制造了"七七事变"，随后便向中国发动了大规模的进攻，开始了全面侵华战争。日本帝国主义在 1945 年 8 月战败投降，近百万侵略军葬身中国战场，结束了这场罪恶的战争。然而 8 年的全面侵华战争，也给中国人民造成了不可估量的损失，并严重地影响了人口数量的增加。

为了阻止日军夺取武汉的计划，蒋介石亲自导演了黄河花园口决堤事件，给中原人民造成了严重的损失，河南、安徽、江苏 3 省 44 县 5.4 万平方公里，顿时一片汪洋，田地被淹没，房屋被冲毁，近百万群众被淹死，数百万人无家可归，这场人间惨祸，破坏极大。1937 年 12 月 12 日，日军惨绝人寰地制造了最残忍的南京大屠杀，对手无寸铁的百姓进行了有组织的大屠杀，被杀 30

---

① 王毓主编：《河南档案珍品评介》，河南省档案局 1996 年版，第 292 页。

② 路遇、藤泽之：《中国人口通史》下册，山东人民出版社 2000 年版，第 941 页。

③ 张梓生、孙怀仁、章倬汉主编：《申报年鉴民国二十二年》，申报年鉴社 1933 年版，第 70—72 页。

④ 路遇、藤泽之：《中国人口通史》下册，山东人民出版社 2000 年版，第 941 页。

多万人。据 1946 年年初延安《解放日报》调查统计，在日寇 8 年的侵华战争期间，仅晋察冀、冀鲁豫、冀热辽、太行、晋绥、山东、淮海、苏皖等 8 个解放区，被日寇杀害的平民就有 300 万，晋冀鲁豫边区因日寇施放毒气、病菌而中毒的就有 1200 万人。据粗略统计，在日本帝国主义 8 年的大规模侵华战争中，直接造成中国人口死亡就有一千八百多万。军队死亡人数尚不在内。至于死于侵略者制造的饥荒贫困中的人口，更是多得无法计算①。

1941 年，日寇对晋察冀北区扫荡，烧毁房屋 15 万间，抢走粮食 5800 万斤、牲畜一万多头。种种暴行，给农业生产造成了极大的破坏，到处一片荒凉。江苏省耕地荒芜 28%，农具损失 42%，耕牛损失 70%。山东省农田荒芜 150 万亩，盐田荒废 10 万亩，损失农具 550 万件、牲畜 368 万头。浙江省耕地荒芜 250 万亩，耕牛损失 10 万头。江西省耕地荒芜 150 万亩，耕牛损失 27 万头。湖北省耕地荒芜 1325 万亩，损失农具 658 万件，耕牛近 40 万头，难民 948 万人。这些事例足以说明，日本侵略者不仅直接杀人，而且通过破坏生产，制造饥荒来消灭中国人口。同时，战前我国工业最集中地上海拥有 2000 多家工厂，除 400 多家迁入内地外，完全毁于战火的工厂达 900 多家。

自然灾害的发生，首先是自然的结果或者人类活动影响自然后的结果，但也不排除人祸。晚清至民国时期，一些灾害的出现其中就夹杂着人祸，最为明显的是水利设施因地方官挪用、贪污治理经费，而酿成大祸。人为导致灾害最著名的是黄河决口。光绪二年至五年（1876—1879 年）连续四年的"丁戊奇荒"，是我国历史上黄河流域的特大灾荒之一，外人估计死者约有 900 万至 1300 万。华北大饥荒造成的死亡人口至少有 1800 万，其中山西省在大饥荒中的死亡人口达 700 万，"茫茫浩劫，亘古未闻。历观廿一史所载，灾荒无此惨酷。"②

---

①　路遇、藤泽之：《中国人口通史》下册，山东人民出版社 2000 年版，第 945—946 页。
②　曾国荃：《曾忠襄公书札》卷 11《复张寿铨》。

表28　1851—1911年华北地区自然灾害统计表

单位：次

省份	水灾	旱灾	虫灾	霜雪雹灾	地震灾害	合计
北京	35	29	7	2	2	75
天津	44	26	8	2		80
河北	50	31	10	12	5	108
山西	16	17	2	10	7	52
内蒙古	12	18	3	8		41
合计	157	121	30	34	14	356

注：本表根据《近代中国灾荒纪年》《中国古代重大自然灾害和异常年表总集》《中国地震目录》等统计编制而成。

据不完全统计，1846年至1910年，长江中下游地区的江苏、浙江、安徽、江西、湖北、湖南六省遭受的水、旱、风、雹等自然灾害的州县累计达8570个。在1912年至1937年的26年中，年年有灾，重大灾荒77次，平均每年达3次之多。黄河中下游1917年的水灾和1920年的旱灾，分别有灾民630万和2000万，旱灾还死亡50万人。1922年，长江下游的大水灾，灾民达1200万。1924年，全国多处水灾，损失1亿多元。1925年、1928年全国大范围受灾，死亡人数以万计，灾民数以千万计。1930年，黄河流域和长江流域共十几个省份的水旱灾，灾民2000万，损失2亿多元。1931年，长江大水灾，涉及苏、皖、赣、鄂、湘、豫、浙七省，灾民1亿人，被淹耕田255000亩，淹死26万多人，农产品损失45700万元。1933年、1935年都发生过严重的灾害，后一次的损失达8.4亿元。

自然灾害无论是对国民的身体素质还是对国民的生存环境，都造成了不可估量的破坏，自然灾害的频发在很大程度上造成了社会的动荡和不安，阻碍了国民整体素质的提高。

二、自然经济的解体是国民素质下降的经济原因

鸦片战争以前，中国还是完整的封建社会。那时，由于商品经济的发展，

已经出现了破坏自然经济的因素，且已经有自然经济解体的现象发生。鸦片战争以后，在西方资本主义的冲击下，中国出现了"三千年未有之大变局"，旧的封建社会秩序开始解体，近代性质的新政治、新经济及新阶级关系逐步形成。这些变化为晚清文化领域的新陈代谢提供了重要的内在根据，也成为国民素质逐渐下降的经济原因。

中国自然经济解体的动力主要是来自外国资本主义的军事侵略、倾销商品、掠夺原料的冲击，带有强制性，"在炮口的逼迫下，中国社会蹒跚地走入了近代，走这条路不是中国民族选择的结果，而是外国影响造成的，于是而有种种变态"①。鸦片战争后，外国资本主义国家凭借一系列政治、经济特权疯狂地向中国倾销商品、掠夺原料，把中国卷入世界资本主义市场，受到西方工业文明的冲击，中国自给自足的自然经济逐渐解体。马克思、恩格斯在《共产党宣言》中指出："资产阶级，由于一切生产工具的迅速改进，由于交通的极其便利，把一切民族甚至最野蛮的民族都卷到文明中来了。它的商品的低廉价格，是它用来摧毁一切万里长城、征服野蛮人最顽强的仇外心理的重炮。"②这一论断直观地印证了资本主义的入侵是中国自然经济解体的最直接也是最重要的原因。

与此同时，国内商品经济的萌芽与发展，客观上也加速了自然经济的解体。鸦片战争后，中国的商品经济得到了空前发展，商业流通空前活跃。国内市场的扩大，特别是手工业品和农产品在流通领域比重的加大，不断诱使着农业生产的目的由自然经济向商品经济转化。随着本国资本主义机器工业的产生和发展，也给予了自然经济一定的打击。人们商品意识的增强，重农抑商、重义轻利观念的改变，航运、铁路等交通事业的发展使城乡经济联系加强等，也是自然经济解体的因素。以手工劳动为基础的分散的个体小手工业生产，技术水平低下，生产规模狭小，分工和协作不发达，生产的发展，成本的降低，质量的提高，都受

① 陈旭麓：《近代中国社会的新陈代谢》，中国人民大学出版社2012年版，第50页。
② 《马克思恩格斯选集》第1卷，人民出版社2012年版，第404页。

到了根本性限制，终究抵挡不住资本主义机器大生产强有力的进攻。这是中国自然经济解体的内部根源。资本主义生产关系萌芽的出现是自然经济解体的历史原因。明清时期在中国封建社会内部商品经济的发展，已经孕育着资本主义生产关系的萌芽，这种新的经济形态缓慢地侵蚀着封建经济的躯体，如果没有外国资本主义的入侵，中国也将缓慢地发展到资本主义社会。到了近代，随着西方资本主义的入侵以及民族资本的不断发展，逐步受到冲击而解体。

自然经济的解体主要表现在以下两个方面：一方面表现为传统的家庭手工业，主要是家庭手工棉纺织业开始走向衰落，且与农业分离，以男耕女织相结合为特征的小农经济结构开始瓦解，即：纺与织分开，织与耕分开，传统手工业逐渐走向破产；另一方面表现为农业生产日益商品化，其中包括经济作物的扩种和粮食生产的商品化。中国的农副土特产品服从于国际市场的需要，日趋商品化，减少了它们在农业经济中的自给自足的成分。这也在客观上促进了中国商品经济的发展，也同时瓦解着中国社会的自然经济。

中国自然经济的解体，促进了中国由传统社会向近代社会的转变，是历史的进步。第一，自然经济是封建统治的经济基础，它的解体必然冲击封建制度，有利于瓦解晚清政府和北洋军阀政府的反动统治。第二，自然经济的解体使农民纷纷破产，为中国资本主义的发展提供了最基本的条件（包括劳动力、市场、资本等），其进一步解体则为民族资本主义的发展提供了客观条件。第三，中国卷入资本主义世界市场，使中国逐步成为西方资本主义世界的经济附庸，也使中国逐渐走向半殖民的道路，具有一定程度上的破坏性。第四，自然经济解体促进了中国商品经济的进一步发展，为民族工业的产生提供条件，推动中国近代化，在半封建社会形势下具有一定的建设性意义。正如陈旭麓在《近代中国社会的新陈代谢》一书中指出："当自然经济的一部分在外国商品的冲击下破产的时候，总会有一批生产者被抛出生产之外，成为多余的人。……自然经济终究因此而逐步走向分解，为资本主义因素的发生和发展让出了地盘。"[①]第

---

① 《陈旭麓文集》第 1 卷，华东师范大学出版社 1996 年版，第 204 页。

五，自然经济的解体客观上使中国的社会生活、思想文化发生巨大变化。

三、传统文化式微与西方文化的冲击是国民素质下降的文化原因

从洋务运动时的体用之辩到维新变法时的新学、旧学之争，再到五四新旧文化的对抗，近代思想战线上东西方文化之争连绵不断。正如美国著名汉学家费正清所说：中国近代史，"从根本上说，是一场最广义的文化冲突"，"是扩张的、进行国际贸易和战争的西方同坚持农业经济和官僚政治的中国文明之间的文化对抗"。① 也正是由于中国传统文化在中国近代史的发展过程中渐显式微，而西方文化在中国被迫走向世界的过程中逐渐冲击着中国传统的文化、思想、理念等，呈现出固守传统和过度的摒弃传统文化而全盘西化的两种形态，导致在东西方文化冲突的过程中中国优秀传统文化的式微和国民素质的下降。

（一）随着中国被迫走向世界，西方文化及思想不断涌入

鸦片战争以后，中国的闭关锁国政策逐渐被西方列强打破，国门被坚船利炮打开，西方文化及思想不断地涌入中国，中华文化走向衰微，中国传统文化受到严峻挑战，以魏源为代表的一批知识分子为捍卫中华文化进行了不懈努力。他翻译了《海国图志》，成为近代睁眼看世界、主动发起"文化自救"的第一批人之一，其行动具有标杆的意义。

西方文明的输入一方面促成了中国政治领域的巨大变革；另一方面也使中国人的生活方式和思维方式发生了巨大改变。首先开始瓦解的，就是中国传统的"士、农、工、商"社会等级结构。商人的社会地位有较大的提高，"实业救国"成为一时的舆论主流和广泛共识。另外，中国传统社会中森严的等级制度也开始松动，通过革命和改革，中国在法理和名义上实现了人人平等，实现

---

① 费正清：《剑桥中国晚清史》上卷，中国社会科学出版社 1985 年版，第 251 页。

了相当程度上的思想和人身解放，使广大人民群众的人格地位有所提高。尽管保甲制等对广大人民实施人身控制的手段和机构在新中国成立之前一直存在，但其控制的严密程度已不能和 1840 年以前同日而语。

西方文化的传入，尤其是科学技术的传入也改变了迷信、愚昧的国民观念。在义和团运动中，拳民一方面抗击外国侵略；另一方面又拆毁铁路和电线，明显带有盲目排外的色彩，又为了提升对抗外国火器的信心喊出"刀枪不入"的口号，其迷信与愚昧可见一斑。当第一批洋人进入中国修建铁路时，中国官员却认为铁路破坏了风水，高价买下铁路并将之拆除。须知中国的官员大部分是通过了科举考试方能上岗的，在国民中已经属于高级知识分子，却依然愚昧迷信到如此程度。反观当今中国将科学发展观作为长期国策，由愚昧迷信到科学理性的巨大变化之意义自不待言。自西方文化传入以来，中国的很多陋习（比如女子缠足）得以废除，近代教育家和思想家也为促使国民觉醒进行了令人钦佩的努力。然而由于中国地域广大、人口众多且素质普遍较低，这一转变过程十分艰难，至今尚未完成。尽管困难重重，但从愚昧到文明乃是人类发展不可逆转的潮流。

（二）西方文化的冲击动摇了传统儒学的统治地位

鸦片战争以前，中国文化的一大特色是传统儒学具有独尊的社会地位。鸦片战争以后，国人鉴于民族危机的深化和愤于清政府的腐化衰败，在思想文化上寻找新的出路，对儒学采取了怀疑、批评的态度。他们主张用民主取代专制，用平等取代纲常名教，对儒学进行了前所未有的猛烈冲击，动摇了儒学在文化领域中的统治地位。1905 年，清政府迫于新潮流的冲击，宣布废除科举制，对儒学来说无异于釜底抽薪。儒学在中国传统文化中一向居于主导地位，其统治地位的动摇不能不引起中国传统文化发生质的变化。

西方文明的传入，还使自唐结束以后愈发浓烈的保守风气为之一扫。西方文明开拓进取的精神为中国传统文化注入了全新活力。近代中国社会在此方面的变化十分明显，一方面社会底层的劳苦大众勇于打破种种规则，挣脱传统的束缚；另一方面，社会所谓的"精英阶层"也变得相对开明开放，不再故步自封、保守顽固。

综上所述，西方文化对中国传统文化的冲击对中国传统文化本身无疑具有巨大的积极意义，但是，也必须正视西方文化传入带来的种种消极影响。这些消极影响集中表现在中国近代局势的动荡和混乱上。

（三）西方文化的冲击使国人对中国传统文化进行了过激的批判

尽管中国传统文化和西方文化相比有很多落后和不足，但其作用与思想领域的真正核心——保持良好、和谐的人际关系，并非如此。中国人仅仅出于解放思想的需要对中国的传统文化进行了矫枉过正的批判，却忽视了中国传统文化在道德和调节社会关系方面的长处，因此在抛弃了原有传统文化的准则之后，社会秩序出现了相当的混乱。当时的很多著名学者主张全盘西化，却没有人对改造中国传统文化提出可行的纲领和建议，这种抛弃原有路线另起炉灶的做法有失之偏颇之处。

（四）西方文化的冲击导致国人在尝试民主建设方面的冒进

戊戌变法的失败对于中国的民主进程来说是一个悲剧，它使中国在经济条件、社会条件都尚不成熟的情况下被迫过早走上共和革命之路，进而导致民主制度在中国的搁浅。当然，民主制度在中国搁浅的原因很多，但又不能仅仅以"不合国情"一言蔽之。尽管这场期望由改革使中国转变为君主立宪政体的政治运动再次因为纲领和措施上的幼稚最终失败，但这场运动已经表明了中国人对未来的意志：中国要走上一条民主之路。

总而言之，西方文化对中国传统文化的冲击有巨大的积极意义，也有不可忽视的消极影响。在这一过程中，中国文化的进步也好，混乱也罢，都是中国文化处于转型期的必然表现。一个民族的文化程度在一定意义上反映了一个国家和民族的经济发展水平。真正的文化是启人心智、诲人不倦地促进人类自身进步和社会发展的精神食粮，文化的嬗变只能说明真正的文化的缺失，它的贫乏已影响到精神文明建设，制约着人们社会道德和职业道德水平的提高。

第三节　近代革命文化与国民素质发展的逻辑统一及其素质文化转型

中国的近代史是一部救亡图存的历史。1840 年，西方帝国主义打开了中国的大门，从此，中国落后的封建制度开始瓦解。面对着内忧外患在西学东渐的影响下，中国各阶层的有识之士开始走上了救亡图存、实现国家独立和民族振兴的奋斗道路，并进行了不懈的斗争与努力，但是均以失败告终。当然，无论是作为思想启蒙的承载者还是实施者，他们对近代中国的政治变迁、经济发展、文化重建和社会转型都起到了无可替代的巨大推动作用。

一、"救亡图存""思想启蒙""实现国家独立和民族振兴"与国民素质发展的逻辑关系

正是由于晚清政府的腐败统治，不断激化阶级矛盾，西方列强和外国资本主义的侵略，加之连年不断的自然灾害，洪秀全将基督教与中国民间宗教相结合，创立拜上帝教，最终导致了太平天国运动的爆发。1851 年，洪秀全在广西桂平金田村率众起义，建号"太平天国"。同年 9 月，攻占永安后，分封诸侯，并由东王节制诸王，完成永安建制，标志着初步奠定建立政权的基础。1853 年，太平军攻占南京，改为天京并定都，标志着正式建立与清朝政府对立的革命政权。定都天京以后，太平天国进行了北伐、西征、东征三次战役，至此，太平天国进入全盛时期。由于天王洪秀全和东王杨秀清的争夺

权利，破坏了运动初期的团结和谐局面，农民自身阶级的局限性显现。1856年，韦昌辉杀掉杨秀清，后洪秀全杀掉韦昌辉，石达开负气出走，成为太平天国运动由盛转衰的转折点。天京变乱后，太平天国重建领导核心，颁布了《资政新篇》，陈玉成、李秀成先后攻破江北大营、取得三河镇大捷、打破江南大营，后陈玉成牺牲，1864年洪秀全病逝，天京陷落，太平天国运动失败。太平天国运动是中国近代史上规模巨大、波澜壮阔的反封建反侵略的农民革命战争，它扫荡了王朝秩序，冲击了旧纲常名教，动摇了清朝统治的政治基础。正如胡绳在《从鸦片战争到五四运动》中指出，太平天国占据了清王朝大片江山。西方侵略者强迫清政府签订了一系列不平等条约，攫取了许多侵略权益，但太平天国不予承认，这就使西方列强把中国迅速殖民地化的阴谋大大推迟了。

1859年，《天朝田亩制度》通过"凡天下田，天下人同耕，无处不均匀""凡分田，照人口，不论男妇""天下人人不受私，物物归上主""除足其二十五家每人所食可接新谷外，余则归国库"的原则和方法，试图在小农经济的基础上，建立一个有田同耕、有饭同食、有衣同穿、有钱同使、无处不均匀、无人不饱暖的理想社会。由于历史和现实的种种原因，《天朝田亩制度》不可避免地存在着历史局限性：追求小农经济，违背了历史发展的规律和趋势。希望通过绝对平均分配产品的方案来解决土地问题，违背了社会发展规律，无法调动农民的生产积极性，是根本无法实现的空想，"在分配土地问题上主张绝对平均主义的思想，它的性质是反动的、落后的、倒退的"①。然而，《天朝田亩制度》也有其革命性的一面，在于要求废除封建土地所有制，继承发展了古代农民运动中均田等平均主义思想是几千年农民反封建斗争的思想结晶。

同年，为了振兴太平天国，巩固统治政权，太平天国颁布《资政新篇》，明确提出了学习西方先进的政治制度和先进的科学技术，主张平等的外交，倡

---

① 《毛泽东文集》第四卷，人民出版社1991年版，第1314页。

导向西方学习，进行经济、政治和文化改革。政治上主张中央集权，提倡广开言路；经济上倡导发展资本主义经济，奖励科学发明等；外交上提倡中外自由通商，自由往来；文化教育上兴办学馆，建立医院，设立社会福利机构等。虽然《资政新篇》符合历史发展趋势，但不是农民革命实践的产物、不能真正地调动农民的积极性，加之缺乏相应的社会基础和实施条件，处于战争环境下的《资政新篇》未能真正推行。当然，它是先进中国人最早提出的发展资本主义的方案，具有鲜明的资本主义性质。

在半殖民地半封建社会，由于阶级的局限性和时代的局限性，农民阶级不能领导中国民主革命取得胜利。太平天国运动时期，以洪秀全为代表的农民阶级，表达了他们对理想社会的构想。他们制定了《天朝田亩制度》，但其空想性极其严重，如要"实现土地的平均分配。不仅要废除封建地主土地所有制，而且要消灭私有制，消灭剥削，财产公有……这显然是行不通的"①。"除了改朝换代以外，他们没有给自己提出任何任务……他们的全部使命，好像仅仅是用丑恶万状的破坏来对付与停滞腐朽……显然，太平军就是中国人的幻想所描绘的那个魔鬼的化身。这类魔鬼是停滞的社会生活的产物。"②

洋务运动旧称"同光新政"，又称自救运动、自强运动。在这条艰辛的探索救亡图存的道路上，林则徐被誉为近代中国"开眼看世界的第一人"，魏源的《海国图志》提出"师夷长技以制夷"。19世纪60年代至90年代，清政府中以李鸿章、曾国藩、左宗棠为代表的洋务派官员打着"自强""求富"的旗号，通过采用西方先进的生产技术，主张摹习列强的工业技术和商业模式，利用官办、官督商办、官商合办等模式发展近代工业，创办近代军事工业、民用工业、创建近代海军和新式学堂，以获得强大的军事装备、增加国库收入、增强国力，企图摆脱内忧外患、维护清政府封建统治。它是第二次鸦片战争签订

---

① 徐扬：《简析晚清社会思潮中超越现实的倾向》，《贵州社会科学》2004年第11期。
② 中共中央马克思恩格斯列宁斯大林著作编译局：《马克思恩格斯论中国》，人民出版社1997年版，第114页。

《北京条约》后发起的救亡图存运动。

洋务运动的指导思想，概括起来说就是"中体西用"四个字。表明洋务运动与本国封建主义传统文化的关系，表明中学与西学各自在洋务运动中的地位，即以中学为主体，西学为辅助，实现"以中国伦常名教为原本，辅以诸国富强之术"。洋务运动的内容很庞杂，涉及军事、政治、经济、教育、外交等，而以"自强"为名，兴办军事工业并围绕着军事工业开办其他企业，建立新式武器装备的陆海军。从 19 世纪 60 年代开始开办江南制造局、福州船政局、安庆内军械所等近代兵工厂。

表 29　洋务运动时期军事工业、民用工业列表

创办时间	企业名称	创办人	地点	特点
1861 年	安庆内军械所	曾国藩	安庆	最早的近代兵工厂
1865 年	江南制造总局	曾国藩 李鸿章	上海	规模最大的军事工业
1866 年	福州船政局	左宗棠	福州	设备最齐全的船舶制造厂
1872 年	轮船招商局	李鸿章	上海	/
1878 年	开平矿务局	李鸿章	河北唐山开平镇	/
1888 年	湖北织布局	张之洞	湖北武昌	/
1890 年	汉阳铁厂	张之洞	湖北汉阳	/

在教育上，则主要是创办学校（新式学堂），并派遣留学生，主要目的是学习西方的先进科技和语言。这是中国历史上最早的官派留学生，打破了中国传统的教育模式。洋务派最早创办的洋务学堂——京师同文馆，附属于总理衙门，1902 年并入京师大学堂（后者于 1912 年更名为北京大学）。京师同文馆是洋务派创办的第一所新式学堂。它以培养外语翻译和外交人才为宗旨。此后，洋务派在各地相继开办了一些科技学堂和军事学堂，培养了一批翻译、军事和科技人才，在沟通近代中西文化交流和学习西方近代科技方面，打开

了窗口。1872 年至 1875 年间，由容闳倡议，在曾国藩、李鸿章的支持下，清政府先后派出 4 批共 120 名学生赴美国留学。这批学生出洋时的平均年龄只有 12 岁。

表 30　洋务运动教育变革实践活动统计表

年份	内容
1862 年	创办北京同文馆（外语）
1863 年	创办广方言馆（外语）
1866 年	创办天文算学馆（科技）
1887 年	创办天津电报学堂（科技）
1872—1875 年	派遣留美学生共 120 人，学习自然科学（声光化电算法及制器）

洋务派兴办的学堂，是中国近代教育体制出现新的转机，以培养服务社会的人才为目标。在教育上的努力标志着中国教育、科技的近代化开端，引进了先进科技，培养了人才，冲击了传统思想，促进了西学东渐和早期维新思想的产生。据史料记载，1862 年至 1895 年，洋务学堂毕业生总人数为 2980 人，其中外文类 628 人，占 21%；军工类 1596 人，占 53.57%；医学类 218 人，占 7.31%；工程技术类 538 人，占 18.13%[①]。

表 31　19 世纪 60 年代至 90 年代洋务派创办的著名新学堂

创办时间	学堂名称	类别
1862 年	京师同文馆	外语
1863 年	上海广方言馆	外语
1866 年	福州船政学堂	军事
1876 年	福州电气学塾	科技
1880 年	天津水师学堂	军事
1880 年	天津电报学堂	科技
1885 年	天津武备学堂	军事

---

① 《清会典卷一〇〇》，中华书局 1984 年版，第 193 页。

表32　1872年至1885年清政府选派出洋留学生 [①]

批次	时间	选派人数（人）
第一批	1872—1875 年	120
第二批	1875 年	5
第三批	1876 年	7
第四批	1877 年	31
第五批	1881 年	10
第六批	1885 年	33

当然，洋务运动在当时的中国，其失败命运是不可避免的。其原因在于：第一，在不触动腐朽的封建专制的前提下，洋务派试图利用西方资本主义的某些长处来维护封建专制统治，这种手段和基础的矛盾，使洋务运动注定是不可能成功的。同时，洋务运动处处受到顽固派的阻挠和破坏，从而加大了洋务运动开展的阻力。第二，洋务派自身的阶级局限性，决定了他们既是近代工业的创办者和经营者，又是其摧残者和破坏者，其封建衙门和官僚式的体制，必定导致洋务企业的失败。第三，洋务运动的目的之一是抵御外侮，但洋务派在主持外交活动中，坚持"外须和戎"，对外妥协投降，他们所创办的近代企业有抵御外侮和"稍分洋人之利"作用，但不能改变中国的半殖民地半封建社会性质。甲午战争，洋务派标榜的"自强""求富"目标未能实现，洋务运动基本失败。第四，当时的大多数中国人对洋务知之甚少，思想还处于被愚昧迷信和被封建礼教束缚的阶段。

但是，它引进了西方资本主义国家的一些近代科学生产技术，培养了一批科技人员和技术工人，在客观上刺激了中国资本主义的发展，对外国经济势力的扩张，也起到了一定的抵制作用。在与顽固派的论争及其对顽固派的不彻底的批判，多少动摇了恪守祖训的传统及纲常名教的绝对权威地位，对于学习西方，开了好的风气。又由于洋务派组织翻译了不少外国科技书籍，派遣不同年

---

① 参见余支鹏、童果夫、桑盛庭：《试析洋务运动中的留学问题》，《学术界》1987年第6期。

龄和资历的留学生，因而培养了一批外交和科技人才，而介绍西方社会科学知识，对于促进民主思想的传播，也起到开一代风气的拓荒作用。在此基础上，19世纪七八十年代，从洋务官僚中分化出一批我国早期资产阶级改良主义者。

洋务派面对新形势，提出了"中学为体，西学为用"这一最早的现代化思想。然而应当指出，洋务派主张"中体西用""实已是一革命性的态度"。从实践上看，这一思想不再像经世派提出的"师夷之长技以制夷"的主张那样停留在书本上和口头上，而对当时的社会产生了有效的影响，它具有冲破传统思想的禁锢，开阔了人们视野，引导人们追求新知的积极作用。总之，洋务运动使中国迈出了由"传统社会"向"现代社会"转变的第一步，中国社会现代化的进程由此真正开始。

洋务运动不仅在工业、商业等方面开始进行逐步改革，在文化方面，许多洋务人士也主张一步步走向现代化。虽然过于天真，但是，总的来说，它是西方现代文化与中国古代文化碰撞时期的第一回合交手，是中国文化基于自己的主导观念对外来文化某些因素所作的初步选择。

1897年年底，全国出现了讲求维新变法的政治性学会33个，新式学堂17所，报刊19种；到了1898年，学会、学堂、报馆合计达300所以上。维新派通过开学会、办报刊的方式，介绍了西学，宣扬维新变法，将自己的思想付诸实践，给沉闷的中国带来了前所未有的新气象，使更多的人关注和参与政治。讨论时政、集会结社蔚然成风，维新变法的新局面逐渐形成，强烈地冲击了传统思想，使一部分人开始接受维新思想，起到了启发民智、组织力量、制造舆论的作用。

甲午战争后，列强加紧对华资本输出，掀起了瓜分中国的狂潮，中国的半殖民地化程度大大加深，民族危机加深，激起了中国各阶层人民的反抗。甲午战争后，民族资本主义的初步发展，促使民族资产阶级登上历史舞台，为戊戌变法提供了经济基础和阶级基础，资产阶级维新派掀起了一场拯救民族危亡的维新变法运动。1898年6月11日，光绪帝颁布"明定国是"诏书，宣布变法。

戊戌变法历时 103 天，史称"百日维新"。在政治上，裁并机构，精简人员，准许百姓向朝廷上书；经济上设立工商局和铁路局、矿产总局，修筑铁路，开采矿产；军事上训练新式海陆军，裁剪旧军队；文化教育方面，改革科举制，废除八股；普遍设立中小学堂，开办京师大学堂；设立译书局，翻译外国书籍；准许创立报馆、学会；奖励科学著作和发明。

百日维新是戊戌变法运动的高潮，其政令基本上反映了资产阶级（维新派）的愿望和要求，有利于中国民族资本主义的发展和先进科学文化的传播，并给民族资产阶级提供了参加政治的可能性，同时初步动摇了封建统治秩序，具有一定的进步意义。维新变法是一次资产阶级的改良运动，它提倡的新观念，对封建专制制度和传统观念的冲击，是一场爱国救亡的政治运动，具有爱国性；是近代中国第一次思想解放运动，具有启蒙性，促使中华民族的觉醒。它有利于中国资本主义的发展；有利于西方科技的传播，推动了近代文化和教育事业的发展；摒弃陈规陋俗，提倡文明的生活方式，引领时代新风。在当时的历史条件下，是有进步意义的。但是，由于没有行宪法、开国会，没有实行君主立宪制，没有触动封建统治的基础，改革是不彻底的，具有一定的局限。改良主义的道路走不通，中国近代化的道路是曲折的。维新变法虽然失败了，但变法的一个必经环节——文化发展从未停止，从教育制度、军事制度、行政制度、财政制度，乃至宪政体的准备，都在保证皇帝权力至高无上的前提下，作了可能的改革。

维新派大力提倡西方的社会政治学说，宣传天赋人权、自由平等的观念，推动了人们的思想解放，促进了资产阶级革命时代的到来。1898 年，上海英文版的《字林西报》载："激进的改革举世震惊。第一，他们终止了令人憎恶的闭关政策，倡导全国开放。第二，改革了那个愚蠢的自称为世界第一的教育制度。第三，不以中国文明自满，进行了大刀阔斧的改革。"康有为的维新思想，"对思想界的变化是一种强有力的刺激"。"维新运动决不能算作完全的失败。……这一思想变化开创了中国文化的新阶段，即新的思想意识时代。"新兴中国民族资产阶级面对着 19 世纪末帝国主义掀起的瓜分狂潮，挺身而出，为救亡图存奔走呼号。戊戌变法是一场救亡图存的爱国政治运动，维新派揭露帝国主义企图瓜分中国的阴谋，唤起了人们的近代民族意识和爱国思想，促成了中华民族的觉醒，是近代中国的一次思想解放潮流。资产阶级维新派提倡新学，主张兴民权，对封建文化进行了猛烈抨击，为近代思想启蒙运动的蓬勃兴起开辟了道路，促进了中国人民的觉醒。

辛亥革命发生于1911年至1912年初，旨在推翻清朝专制帝制、建立共和政体的全国性革命。辛亥革命以反对君主专制制度、建立资产阶级共和国为目标，是近代中国比较完全意义上的民族民主革命。正如毛泽东指出的："中国反帝反封建的资产阶级民主革命，正规地说起来，是从孙中山开始的。"1912年9月3日，孙中山在北京发表演说，指出"中国去年之革命，是种族革命，亦是政治革命"，确认了辛亥革命的民族民主革命性质，它有一个完整的资产阶级革命纲领"三民主义"，有一个统一的资产阶级革命政党"同盟会"，有一个明确的资产阶级革命目标"中华民国"，它在政治上、思想上给中国人民带来了不可低估的解放作用。

随着封建帝制的废除，依附于封建帝制的种种丑恶制度也被次第扫除，例如，世袭制度、太监制度、包衣制度等。民族平等、民权自由、民生幸福的呼声在中华大地回荡。空前的民主气象，经办实业的浪潮，形成了生机勃勃的局面。民主共和的观念开始深入人心，并在中国形成了"敢有帝制自为者，天下共击之"的民主主义观念。民主共和意识的积聚，大大促进了中华民族爱国主义精神的空前高涨，一定程度上促进了中国民族资本主义经济的发展，加速了中国工人阶级的成长壮大，为中国共产党的诞生扫除了最初的政治障碍。

同时，辛亥革命还冲破了封建思想的牢笼，极大地促进了人民的思想解放，为探索救国兴邦的道路打开了新的思想境界；有关民主和科学的学说，成了人们破除迷信、解放思想、反对传统封建文化和进行暴力革命、推翻帝制的思想武器，提高了人们的民主主义觉悟，为建立民主共和国作了思想准备。辛亥革命不仅召唤了新文化运动和五四运动的到来，而且为马克思主义在中国的传播打开了通道。陈独秀和知识界一批激进的民主主义者，继承和发展了辛亥革命思想解放运动的成果，把中国近代思想解放运动推向了崭新的发展阶段。20世纪初，随着一批觉悟知识分子的出现，各种宣传革命的书籍报刊纷纷涌现，马克思主义思想在中国不断传播开来，为中国共产党的诞生准备了思想条件。

辛亥革命并没有达到预期的独立民主之目的，革命果实被窃取，没有完成反帝反封建的双重任务，它没有摧毁半殖民地半封建社会的经济基础、上层建筑，特别是封建地主土地所有制。革命后中国仍处在帝国主义、封建主义和官僚资本主义的压迫下，社会矛盾没有发生质变，人民群众的处境没有改变。客观上是由于封建势力虽已腐朽，但在帝国主义的支持下，与买办势力勾结，形成难以摧毁的堡垒；主观上是由于中国民族资产阶级自身的软弱性、妥协性，表现在：第一，没有形成一个坚强统一的领导核心；第二，没有建立一支自己的革命武装力量；第三，没有找到一个切实可行的土地改革方案，以赢得广大农民的支持和参与。

辛亥革命结束了统治中国两千多年的封建专制制度，建立了中国历史上第一个资产阶级共和政府，它广泛地传播了民主共和的思想，使民主共和观念深入人心；它打破了封建主义的思想禁锢，促进了人们的民主觉醒和思想解放，使民主主义思潮成为不可抗拒的历史潮流。辛亥革命推动了中国民族资本主义的发展。南京临时政府提高了民族资产阶级的政治地位和社会地位，颁布了一些保护与发展民族工商业的法令，推动了中国近代社会经济的发展。它客观上冲击了帝国主义在东方的殖民体系，促进了亚洲被压迫民族和人民的觉醒。在它的影响下，亚洲出现了民族解放运动的高潮。

辛亥革命开创了完全意义上的近代民族民主革命，推翻了统治中国几千年的君主专制制度，建立起共和政体，结束了君主专制制度；传播了民主共和理念，极大地推动了中华民族思想解放，以巨大的震撼力和影响力推动了中国的社会变革。1927年，在《上海民众国庆纪念大会宣言》中指出，"辛亥革命至少含有两层重大的意义，其一，民族革命一部分的成功，其二，民权革命的确立……于种族革命之外，复为中国历史上开一政治革命的新纪元"。

辛亥革命以后，西方启蒙思想进一步传播，民主共和的思想深入人心。北洋军阀推行尊孔复古的逆流，与民主共和观念势不两立。更为重要的是当时人们对于辛亥革命失败的反思。经过辛亥革命，先进的知识分子认识到，革命失败的根源在于国民缺乏民主共和意识，必须从文化思想上冲击封建思想和封建意识，通过普及共和思想来实现真正的共和政体。胡适、陈独秀、蔡元培、鲁迅、钱玄同、李大钊等一些受过西方教育的人发起了"反传统、反孔教、反文言"的思想文化革新、文学革命运动。这次运动沉重打击了统治中国两千多年的传统礼教，启发了人们的民主觉悟，推动了现代科学在中国的发展，为马克思主义在中国的传播和五四爱国运动的爆发奠定了思想基础。

新文化运动的口号为"民主"与"科学"。"民主"是指民主思想和民主政治；"科学"主要是指近代自然科学法则和科学精神。资产阶级宣扬民主，反对封建专制，把斗争矛头直指封建专制的理论支柱的儒家思想，宣扬科学，反对封建迷信和愚昧。这一口号反映了中国社会发展的要求和人民的迫切需要，有力地推动了新文化运动的发展。民主和科学两面旗帜的树立，使中国许多方面发生了翻天覆地的变化，还造就了新思想、新理论广泛传播的大好机遇。新文化运动的"新"在于：第一，提倡民主，反对专制。第二，提倡科学，反对迷信。第三，提倡新道德，反对旧道德。第四，提倡新文学，反对旧文学。新文化运动高举民主与科学的旗帜，形成空前的思想解放，全方位动摇了封建思想的统治地位，使中国人民的思想得到了空前解放。解除了思想禁锢的知识分子开始投身更多的政治活动，成为"五四运动"的导火索；知识分子在此次运动中所宣扬的社会主义思想，为马克思主义在中国的传播创造了条件，也为中国共产党的诞生作了思想准备，确立了中国共产党统治的根基。

表33　"五四"以后全国各地的进步报刊和进步社团

省份	进步的报刊	进步的社团
上海	《星期评论》	——
	《建设》	——
	《觉悟》	——
北京	《少年中国》	少年中国学会
	《曙光》	国民杂志社
	《新社会》	新潮社
		工读互助团
天津	《天津学生联合会报》	觉悟社
	《觉悟》	
湖南	《湘江评论》	新民学会
		俄罗斯研究会
		文化书社
成都	《星期日》	——
武汉	《武汉星期评论》	——
浙江	《浙江新潮》	——
湖北	——	互助社
	——	利群书社
	——	共存社
广东	——	新学生社

　　在"五四"以后，全国各地的进步报刊和进步社团如雨后春笋般兴起。"五四"以前，倡导新文化的刊物，只有《新青年》《每周评论》和《新潮》等少数几种。"五四"后的一年里，全国新出版的期刊猛增至四百余种。其中影响较大的有：上海的《星期评论》《建设》《民国日报》副刊《觉悟》；北京的《少年中国》《曙光》《新社会》；天津的《天津学生联合会报》《觉悟》；湖南的《湘江评论》；成都的《星期日》；武汉的《武汉星期评论》；浙江的《浙江新潮》，等等。"五四"前的进步社团较著名的有：北京的"少年中国学会""国民杂志社""新潮社""北京大学平民教育讲演团"；湖南的"新民学会"；湖北的"互助社"等。"五四"后一年中出现的进步社团，约有三四百个，较著名的有：北京的"工读互助团"；湖南的"文化书社""俄罗斯研究会"；湖北的"利群书

社""共存社"；广东的"新学生社"；天津的"觉悟社"，以及各地建立的马克思学说研究会。这些报刊和社团的活动，传播了马克思主义，促进了马克思主义同中国工人运动的结合，为中国共产党的成立创造了条件。新文化运动从内容到形式的深刻变化，是旧民主主义革命向新民主主义革命转变的重要标志之一。

新文化运动，进一步打击了封建专制思想，传播了西方民主、科学、自由精神，也塑造了中国现代文人自由主义思想，并使自由主义和三民主义、共产主义并列为现代中国三大思潮，其在高级知识分子中更是主导；为中华民族培养了一大批关心国事、图存图强的现代人才，同时也形成了以自由主义知识分子为主体的"第三条道路"政治势力，对钳制当政者的专制冲动，推动中国政治民主作出了巨大贡献。

二、革命文化与素质文化基本内涵的形成

纵观近代中国发展历程，是一卷浸满鲜血又惨遭蹂躏的长卷。中国人民饱受列强的欺压与凌辱，深受国弱民贫的危害。鸦片战争的屈辱、联军侵华的无奈、日本扩张的悲惨遭遇，要从根本上改变中国任人欺凌、落后和贫穷的面貌，就必须进行革命，反帝反封建，推翻这些阻碍中国向前发展的绊脚石。就其本质与主流上来说，中国近现代史又是一代又一代仁人志士和人民群众为救亡图存和实现中华民族的伟大复兴而英勇奋斗，为民族民主革命艰苦探索的历史。文化是社会现实在观念形态中的存在方式，是人类社会活动的表现和产物。革命成为近代中国的历史主题，并由此形成了特定的革命文化精神。"五四"精神、长征精神、抗日精神等，都是我们民族精神的重要组成部分，是当代中华民族的魂，是中华民族永远的骄傲。也正是由于这些文化精神的积淀，在近代国民素质整体下降的趋势下，使国民的内在精神得到提高，也正是这些精神无形中影响着国民素质的长久发展。

（一）近代革命文化的形成及其内涵

近代革命文化的第一个成果是"五四"文化精神的形成。20世纪初期的中国，陷入了严重的社会危机中。辛亥革命虽然推翻了腐朽的清王朝和统治中国两千多年的封建制度，但是革命的胜利果实被袁世凯所窃取。北洋军阀政府对内镇压民主革命力量，对外大肆出卖国家主权和利益，激起了人民的极大愤慨。为维护专制独裁统治，北洋政府还在思想文化领域掀起了"尊孔复古"的逆流。在这种历史背景下，以陈独秀、李大钊为代表的先进知识分子，发起了以"民主""科学"思想为旗帜的新文化运动，起到了思想启蒙的作用。从1914年开始的第一次世界大战，极大地转移了西方列强侵略中国的精力，使中国的民族资本主义发展获得了"短暂的春天"，民族资产阶级和无产阶级队伍的力量得以迅速壮大。1917年爆发的俄国十月社会主义革命，给当时苦苦寻找国家出路的中国人送来了马克思主义。以上种种因素，为"五四"爱国运动的爆发提供了基本条件。而运动爆发的直接原因是北洋政府在"巴黎和会"上的外交失败。

在巴黎和会中，中国政府的外交失败，直接引发了中国民众的强烈不满，1919年5月4日，发生在北京以青年学生为主的一场学生运动，广大群众、市民、工商人士等中下阶层共同参与的一次示威游行、请愿、罢工、暴力对抗政府等多形式的爱国运动，以《新青年》创刊为标志，五四新文化运动开始了。"它开始于文学革命，提倡白话文，反对文言文，继而演变为一场输入新思潮的运动，最后又演变为学生运动和工人运动，成为追求改革和革命的革命运动"[1]。它是中国新民主主义革命的开始，是一次彻底的反对帝国主义和封建主义的爱国运动，毛泽东指出："五四运动是反帝国主义的运动，又是反封建的运动。五四运动的杰出的历史意义，在于它带着辛亥革命还不曾有的姿态，这就是彻底地不妥协地反帝国主义和彻底地不妥协地反封建主义。"[2]在五四运动

---

① 张星久：《中国政治思想史》，武汉大学出版社2011年版，第140页。

② 《毛泽东选集》第2卷，人民出版社1991年版，第699页。

中，爱国青年和工人阶级为达到爱国的目的，高举民主与科学的旗帜，积极倡导民主和科学的精神，进而推动了全社会的思想大解放。同时，爱国青年奔走呼号，不怕流血牺牲，为实现理想而苦苦追求，体现了追求真理、勇于探索的精神。

五四精神的核心内容可以概括为"爱国、进步、民主、科学"，是不屈不挠、忧国忧民、乐于奉献、敢于斗争的伟大爱国主义精神。爱国革命运动中充满的爱国、进步精神和新文化运动中倡导的民主、科学精神构成了五四运动的优良传统。五四精神是热血青年自发并逐渐凝成的一种神圣的精神追求，其精髓世代相承。

五四运动使人们从尊崇封建礼教到崇尚新道德，从信奉君主专制到追求民主自由，从效法欧美到以俄为师，是冲破旧思想的牢笼，寻求救国救民之路的一次思想大解放，使人们"深深认识到中国传统文化的落后，它对个体精神自由的严重栓桔，促使民族步入危机的深渊，看到只有西方文化才是与中国传统文化在总体上根本对立的另一种体系"[①]。正是具有这种大力解放思想和开拓进取的创新精神，五四运动才能够成为中国新民主主义革命的开端。在五四运动中，先进知识分子看到了工人阶级的强大力量，认识到单单依靠青年学生难以达到改造社会的目的，从此主动开始了在工人中传播革命思想，培育革命力量的工作。

在《新青年》中，陈独秀曾严肃指出："国人欲脱蒙昧时代，羞为浅化之民也，则急起直追。当以科学与人权并重。"李大钊也说："盖君与民不两立，自由与专制不并存，是故君主生则国民死，专制活则自由亡。"五四运动以西方民主思想为武器，对封建主义进行彻底批判，初步建立了中国现代的价值观体系，从而为中国社会及其思想文化观念从传统向现代的转型开启了大门。从此以后，民主与科学的思想观念、行为方式等具有现代价值取向的事物开始在

---

① 黄曼君：《回归中的超越——对"五四"文化精神的反思与辨析》，《华中师范大学学报》（哲社版）1989 年第 3 期。

中国社会产生并发展。

　　长征精神是革命文化的又一个成果。红军长征是人类历史上罕见的不畏艰险的远征，历时两年，转战 11 个省，在两万五千里的征途中，给后人留下了大量的革命文物和遗址、遗迹。此外，文化工作者通过诗歌、散文、音乐、美术、舞蹈、曲艺、新闻出版等文化载体，宣传红军指战员在征途中翻越雪山、跋涉草地的英雄壮举，报道红军沿途发动群众、纪律严明、扶危济困的动人故事，也留下了大量珍贵的文化记忆。长征途中，红军在饥饿、寒冷、伤病和死亡的威胁下，平均每天急行军 50 公里以上，平均每走 300 米就有一人牺牲。这无数惊天地、泣鬼神的故事，并不一定见诸文字，却在人民群众中广为流传，成为民族记忆的一部分。所有这些都构成了长征文化的重要内容。长征精神作为长征实践的文化精神产品，是人民军队红色文化基因的重要源头，是具有历史穿透力、恒久感召力的不朽精神旗帜。

　　长征作为中华民族从苦难走向辉煌的光辉历程、中国革命从挫折走向胜利的转折点，是党和红军用非凡文化创造力谱写的英雄史诗、竖起的历史丰碑。长征以其绝地重生、凤凰涅槃的神奇壮举告诉人们，历史进程中的任何进步都要付出相应的"代价"，历史境遇愈残酷，现实考验愈严峻，付出的"代价"愈大，就愈能彰显精神力量超越现实物质条件局限的巨大作用，愈加凸显文化创造力的精神和实践价值。有哲学家说，"战争的精华，不是在胜利，而是在于文化命运的展开"。先进战胜落后、真理战胜谬误、团结战胜分裂、实事求是战胜教条主义，这就是红军长征胜利得出的"武为表、文为里"的深刻启示和历史结论。

　　长征精神凝聚了民族精神，丰富了民族文化。长征创造了人类的奇迹，改写了中国的历史，更铸造了甘于吃苦、不畏艰难的革命乐观主义，勇于战斗、无坚不摧的革命英雄主义，重于求实、独立自主的创新胆略，善于团结、顾全大局的集体主义。可以说，共产党人的先进性和中华民族自强不息的精神汇集在长征者精神。八十年多来，长征以其丰富的文化内涵和精神价值，教育和影响了一代又一代人的理想信念、价值判断、道德规范、审美情趣、心理习惯等。这是长征文化的魅力。长征文化是中华民族百折不挠、自强不息的民族精神的突出表现，是保证革命和建设事业从胜利走向胜利的强大精神力量。

1996 年 10 月 22 日，江泽民在纪念红军长征胜利 60 周年大会上的讲话中指出，长征精神"就是把全国人民和中华民族的根本利益看得高于一切，坚定革命理想和信念，坚信正义事业必然胜利的精神；就是为了救国救民，不怕任何艰难险阻，不惜付出一切牺牲的精神；就是坚持独立自主、实事求是，一切从实际出发的精神；就是顾全大局、严守纪律、紧密团结的精神；就是紧紧依靠人民群众，同人民群众生死相依、患难与共、艰苦奋斗的精神"。2006 年 10 月 22 日，胡锦涛在纪念红军长征胜利 70 周年大会上的讲话中指出，长征精神"是中国共产党人和人民军队革命风范的生动反映，是中华民族自强不息的民族品格的集中展示，是以爱国主义为核心的民族精神的最高体现。长征精神为中国革命不断从胜利走向胜利提供了强大精神动力"。2016 年 10 月 21 日，习近平在纪念红军长征胜利 80 周年大会上的讲话中指出，长征精神"就是把全国人民和中华民族的根本利益看得高于一切，坚定革命的理想和信念，坚信正义事业必然胜利的精神；就是为了救国救民，不怕任何艰难险阻，不惜付出一切牺牲的精神；就是坚持独立自主、实事求是，一切从实际出发的精神；就是顾全大局、严守纪律、紧密团结的精神；就是紧紧依靠人民群众，同人民群众生死相依、患难与共、艰苦奋斗的精神"。"是中国共产党人及其领导的人民军队革命风范的生动反映，是中华民族自强不息的民族品格的集中展示，是以爱国主义为核心的民族精神的最高体现"。

中国共产党第十八次全国代表大会报告指出："文化是民族的血脉，是人民的精神家园。"文化是一个国家的精神品牌，是一个民族的根，"文化的本质是一种精神承载。长征精神作为一种文化精神创造，塑造了共产党人和人民军队特有的文化品格和气质，构成了我军先进军事文化的优秀基因和重要表征，其全部价值意义，深植于党和红军所展现的文化创造力之中"①。美国著名学者

---

① 邓一非：《长征精神与文化创造力》，《光明日报》2016 年 9 月 24 日。

布热津斯基"重走"长征之路后,感慨地说:"对崭露头角的新中国而言,长征的意义不只是一部无可匹敌的英雄主义史诗,它的意义要深刻得多。它是国家统一精神的提示,它是克服落后东西的必要因素。"2002年,英国历史学博士李爱德与朋友马普安徒步"长征"后,合著出版了《两个人的长征》及摄影画册,就是想要影响"更多的人来关注长征这段历史"。长征这段世所罕见的不畏艰难险阻、不怕流血牺牲的远征,其背后深藏着信仰、精神的价值作用和巨大力量的奥秘①。

抗战文化精神诞生于挽救民族危亡的全民抗战之中。抗日战争是中国抵抗日本侵略的一场民族性的全面战争。1931年,侵华日军发动九一八事变后,完全侵占中国东北,并成立伪满洲国,此后陆续在华北、上海等地制造事端、挑起战争,国民政府则采取妥协政策避免冲突扩大。1937年7月7日,日军在北平附近挑起卢沟桥事变,中日战争全面爆发。1941年12月7日,日本发动太平洋战争后,12月9日,重庆国民政府正式对日宣战。1945年8月15日,日本向同盟国无条件投降。中国人民的抗日战争,是中华民族历史上最伟大的卫国战争,中华民族实现了空前的团结和统一,是中国人民反抗日本帝国主义侵略的正义战争,是世界反法西斯战争的重要组成部分,也是中国近代以来抗击外敌入侵第一次取得完全胜利的民族解放战争。中国以空前的民族团结和巨大的民族牺牲,取得了自鸦片战争以来第一次反侵略战争的伟大胜利,并为人类进步、正义和和平事业作出了不可磨灭的贡献。

在中国共产党的主导下,建立了全民族抗日统一战线,动员起全国各阶级、各阶层、各党派的一切力量,投入了伟大的抗日战争,无数优秀的中华儿女为了民族独立和人民解放,前仆后继、血洒疆场,充分展现了中华民族不畏强暴、勇于抗争的民族精神。在抗日战争期间,中国军民共歼灭日军155万多人,占第二次世界大战日军伤亡总数的75%以上。中国军民付出了伤亡三千五百多万人、直接经济损失一千亿美元、间接经济损失五千多亿美元的巨

---

① 邓一非:《长征精神与文化创造力》,《光明日报》2016年9月24日。

大代价。中国战场是世界反法西斯战争的东方主战场，中华民族是打败日本帝国主义的决定性力量。正是中国军民持久而顽强的奋战，摧毁了日本法西斯称霸世界的狂妄梦想。这是近代一百多年以来，中华民族反抗帝国主义侵略取得的第一次全面胜利。

抗日战争的胜利彻底打败了日本侵略者，捍卫了国家主权和领土完整。它雪洗了鸦片战争以来中国人民受帝国主义奴役和压迫的耻辱，极大地推进了中国革命的历史进程，为中国新民主主义革命的最后胜利奠定了坚实的基础，促进了中华民族的觉醒和团结，弘扬了以爱国主义为核心的伟大民族精神。同时，也形成了以爱国主义为核心的民族精神——抗战文化精神。

抗战文化精神升华了以爱国主义为核心的伟大民族精神，是"在中国共产党的领导下，中国各族人民万众一心，团结一致，不畏强暴，不屈不挠，前仆后继，同仇敌忾，一致对外，捍卫领土，追求民族解放的精神"。[①] 抗战精神是中华民族精神在抗战时期的时代体现，同时也是抗战时期的历史产物。抗战精神所反映的中华民族的民族特性，是中华民族各族同胞的精神品质和精神风貌在抗战中的集中体现，是中华民族源远流长的历史文化传统和爱国主义精神在抗日战争中的升华，是伟大民族精神的具体表现。

2014 年 9 月 3 日，习近平总书记在纪念中国人民抗日战争暨世界反法西斯战争胜利 69 周年座谈会上，对抗战精神的内涵作了概括："在中国人民抗日战争的壮阔进程中，形成了伟大的抗战精神，中国人民向世界展示了天下兴亡、匹夫有责的爱国情怀，视死如归、宁死不屈的民族气节，不畏强暴、血战到底的英雄气概，百折不挠、坚韧不拔的必胜信念。"

2015 年 9 月 3 日，习近平总书记在纪念抗战胜利 70 周年大会上的讲话中指出："中国人民抗日战争和世界反法西斯战争，是正义和邪恶、光明和黑暗、进步和反动的大决战。在那场惨烈的战争中，中国人民抗日战争开始时间最早、持续时间最长。面对侵略者，中华儿女不屈不挠、浴血奋战，彻底

---

① 李连中：《抗战精神研究综述》，《滨州学院学报》2007 年第 8 期。

打败了日本军国主义侵略者，捍卫了中华民族五千多年发展的文明成果，捍卫了人类和平事业，铸就了战争史上的奇观、中华民族的壮举。"强调："前进道路上，全国各族人民要在中国共产党领导下，坚持以马克思列宁主义、毛泽东思想、邓小平理论、'三个代表'重要思想、科学发展观为指导，沿着中国特色社会主义道路，按照'四个全面'战略布局，弘扬伟大的爱国主义精神，弘扬伟大的抗战精神，万众一心，风雨无阻，向着我们既定的目标继续奋勇前进。"

中国人民在抗日战争的壮阔进程中，铸就了伟大的抗战精神，中国人民向世界展示了天下兴亡、匹夫有责的爱国情怀，视死如归、宁死不屈的民族气节，不畏强暴、血战到底的英雄气概，百折不挠、坚韧不拔的必胜信念。硝烟散尽，精神永存。伟大的抗战精神是一种伟大的民族精神，是中华民族源远流长的爱国主义在抗日战争中的锤炼和升华。这种精神来自中华儿女内心深处对祖国的无限热爱。面对日本帝国主义妄图灭亡中国的侵略战争，千千万万中华儿女义无反顾地走上了抗日救亡的道路。"中国有强大的实力抗击日本吗？"当美国记者史沫特莱询问杨虎城将军时，杨虎城这样回答："谁能从理论上解答这个问题？我认为中国的力量不在飞机和坦克，日本拥有更多的飞机和坦克。我们的力量就在于我们懂得必须抗日。这不是单纯的物质力量问题，它需要我们面对现实，有坚定的意志，只要我们有坚定的意志，我们就有力量抗战。"成千上万的中华儿女，在抗日战场上表现出了这种"坚定的意志"，用热血和生命浇铸了千古不朽、熠熠生辉的抗战精神。

（二）近代中国民族觉醒与中华民族精神的重铸

近代中国历史是民族觉醒的历史，是"民族自知其为民族之谓"[①]的历史。金冲及先生认为："一个民族的觉醒，通常要有两个条件：第一，这个民族面对着或者经历了以往没有遇到过的严重危机，甚至整个民族被逼到生死存亡的关

[①]　张君劢：《中华民族复兴之精神的基础》，《再生》1934 年 4 月第 2 卷，第 6/7 合刊。

头，旧格局再也无法继续保持下去。第二，还要这个民族能看到出路，燃烧起新的希望，深信只要奋起救亡，勇于变革，就可以改变目前的艰难处境。"①这正是对近代中国处境及其历史走向的深刻解读。

近代以来，中国遭遇了"数千年未有之奇变"，荣光不再。鸦片战争后，西方资本主义侵略势力东渐，中国沦为半殖民地半封建社会，民族危机日益深重，人们逐渐从"天朝上国"的故步自封中苏醒，少数人开始"睁眼看世界"，提出了"师夷长技以制夷"的口号。国人为此奋起，前仆后继，进行了长期的反帝反封建的英勇斗争。在近代史的进程中，"思想启蒙""救亡图存"与"国家独立和民族振兴"成为主旋律。孙中山领导的辛亥革命终于推翻清王朝，结束了千年帝制，将中国历史推进到了民主共和的新时代。中华民族精神与整个中华民族一样，历经艰难曲折而浴火重生。与前相较，其发展更展现出了新的时代特点。其间，抗日战争的伟大胜利，尤其成了近代中华民族复兴的起点同时，也成为中华民族精神大放异彩的赞歌。

五千年的华夏文明创造了博大精深的中华文化，中华文化积淀着最深沉的精神追求和精神标志，成为中华民族生生不息、永续发展的丰厚滋养。中华文明是人类文明史上从未中断过的文明，这种连续性给了中国人民在近代民族危亡时刻坚定的力量和信念。

民族精神是一个民族在长期的历史发展中形成的心理状态和价值观念的集中体现，是一个民族的文化内核和灵魂。中华民族精神在中国近代历史中得到极大丰富和发展。五四运动以来的中国历史，既是一部中华民族救亡图存、民族独立、自立自强的奋斗史，也是一部近代中华民族精神闪耀光芒的光辉史。一个民族要生存和发展，就要有一种昂扬向上的民族精神，从而自立于世界民族之林，"当高楼大厦在我国大地上遍地林立时，中华民族精神的大厦也应该巍然耸立"。中华民族从来没有在种种考验面前沉沦和屈服，反而在百折不挠的奋斗中奋起。其所以如此，一个重要原因就在于中华民族精神始终是鼓舞我们民

---

① 金冲及：《二十世纪中国的崛起》，上海人民出版社 1999 年版，第 10 页。

族迎难而上、团结互助、战胜强敌与困难的不竭力量之源。"抗战精神的价值、影响和贡献早已超越它所产生的那个时代,不仅属于历史,更属于当代和未来。"当今,抗战精神为实现中国梦提供了强大的精神动力。中国自古以来就有"埋头苦干的人""拼命硬干的人""为民请命的人""舍身求法的人"……这些人物在中华民族的历史长河中熠熠夺目,他们是"中国的脊梁"①。

---

① 《鲁迅散文》,人民文学出版社 2014 年版,第 223 页。

第六章　国民素质发展问题的哲学反思

　　国民素质是伴随着国家的产生而形成的主体内涵特质。"国家和旧的氏族组织不同的地方，第一点就是它按地区来划分它的国民"①。以此为出发点，"允许公民在他们居住的地方实现他们的公共权利和义务"②，而国民素质形成和发展于行使公共权利和履行义务的责任之中。因此，在国民素质历史发展的过程中，国民素质的发展与历史文化的发展具有内在一致性，中华民族五千年的历史文化尤其是儒家文化积极入世的价值观，经过传播教化而积累、发展与升华不断塑造着国民素质特质，表现出了中华民族素质鲜明的发展特征和特有的发展路径与方式。

第一节　国民素质发展基本规律

　　国民素质的形成和发展，从历时性意义上说，经历了一个长期复杂的历史过程，有什么样的国家制度性质，就有什么样的国民素质性质；从共时性上

---

① 《马克思恩格斯选集》第 4 卷，人民出版社 1995 年版，第 170 页。
② 《马克思恩格斯选集》第 4 卷，人民出版社 1995 年版，第 171 页。

讲，国民素质发展必须与经济文化发展相结合，才能真实地反映出国民素质发展的路径。

一、国家制度性质决定国民素质性质

"国家的产生及其最初的发展在一定意义上可以被解释为人类获得某种相对复杂的生存方式的原因。"① 而相对复杂的生存方式促使了人们的思维方式、价值观念、伦理道德观念的变革与进步，由此既作用与影响着国家的经济、文化制度的形成，又促进着国民素质观念的提高。国家制度建立的阶级属性，对国民素质的形成和发展具有强制与规范作用，它促使人类的"原始性"素质特征向着国民"阶级性"素质特征转化。

国家制度是在一种文化价值体系的指导下形成的，而一种国家制度坚持什么样的价值观念，就必然确立与此相适应的文化价值规范体系。中国国家形成的道路是以部落征服和地域联合为基本途径的，必然确立"宗法伦理"的治国思想，形成一套与之相适应的宗法文化制度及其宗教神学的文化思想体系。在西周奴隶社会，利用宗教观念以配合暴力统治，"权者，君子所独制也"，对国民素质的发展有着明显的限制作用。然而，"周人创造的'有孝有德'的宗法伦理价值观念是一个开放的、进步的体系，它奠定了周人开放的国家形态、民族形态"②。周"礼"作为宗法伦理价值核心的外在表现形式，对不同等级、不同地位贵族的行为规范与权利义务作出了严密规定，也影响着社会的"父慈、子孝、兄友、弟恭"伦理风气的形成。这不仅对贵族的伦理观念起到了规范作用，而且也影响着中华民族伦理文化的形成。因此，"没有周公不会有传世的礼乐文明，没有周公就没有儒家的历史渊源"③。

---

① 谢维扬：《中国早期国家》，浙江人民出版社 1995 年版，第 6 页。
② 巴新生：《西周"有孝有德"宗法伦理文化的作用与影响》，《天津师范大学学报》（社会科学版）2013 年第 3 期。
③ 杨向奎：《宗周社会与礼乐文明》，人民出版社 1986 年版，第 136 页。

公元前 221 年，秦统一中国，结束了春秋战国以来诸侯割据混战的局面，进入封建社会，皇帝有至高无上的国家权力，而机关权力关系不再以血缘宗法为基础，是以宗法色彩浓厚和君主专制高度发达为主要特征的社会政治结构。其宗法专制性的社会政治结构，决定着国家核心价值观的确立指向，形成了以"仁"为核心、以"礼"为调节手段的儒家文化的伦理型范式，对国民进行教育引导和"灌输"，为封建社会的素质文化形成起到了主导作用。与此相应建立的维护、发展其政治统治的经济秩序，而确立或创设的经济制度，表现在地主阶级利用他们掌握的土地和封建特权，把占有大量的土地租给农民耕作，通过采取经济强制手段来对农民进行剥削和压迫，反映出农民对地主仍存在着人身依附关系。但大多数农民建立了以家庭劳动为基础的小私有经济，使生产劳动具有了一定的独立性，生活具有了相对稳定性，文化传承具有了物质基础，为儒家文化的普及和遵循创造了条件，由此形成了以儒家思想为核心的素质文化。

概而言之，一方面，国家制度所具有的稳定性、强制性使其自身的核心价值观对国民进行反复教育引导和灌输，不断规范着人们的价值观念、伦理道德观念，对国民素质发展具有引领作用；另一方面，国民在社会实践活动中，不断接受着国家所规定的价值观念、伦理道德观念及行为规范，形成了与国家制度性质相适应的素质形态。因此，国家制度的性质决定着国民素质的性质。

二、文化对国民素质模塑性

在历史发展的进程中，人不断创造着文化，不断凝结成新的生存和发展方式，不断提升和延伸本质力量，都是文化作为人的实践创造通过其心理内化、实践外化为素质而体现的。

在春秋战国时期，诸子就天道、人道、社会伦理道德、礼法制度等相关文化创建问题进行广泛的探讨，形成了各种学派。以儒家及道家、墨家观点为多。儒家给中华民族提供了人本主义文化系统，在其素质文化价值体系的创建中，首次把"素"的本意引申为人的基本素养，《论语·八佾》：子夏问曰：

"'巧笑倩兮，美目盼兮，素以为绚兮'。何谓也?"子曰："绘事后素。"曰："礼后乎?"① 把"仁"摆在第一位，"恭、宽、信、敏、惠"，"唯仁者能好人"(《论语·里仁》)，把人性内涵提升到了新的高度，要求人们天性质直，心志好义；提出成人应该具备"智、仁、勇"三德；强调个人在全面发展中，"志于道，据于德，依于仁，游于艺"(《论语·述而》)。由此看来，"在中国古代，是在人性意义上研究人的素质问题，认为人的素质就是指人性"②。人性实质上是人在其活动过程中作为整体所表现出的与动物所不同的特性。这种特性反映在人与自然、社会和自身的三种关系中，作为自然存在物、社会存在物和有意识存在物在实践中反映出的自然属性、社会属性和精神属性，表现在素质文化上：(1) 人与自我关系，塑造自身人格。"士不可以不弘毅，任重而道远，仁以为己任，不亦重乎? 死而后已，不亦远乎"(《论语·泰伯》)，重视人生理想；"富贵不能淫，贫贱不能移，威武不能屈，此之谓大丈夫"(《孟子·滕文公下》)，富贵不能使人放纵享乐，贫贱不能使人改变志向，威武不能使人卑躬屈膝，才能行天下之大道。(2) 人伦关系，以孝为重。"孝乎惟孝，友于兄弟"(《论语·为政》)，只有孝敬父母的人，才能友爱兄弟。(3) 人与他人关系，在于严己与宽人。"躬自厚而薄责于人"(《论语·卫灵公》)，要严于律己，宽以待人。(4) 个人与集体、国家关系，重视献身精神。"杀身以成仁"(《论语·卫灵公》)，"天下有道，以道殉身"(《孟子·尽心上》)，"舍生取义"(《孟子·告子上》)，为国为民虽赴汤蹈火，在所不惜，体现着爱国主义思想。(5) 人与自然关系，人道和天道(自然)是相通的。"诚者，物之终始"(《中庸》)，说明诚与人、与万物的关系；山的广阔和高大，"草木生之，兽居之，宝藏兴焉"(《中庸》)，要爱护大自然；"大哉圣之道! 洋洋乎发育万物"(《中庸》)。儒家素质文化价值体系的基本形成，在历史的长河中，浸润濡染，不仅作用着国民素质内涵的形成，而且凝聚着中华民族的向心力和凝聚力。

---

① 张以文译注：《四书全译》，湖南大学出版社 1989 年版，第 77 页。
② 张朝蓉、王为民：《对中国思想史中人的素质思想的考察》，《江西社会科学》2003 年第 10 期。

在长达两千年的封建社会中，多次出现的民族大融合，其共同特征是汉文化与异域文化融合，使中华文化发展出现繁荣局面，促进人们开放意识的提高，为国民素质内涵的扩展提供了文化条件。唐朝盛世从太宗登基（627）到安史之乱爆发（755）的128年中，促进了传统汉文化与异域文化的相互融合，给古老的华夏传统文化增加了新的内容。"国学之盛，近古未有。"唐代文化所表现出的兼容并包、吐纳百川、吞吐万象的大气派，使儒家正统而不独尊，儒学昌明、道教风行、佛教兴旺，保持着儒、道、佛三家鼎立的局面，以儒治世、以道养身、以佛修心的"三元"文化，所形成的民风习俗，给唐人的想象力和创造力提供了任意发挥、自由驰骋的天地，为唐人素质的发展特征提供了宽松的文化环境，使国民素质发展达到了封建社会的最高水准。宋明两代，经朱熹和王阳明对儒学的诠释、发展和深化，形成了新的儒家文化体系，把人的道德主体性上升到宇宙本体地位，升华了天人关系、人的本质、人性及心性修养的内涵，讲求"知行合一""致良知"，以达到人与自然、社会、他人和自身和谐的状态，赋予了素质文化新内涵。在明清发展中，经李贽反对礼教、抨击道学，表现出与封建正统思想抵触的进步思想；黄宗羲主张以"天下之法"取代皇帝的"一家之法"，以限制君权，保证人民基本权利的民主思想的形成；王夫之反对禁欲主义，打破传统思想束缚，对于解放人们思想起到了积极作用；顾炎武在对宋明理学的批判中，探索"国家治乱之源，生民根本之计"之路，喊出了"天下兴亡，匹夫有责"的口号。他们批判继承儒家文化思想，构筑了具有时代特色的新文化思想体系，丰富了素质文化内涵。概而言之，"中国传统思想近代转型所依凭的'已有的思想材料'，一个比较切近的前缘，便是明清之际的早期启蒙思想，如'匡时济世'的实学精神、抗议君主专制的社会批判思想和民主精神、执着的民族精神以及借鉴外域文化的开放精神等"①。

鸦片战争以后，近现代中国处在内忧外患的双重险境之中，中华民族处于危亡关头。广大有识之士从国家情怀的精神高度、强烈的政治责任感，在"救

---

① 冯天瑜：《辩证审视中国传统思想的近代转型》，《光明日报》2007年11月30日。

亡图存"和"思想启蒙"的时代主题中探索救国救民的道路。以严复、梁启超、鲁迅等为代表的思想家，在反思中提出批判传统文化，把改造国民性、提高国民素质作为救国救民的重要路径，催生着现代文化思想形成。从此，我国思想界开始独立探讨人的素质问题，并把国民素质作为独立的范畴进行研究，构建新的素质文化思想，即改造国民性，塑造"德、智、力"三者具备的新国民形象；以"五四"新文化运动为标志的科学与民主意识日益深入人心；中华民族生存意识空前觉醒，开放意识在斗争中提高；科学技术在"实业救国"中得到发展，尤其是"五四"新文化运动之后的无产阶级先进文化培育着新的民族精神，如爱国主义、自强不息、百折不挠、独立自主和艰苦奋斗、共御外侮的大局意识、革命英雄主义精神等，这些精神在抗日战争中得到了充分的体现。这既是对古代素质文化思想的发展与创新，又反映出近现代思想家对国民素质问题认识的深化，对于国民素质乃至中华民族素质水平的提升有着积极的作用。

概而言之，素质文化从产生、早期定型，并在长期的社会发展中诠释、改造、转化、创新，得以系统化，始终是以思想道德素质文化为主线。提高人的素质，最重要的是要提高人的思想道德素质，并融入中华民族文化的血液之中，形成了原动的、强大的素质文化力，推动着中华民族素质的发展，突出了中华民族素质的鲜明特征，因而是素质"文化将我们塑造成一个单一的物种——而且毫无疑问还在继续塑造我们——从而使我们成为不同的个人"[1]，形成了不同的民族素质特质。

三、国民素质发展与经济文化发展相结合

国民素质发展既受经济发展水平的制约，又受社会文化价值的作用。进而言之，生产力发展是实现人的素质发展的物质基础，文化发展是实现人的素质发展的价值力量，二者在统一中推进国民素质发展。因此，国民素质的发展与

---

① ［美］克利福德·格尔茨：《文化的解释》，韩莉译，译林出版社1999年版，第66页。

经济文化的发展必须相结合。

　　生产力发展是一个长期的、渐进的过程，在春秋战国时期，铁工具的使用和推广，生产力的发展有了显著变化，成为中国历史上生产力发展的重要标志，为后代的经济文化发展奠定了基础。每一代经济文化发展"都遇到前一代传给后一代的大量生产力、资金和环境"①。唐代承续、创新秦、汉、隋代的生产力，农业经济在中国封建社会史上达到了新的高峰，进入了封建文明的繁荣阶段，形成了国富强盛、文化繁荣的局面。医学事业继续发展，使国民身体素质在封建社会史上达到了新的高峰；教育事业兴旺发达，玄宗开元年下令"天下州县，每乡一学，乃择师资，令其教授"②，学科专业增多，特别是律学、书学、算学、医学等专科学校的创建，对提高国民文化与科技素质起到了极大的促进作用，尤其是相对宽松的社会文化环境，为人们的发展提供了较大的空间，其开放意识、自由精神、个性张扬、想象力的发挥等素质特质达到了新的水平。

　　宋代是中国封建社会史上的一个重要发展时期，生产力发展尤其是科学技术呈现出前所未有的巅峰发展状态，商品经济的发展达到了空前高度，其鲜明的特征是资本主义因素开始孕育。宋太宗时"国家入财富两倍于汉唐"。据现代杰出的历史学家蒙文通先生考证，"宋朝农作物单位面积产量相当惊人，唐时平均每亩产量约 1.5 石，而宋代平均每亩产量约 2 石，比唐代高约 30%；其他经济作物，如茶、棉花、甘蔗、桑蚕等，产量也均高于唐朝"③。这就为宋代人的发展和素质的提高提供了必备的生活条件。明代学者徐有贞与汉唐比较后认为："宋有天下三百载，视汉唐疆域之广不及，而人才之盛过之。"④这是因为，宋代文化以其丰富的内涵和巨大的活力，熠熠生辉，辉煌灿烂，尤其是家训文化与教育进一步发展和普及，极大地促进了宋代人重视学习和科学探索精神的

---

① 《马克思恩格斯选集》第 1 卷，人民出版社 1995 年版，第 92 页。

② 刘煦：《旧唐书》，中华书局 1975 年版，第 209 页。

③ 蒙文通：《中国历代农产量的扩大和赋役制度及学术思想的演变》，《四川大学学报》1957 年第 2 期。

④ 郭学信：《宋代人才之盛探源》，《天津社会科学》2006 年第 1 期。

提高，在全社会形成了崇高儒雅好学之风，人才之盛，前世莫及，可谓"华夏民族文化，历数千载之演进造极于赵宋之世"①。上承汉唐，下启明清。主要表现在科技最杰出的成就，指南针、印刷术、火药武器三大发明制造，反映出宋代国民素质尤其是文化与科技知识素质的水平。马克思对于火药、罗盘、印刷术的世界意义曾作总体性的精辟阐述，"火药、指南针、印刷术——这是预告资产阶级社会到来的三大发明。火药把骑士阶层炸得粉碎，指南针打开了世界市场并建立了殖民地，而印刷术却变成新教的工具，总的来说变成科学复兴的手段，变成对精神发展创造必要前提的最强大的杠杆"②。由此可以看出，宋代文化的发展繁荣有赖于经济的快速发展，而国民素质的发展尤其是文化与科技素质的提高，得益于文化的发展繁荣和经济的快速发展。

在明代，资本主义萌芽继续孕育和商品货币经济发展，推动着商业都市规模的形成，无论是铁业、造船业、建筑业，还是丝绸、纺织、瓷器及印刷等方面，在世界都处在领先地位；农业呈现出粮食生产的专业化、商业化趋势，打破了人们长期以来形成的"安土重迁"的思想，在社会各阶层中，出现了人口流动、相互交往增多的现象，拓宽了人们的视野，作用着人们思维方式的变革和价值观念的转变，主要体现在王阳明"致良知"与"知行合一"的思想，他肯定人的主体性地位，将"人"的主动性放在学说的重心。对于促进国民素质发展、丰富素质文化内涵起到了积极作用。

清代"康乾盛世"（从 1662 年延续到 1795 年，长达 134 年）经济曾复兴并达到空前繁荣，国内生产总值恢复到世界的三分之一，国库财政储备充足，整个清帝国版图达到空前扩张，仅次于元，形成了空前"大一统"的多民族国家，史称"汉、唐以来未之有也"。"康乾盛世"最主要地表现在人口的增长上，在康熙六十一年（1722），全国人口突破一亿五千万，乾隆五十五年（1790）突破三亿大关，约占当时世界人口的三分之一，在一定意义上反映着国民身体

---

① 《金明馆丛稿二编》，第 245 页。

② 《马克思恩格斯全集》第 47 卷，人民出版社 1979 年版，第 427 页。

素质的发展。与此同时，出现了"文教大昌"的局面，《康熙字典》《四库全书》与《古今图书集成》成为全世界最庞大的类书，使清代学术取得了"超汉越宋"的水平，集历代之大成的历史地位，对后世教育的发展起到了基础作用，对后世文化的发展产生了巨大影响。

清末，民国统治者由于政治腐朽、闭关锁国，固步自封为"天之中心"，妄自尊大，停滞不前，深陷在封建时代的隧道之中，成为"东亚睡狮"、世界潮流的落伍之国。外族入侵不断与国内军阀混战，使经济、文化发展极为缓慢，人民的生活水平低下，严重制约着国民身体素质的提高，民国时期人的平均寿命只有35岁；国民的心理素质和社会文化素质总体上处于下降趋势，但1919年五四运动的爆发，以中华民族的觉醒为标志，"新的国民"意识开始形成，促进着国民素质观念向现代性转变，人的主体性明显增强，现代素质文化开始形成。

总而言之，国民素质发展是有其规律的，国民创造发展着自己的素质文化，"并不是随心所欲地创造，并不是在他们自己选定的条件下创造，而是在直接碰到的、既定的、从过去承继下来的条件下创造"① 的。素质文化引领国民素质发展的实现，不是想象或设想的引领实现，而是他们的经济条件需求满足性和素质文化认同性。只有生产力的发展和物质财富的增长等物质条件的具备，只有通过文化的不断创新丰富素质文化内涵，才能使国民素质提升成为可能。而要使这种可能成为现实，必须与经济文化发展相结合，必须通过主体对素质文化的情感认同、内化与外化。

第二节　国民素质发展实现系统

恩格斯认为，"在社会历史领域内进行活动的，是具有意识的、经过思虑

---

① 《马克思恩格斯选集》第1卷，人民出版社1995年版，第585页。

或凭激情行动的、追求某种目的的人；任何事情的发生都不是没有自觉的意图，没有预期的目的的"①。进而言之，人对自身的发展及其素质的提高，不是没有意图或无目的的，而是在进行认识、评价、审美和追求等复杂的心理文化活动中提高的。而学者"却鲜有对人的现实复杂性、人的主体素质、人的'行'、人的'心'和'脑'的状况的细致研究"；"对在高度复杂的社会历史背景下人们认同、践行价值观的主体条件的研究"②。实质上，国民素质发展具有对素质文化情感认同、内化与外化实现属性，在顺序上表现出递进性、实现过程中表现出互动性、实现要求上表现出实践自觉性的逻辑关系，由此构成国民素质发展与提高实现系统。

一、素质文化情感认同在国民素质发展实现目标中具有逻辑先在性

素质文化教育和社会制度规范是国民素质发展的外生动力。而国民对素质文化的情感认同，是国民素质发展内生动力的"击发器"。这是因为，在国民素质发展实现的过程中，其素质文化情感认同对内化和外化具有一种逻辑先在性，在实现程序上后者以观念实体转化为素质实体的过程，依赖于国民对素质文化情感认同的程度。

（一）素质文化情感认同的内涵及主要特征

通常学界从两个层面对文化认同的内涵进行界定，即从个体层面对国家或族群体文化的态度、认知、情感等心理过程进行界定，而社会层面则从个体与国家或族群体文化情境相互作用所达到的状态进行界定。从价值认同内涵界定的意义上，有学者认为，"价值认同是民族文化认同的前提"③。也有学者认为，价值认同是文化认同的核心，从个体或民族、国家通过相互交往而在观念

---

① 《马克思恩格斯选集》第 4 卷，人民出版社 1995 年版，第 247 页。

② 沈湘平：《价值观研究亟需自觉的人类学视角》，《哲学动态》2016 年第 11 期。

③ 詹小美、王仕民：《论民族文化认同的基础条件》，《哲学研究》2011 年第 12 期

上对某类价值的认可和共享，所形成的共同价值观念进行界定。① 还有学者认为，"价值认同不仅仅是一种观念的建构和表达，更重要的是价值行为的实践活动"②。这些观点为界定素质文化情感认同的内涵提供了学理依据。

实质上，素质文化情感认同内涵着本身、本体性，表现在个体心理倾向性。而"心理圈是个人的精神／大脑的领域"③，因此素质文化"产生于人的精神／大脑之间的相互作用"④。从心理学意义上认为，素质是指有机体天生具有的某些解剖和生理的特点，主要是神经系统、脑的特征，以及感官和运动器官的特征⑤。由此可见，文化认同内涵与素质内涵具有内在联系性。因此，依据人的神经系统、脑特征的素质内含要素界定文化认同，就必然体现在心理情感性上。那么，"依据个人的独特素质而建构的认同被称为个人认同（personal identity）"⑥，将是我们对素质文化情感认同内涵界定的指向，即国民在提高自身素质实践活动的体验中，通过大脑、精神之间的相互作用，对现存文化的比较、分析和评判后产生的社会主义文化价值观情感状态，用之自觉指导实践的一种心理倾向，具有对价值观的内向感受、意向协调性和体验感、价值认同感等主要特征。

（二）国民素质发展价值关系是素质文化情感认同条件

国民对其素质有意识、有目的的发展，首先是以价值需求为观念条件的，是在满足价值需求后经过情感认同、内化与实践实现素质实体的。这样一来，

① 汪信砚：《全球化中的价值认同与价值观冲突》，《哲学研究》2002年第11期。
② 王律：《建构现代中国社会的价值认同》，《探索》2006年第1期。
③ ［法］埃德加·莫兰：《方法：思想观念——生境、生命、习性与组织》，秦海鹰译，北京大学出版社2002年版，第130页。
④ ［法］埃德加·莫兰：《方法：思想观念——生境、生命、习性与组织》，秦海鹰译，北京大学出版社2002年版，第131页。
⑤ 朱智贤：《心理学大词典》，北京师范大学出版社1989年版，第650页。
⑥ Hogg, M. A. 2004, Social Identity, Self-categ orization, and Communication in Small Groups［Hogg, 2004: 221-243］. In Sh. Ng, C. Candlin &C-y. Chiu（ed .）. Language Matters: Communication, Culture, and Social Identity［C］. Hong Kong: City University of Hong, Kong Press.

国民素质发展价值需求和满足价值需求的统一，就形成了构建素质文化满足需求同提高素质结合起来的价值关系。

现时代，国民素质发展价值需求和构建素质文化满足价值需求的关系。主要表现在：一方面 2017 年 1 月 25 日，在中共中央办公厅国务院办公厅印发《关于实施中华优秀传统文化传承发展工程的意见》中，从核心思想理念、中华传统美德和中华人文精神内涵进行凝练，内在包含着构建素质文化的价值基础，为国民素质文明程度不断提高提供价值取向；另一方面，中国共产党第十八次全国代表大会把加强社会主义核心价值体系建设提到了新的历史高度，中国共产党第十九次全国代表大会提出培育和践行社会主义核心价值观，认为社会主义核心价值观是当代中国精神的集中体现，凝结着全国人民共同的价值追求，强调要发挥社会主义核心价值观对国民教育的引领作用，2018 年 3 月 11 日，第十三届全国人民代表大会第一次会议通过的《中华人民共和国宪法修正案》修正中，把倡导社会主义核心价值观纳入《宪法》，以法律的形式使其成为全民的意志，成为新时代国民素质发展严格遵循的规范系统。其价值意义，始终坚持从现实的人出发，关照人的生存和发展境况，为不断满足新文明类型的国民素质发展价值新需求而创造，为国民素质结构要素不断适应中华民族伟大复兴的新要求提供价值依据和实践准则，并将实现人的全面发展和国民素质文明程度明显提高作为最终目标，既满足了国民素质发展的价值需求，又为构建素质文化满足价值需求赋予了新的实践意义。

由此而言，国民对社会主义核心价值观情感认同的条件，源于国民对其素质发展的价值需求和满足以社会主义核心价值观为主要内容的素质文化需求的关系。

（三）素质文化自信与自觉是国民素质发展价值满足后的高度认同心理

国民对素质文化的自信，是其对自身素质发展价值满足后的高度认同心理的显现，表现为对素质文化在自身素质发展作用的坚定信念和自觉意识。

国民对素质文化自信与培养高度的素质文化自觉具有内在统一性。国民对素质文化的自信，是其在素质文化上增进自我、扩展自我的表现，反映着积极接纳素质文化的心态，将会"认同了这种文化所包含的一系列价值观念，并在自己的行为选择中遵从这种文化制定的规范（模式）"①。国民对素质文化的自觉，是一种主体文化心态的自然呈现，反映着自觉发展素质的心态，将会积极外化为具有社会主义文明性质的素质结构，因而国民为提高自身素质的一切实践活动，源于国民在提高自身素质实践活动中对素质文化的自信，体现在国民对素质文化自觉及其实践结果之间的逻辑关系。

概而言之，国民素质发展价值关系是素质文化情感认同的条件，而国民对素质文化情感的认同，则取决于对素质文化自觉及其自信。在此基础上，素质文化情感认同主体才能转化为素质文化情感认同实体。

二、素质文化内化是情感认同实体转化为素质实体的平台

素质文化内化是国民对素质文化情感认同与外化实践之间的平台，是外在价值转向主体价值的中介。"就单个人来说，他的行动的一切动力，都一定要通过他的头脑，一定要转变为他的意志的动机，才能使他行动起来"②，外化为素质。

（一）素质文化内化的内涵及特征

关于内化内涵的界定，法国社会学派的代表人物杜尔克海姆（E·Durkheim）等从社会意识向个体意识转化或移置意义上认为，内化是指社会意识向个体意识的转化，或将社会意识形态的诸要素移置于个体意识之内。心理学界的法国著名心理学家皮埃尔·让内（Pierre Janet）从儿童发展的意义上认为，儿童在发展过程中不断地将成人的影响强加于他们的各种社会行

---

① 王宏维：《论人的文化素质与价值观念变换》，《哲学动态》1995 年第 1 期。
② 《马克思恩格斯选集》第 4 卷，人民出版社 1995 年版，第 251 页。

为方式并加以内化。瑞士著名心理学家让·皮阿杰（Jean Piaget）从儿童"运算"形成的内化意义上认为，"运算是内化了的可逆性的动作，当动作上升到运算时，人的思维水平就逐步深化了"①。苏联的维鲁列学派创始人、卓越心理学家维果茨基（Vygotsky）从心理发展的文化历史视域对内化内涵赋予了新的内容，他认为，人所特有的新的心理过程结构最初是在人的外部实践活动中形成的，之后才能转移到内部并形成心理过程结构，即个体将内化转变为认识、情感和意志的心理过程结构。"人的心理过程的变化与他的实践活动过程的变化是同样的"②，二者的变化过程是互促同进的。

由上看出，社会学从外在的社会意识向个体意识转化或移置指向界定内化内涵的。心理学则从心理发展内化、中介说认为，内化的过程是一个转化的过程，提出内化是思维发展的自然结果。实质上，内化是主体的外部实践获得的观念、知识通过情感认同、自觉接纳、吸收之意，它是行为主体在认知和情感上，对外在于主体的社会意识、知识的实施价值、意义的认识趋同，并指导自身发展的一种心理倾向。依此而言，所谓素质文化内化，是指国民在对素质文化情感认同后，积极移置于个体意识之内自觉吸收和消化，转向外化素质的中介环节。具有外部实践观念引入性、意识接纳性和中介性等主要特征。

（二）素质文化内化：素质文化情感认同与外化自觉的中介环节

心理是个人的精神和大脑领域对客观现实的反映，主要包括知、情、意三个方面，并在人的所有活动中相互作用，形成完整的心理结构。亦可"把心理理解为自我，它的状态、性质和活动"③。依此而言，人包括提高自身素质的一切活动都是由心理引起、调整和决定的，国民对素质文化价值认同后的内化活

---

① 吴福元：《让·皮阿杰》，《外国心理学》1982 第 2 期。
② 高文：《维果茨基心理发展理论与社会建构主义》，《外国教育资料》1999 年第 4 期。
③ ［法］让·保尔·萨特：《自我的超越性——一种现象学描述初探》，杜小真译，商务印书馆 2001 年版，第 88 页。

动，也是由心理引起、调整和决定的。

国民对素质文化内化的心理机能。主要表现在：一方面国民对素质文化吸纳的热情和欲望，由此以满足自己新型价值观的需要而产生的积极内化态度，把认知的素质文化内容通过体验后保留在头脑中；另一方面国民对素质文化内心体验中自觉的理解、独自的概括、认真的消化吸收，形成对素质文化特有的认知能力。实质上，这一特有的认知能力，既是国民对素质文化内化的必然结果，又是素质文化入心、入脑的集中体现。进而言之，在人的意识中素质文化内化"一旦形成，便从心理圈和社会圈中汲取营养"①，以促进其素质外化的形成。

由此可以看出，素质文化内化于心的特有意义，集中体现在国民素质发展实现目标的中介的特有功能。这是因为，人在心理中以认可素质文化的形式内化为一个相对稳定的认知结构，完成了内化环节，主要是由其心理的能动性所决定的。所以，素质文化在人自身心理的内化、积淀程度，都是通过心理的中介能动作用而得到反映的。

（三）素质文化内化转为外化实践提供价值基础

素质文化是以国民的观念形式存在的，是国民在与外部世界接触过程中作为主体的价值观形式表现出来的；未经内化的素质文化或偶发性的素质行为表现，就不能认可为国民素质。也就是说，在任何情况、任何场合下，学习素质文化只能是体现其价值的意义，不能认可为人的素质意义。因为，每位国民通过学习或熟记素质文化的相关内容是动态的、不稳定的。所以，只有经过主体的心理中介内化并外化实践素质文化后，才能转化为其素质结构的组成部分，而且能在人的一生中表现出相对稳定的特质才是素质。实质上，开展素质教育活动，尤其是在个体意义上，应该是人格升华的心理综合活动，"在任何情况

---

① [法]埃德加·莫兰：《方法：思想观念——生境、生命、习性与组织》，秦海鹰译，北京大学出版社 2002 年版，第 131 页。

下，作为心理存在的活动都代表一种超越的存在和自为与世界之间关系的客观面貌"①。

由此可见，国民素质发展具有相对稳定性的特征，是由心理引起进而内化所体现的，反映着人特有的观念内化意识性，才使其具有了自我素质发展的内化意义，外化其素质实现的中介意义。

三、素质文化外化是素质文化转化为素质实体的最后环节

一定历史时期的国民素质发展水平，是一定历史时期的国民改造自然、改造社会、改造自我实践对象化的水平。在这个对象化的过程中，外化出国民素质新的文明内涵，为国民素质新的文明程度提高提供新的观念，使人的本质在实践过程中得以确证，更加体现了中华民族为了精神的追求和自由而文明地自觉发展。

（一）素质文化外化的内涵及特征

学界对外化内涵从不同的视域进行界定。本体论研究意义上认为，外化使主体从自在存在转化为自为存在，从可能存在转化为现实存在。这个过程也是自由将自身实现出来的过程。从认识论研究意义上看，外化就是对象化，是精神为自身创造一个他者，即将自身变成对象，作为自身的他在，是一个精神的自我展开过程。而逻辑学研究意义上则认为，外化是概念将自身展开于自身之外。由上述对外化内涵理解的构架或视野来看，从发展实现意义上，表现出主体自身存在的转化性特征；从对象化意义上，强调精神为自身创造一个他者；从概念意义上，将自身内部向外展开。其共性点都强调外化是主体由内向外的转化或自我展开的过程。

---

① ［法］让·保尔·萨特：《自我的超越性——一种现象学描述初探》，杜小真译，商务印书馆2001年版，第89页。

依据上述对外化内涵的界定，根据国民素质发展实现的属性，我们认为，所谓素质文化外化，是指国民将获得的素质文化内化后转入外部实践的外显环节，是素质文化内化实体通过实践外化实现素质实体存在的结果。具有转化性与实践展开性等特征。

（二）素质文化内化与外化相统一是国民素质生成的内在要求

国民素质的生成是以主体获得的素质文化内化为基础，自觉转向外化使其实现的。具体来说，一方面，国民获得的素质文化，经过内化并形成自身意识，才能为外化素质提供价值依据；另一方面，培育素质文化是社会化的外部作用，个体外化则是培育素质文化得以实现的内在因素，"'全面发展的个人'为文化发展的旨归，为存在形态的真实的落脚点"[①]；再一方面，个体人素质的发展是一种多因素交织、多维度互动的复杂现象。在主体对素质文化内化的过程中，既受自身的价值取向作用，又受心理倾向、心理机能的影响或制约；在主体对素质文化外化实现的过程中，既受自身的实践意义认定、外化自觉水平的作用，又受自我发展能力的影响或制约。据此而言，个体人素质文明程度明显提高目标的实现，受到所有影响因素的约束或制约，或会产生其对素质文化认同弱化而内化不足问题，或会产生素质文化内化而外化缺失等现象。正因为如此，我们强调素质文化内化与外化相统一才具有了特有的价值意义。

（三）素质文化外化是转化为素质实体的最后环节

从外化对象意义上说，外化是主体在客体上表现出的自我的本质，来自对象化了的客体的反作用。从现实意义上说，中国特色社会主义素质文化的生成，就是改革开放以来的社会主义文化改革创新的成果之一，实现人的文化创新实践对象化。在这个对象化过程中，外化出"富强、民主、文明、和谐"的国家层面核心价值观，"自由、平等、公正、法治"的社会层面核心价值观，"爱

[①] 操奇：《马克思"个人全面发展"说新解》，《学术论坛》2014年第2期。

国、敬业、诚信、友善"的个人层面核心价值观，所形成的社会主义核心价值观的本质在实践过程中得以确证，体现着社会主义核心价值观本体——促进人的全面发展及其素质提高的根本要求，反映着中国特色社会主义素质文化的价值指向。

在国民对素质文化外化的实践中，其时间结构，亦即与内化的衔接、向外展开的速度，尤其是方向，构成其自身展开于自身之外化的实践意义。一方面，是素质文化内化与外化的衔接、外展于自觉这一实践环节；另一方面，是素质文化外化的方向，在当今高度复杂的社会背景下，西方意识形态、文化思潮和国内非马克思主义意识形态、多元文化的价值取向，消极影响着国民践行中国特色社会主义素质文化的方向。为此，在中国特色社会主义素质文化的建构中，始终坚持社会主义文化的前进方向，突出思想道德素质文化建设这一主线，把培养国民高度的文化自觉、文化自信与提高国民素质结合起来，以保证培育和践行社会主义核心价值观，推进国民素质不断提高。

第三节　中华优秀传统文化创造性转化、创新性发展与国民素质文化建构

中华传统文化是文明演化而积累的一种反映中华民族特质的文化，是以儒家文化为内核，与道教文化、佛教文化同时并存的文化形态。中华传统文化是中华民族发展史创造的生存式样系统，内含着国民素质发展的价值取向、结构要素、发展路径与方法的素质文化思想。

一、中华优秀传统文化对现时代国民素质发展的意义

中华优秀传统文化对现时代国民素质发展的意义，在于它对现时代国民素质

发展的方向提供了价值依据。而现今时代国民素质发展的需要，既是弘扬中华优秀传统文化价值确立的前提，又是国民素质文化发展创新的基础。因此，国民素质与中华优秀传统文化就具有了需求与发展创新的关系。一方面，"当代人的素质高低决定着传统的优秀的民族文化再现的水平"①，其价值对国民素质发展有着其他文化无可替代的作用；另一方面，中华优秀传统文化之所以仍显示出强大的生命力，得力于国民文化素养的不断提高，表现出国民对弘扬中华优秀传统文化的情感认同与自信，反映出中华优秀传统文化对国民素质发展的价值力。

现时代，培育和践行社会主义核心价值观与继承中华优秀传统价值观具有内在统一性，集中体现在推进国民素质文明程度不断提高的目的一致性，反映着国民素质文化的价值取向。国民素质文化是建立在现实人素质基础之上的，国民素质的实际发展方式存在于国民素质文化的规定之中。在国民素质发展实现与国民素质文化实践的互动中，国民首先认同了国民素质文化所包含的一系列价值观念和伦理道德行为规范，才能在自己的行为选择中自觉遵从，由素质观念实体外化为素质实体。

二、中华优秀传统文化为现时代国民素质发展提供丰厚滋养

"中华民族创造了源远流长的中华文化"②，所形成的中华优秀传统文化资源，是中华民族传承下来的价值理念、道德规范和行为准则，是国民素质发展的持续价值力，对于提高国民素质有着丰厚的滋养功效。

中华优秀传统文化是我们民族的"根"和"魂"。从国民素质发展史来看，任何历史时期的国民素质观念形成和发展特征都必然受到中华传统文化的熏染与滋养，国民素质发展的价值取向、结构要素及其实现路径与方法都深深地刻上中华传统文化的烙印。因此，现时代必须"用中华民族创造的一切精神财富

---

① 李喜所：《辩证审视中国传统思想的近代转型》，《光明日报》2007年11月30日。
② 《习近平谈治国理政》，外文出版社2014年版，第164页。

来以文化人、以文育人，决不可抛弃中华民族的优秀文化传统"①。进而言之，现时代的文化理想、文化价值、文化规范与文化发展方向都积淀着中华民族最深沉的精神追求，代表着中华民族文化特有的精神标识，反映着中华民族文化独特创造的奇迹，对促进国民素质发展有其历史文化价值。

中华民族传统文化在发展的历史进程中，通过不断诠释、深化与不断创造、积累，在对中外文化的扬弃中形成了中华优秀传统文化资源。而中华优秀传统文化资源，尽管与当下国际环境、国内社会情境和生活条件有诸多不同，但这些不同之处都是通过时空差异显现出来的，所积淀的文化精神及传承下来的价值理念、伦理道德规范和行为准则，对于匡正当下一些人的价值维度，培育守伦理、知礼节、讲孝道、懂知行、知荣辱、讲正气的良好风尚，推动国民素质发展有永不褪色的时代价值。

中华民族传统文化在发展实践中，其内涵不断升华与扩展，所形成的优秀传统素质文化，已成为现时代国民素质发展的文化基因，植根于国民的内心之中，潜移默化地作用着国民的思维方式和行为方式的形成。"真正把人们维系在一起的是他们的文化，即他们所共同具有的观念和准则"②，他们所共同具有的素质文化实践指向。这是因为，人是现实的人，人的素质实践是现实的实践。所以，人的素质实践"完全注重于现时，注重于它在现时中发现的、表现为客观性的实践功能"③，包含着客观的合目的性的实践价值。

三、国民素质文化建构

继承中华优秀传统文化是中华优秀传统文化发展的根基，发展中华优秀传统文化是继承中华优秀传统文化的前提，中华优秀传统文化在继承中发展，在

---

① 中共中央宣传部：《习近平总书记系列重要讲话读本》，人民出版社 2014 年版，第 100 页。

② ［美］露斯·本尼迪克特：《文化模式》，王炜等译，生活·读书·新知三联书店 1988 年版，第 18 页。

③ ［法］布迪厄：《实践感》，蒋梓骅译，译林出版社 2003 年版，第 143 页。

发展中创新，内在地包含着现时代国民素质文化的建构。

中华优秀传统文化在创造性转化和创新性发展的实践中，经过观念的取舍和提炼，形成国民素质文化核心观念或共识性观念。国民素质文化建构有着自己的价值取向，内在地包含着实践品格，表现出人们有意识地、有目的地对国民素质文化观念价值评价、择取、凝结、提升后转向外化实践意义之中。

在现时代，中华优秀传统文化"创造性转化，就是要按照时代特点和要求，对那些至今仍有借鉴价值的内涵和陈旧的表现形式加以改造，赋予其新的时代内涵和现代表达形式，激活其生命力"①。中华优秀传统文化在创造性转化的过程中，所形成的国民素质文化价值取向，如匹夫不可夺志的主体意识，士不可以不弘毅的人生理想，塞于天地之间的浩然之气，日日新、又日新的创新精神，俭约自守、中和泰和的生活理念，道法自然、天人合一的和谐思想，等等。所形成的国民素质文化"道德理念和规范，如天下兴亡、匹夫有责的担当意识，精忠报国、振兴中华的爱国情怀，崇德向善、见贤思齐的社会风尚，孝悌忠信、礼义廉耻的荣辱观念"②，仁以为己任的任务，等等。所形成的国民素质文化身心观，如"人之与身也，兼所爱。兼所爱，则兼所养也"，"心之官则思，思则得之，不思则不得也"（《孟子·告子上》），等等。所形成的国民素质文化实践方法，如求同存异、和而不同的处世方法，礼之用的文明方法，"吾非生而知之者，好古，敏以求之者也"（《论语·述而》）的实践得真知方法，"志、德、仁、艺"的个人修养全面方法，等等，必然对现时代国民素质发展起到引领作用。

在现时代，中华优秀传统文化"创新性发展，就是要按照时代的新进步新进展，对中华优秀传统文化的内涵加以补充、拓宽、完善，增强其影响力和感召力"③。中华优秀传统文化在创新性发展的实践中，形成了国民素质文化价值

---

① 中共中央宣传部：《习近平总书记系列重要讲话读本》，学习出版社、人民出版社2014年版，第101页。

② 中共中央办公厅　国务院办公厅印发：《关于实施中华优秀传统文化传承发展工程的意见》，2017年1月25日。

③ 中共中央宣传部：《习近平总书记系列重要讲话读本》，人民出版社2014年版，第101页。

系统，毛泽东根据国民素质与社会主义革命和建设不相适应的矛盾，提出国民又红又专，德、智、体全面发展；邓小平根据国民素质与改革开放不相适应的矛盾，提出"四有"新人素质观，加强社会主义精神文明建设；江泽民根据国民素质与社会主义市场经济、全面建设小康社会不相适应的矛盾，构建与全面建设小康社会相适应的全民族思想道德素质、科学文化素质和健康素质结构体系，强调教育必须以提高国民素质为根本宗旨，提出加强中国特色社会主义文化建设；胡锦涛根据国民素质与构建社会主义和谐社会不相适应的矛盾，提出建设社会主义核心价值体系，切实把社会主义核心价值体系融入国民教育和精神文明建设全过程，转化为人民的自觉追求，建设和谐文化，注重人文关怀和心理疏导，推动社会主义文化大发展大繁荣。习近平根据新时代对国民素质文明程度不断提高的新要求，提出培养担当民族复兴大任的时代新人，从富强、民主、文明、和谐的国家层面，自由、平等、公正、法治的社会层面，爱国、敬业、诚信、友善的个人层面的内在统一性中，培育和践行社会主义核心价值观，从个人层面而言，思想道德素质内含着国民对自己祖国的情感认同、对民族和文化的归属感和尊严感，体现着个体对祖国的依存关系（爱国）；内含着国民的立业意识、从业态度和职业理想、职业信念、职业情感、职业道德，体现着国民对自己所从事的职业及学习负责的精神（敬业）；内含着国民为人处世的信守承诺态度，体现着国民个体间交往讲求信用和真诚相待的关系（诚信）；内含着国民处理人际关系的基本准则，体现着人与人之间亲近和睦的关系（友善），由此标志着新时代中国特色社会主义新文明类型的国民思想道德素质内涵的系统化，作用影响着国民对素质知识、观念学习的深度、广度和践行能力的发挥，规定着国民的价值评判标准与道德选择向度，必将对于其他素质的发展起到积极的引领作用，从而形成国民素质全面发展的新形态。

　　社会主义核心价值观实践的价值创造和践行意义，意味着对原有的国民思想道德观念不适应性进行调整和新的价值选择，集中体现在践行社会主义核心价值观与弘扬中华优秀传统文化精神追求的一致性，社会主义核心价值观体现了社会主义本质要求，继承了中华优秀传统文化，体现了时代精神，意味着对国民素质发展文明内涵的提升，集中体现在践行社会主义核心价值观与提高国民素质文明价值观实现方式的一致性上。

概而言之，新型社会主义国民素质文化的生成与建构，意味着一种新的文化范式的产生，它既是对中华优秀传统文化核心思想理念、中华传统美德和中华人文精神继承与创新，又是现时代的文化要素、文化特质和文化精神的凝结和提升，也是对自身原有的文化传承、发展和阐扬，还是文化在推动全民族文明素质提高中的作用亟待加强价值诉求的必然要求。

参考文献

[1] 单培勇等:《中国国民素质史论纲》,东南大学出版社 2009 年版。

[2] 单培勇:《中国国民素质学论纲》,当代中国出版社 2002 年版。

[3] 单培勇:《国民素质发展规律研究——国民素质学新论》,人民出版社 2010 年版。

[4] 何炳棣:《明初以降人口及其相关问题:1368—1953》,葛剑雄译,生活·读书·新知三联书店 2000 年版。

[5] 陈平:《陈平集——封闭、冲击、演化》,黑龙江教育出版社 1988 年版。

[6] 萧放:《中国民俗史明清卷》,人民出版社 2014 年版。

[7] 陈宝良:《明代社会生活史》,中国社会科学出版社 2004 年版。

[8] 马振铎等:《儒家文明》,中国社会科学出版社 1999 年版。

[9] 薛凤旋:《中国城市及其文明的演变》,世界图书北京出版公司 2015 年版。

[10] 葛剑雄:《中国人口史》,复旦大学出版社 2000 年版。

[11] 路遇、腾泽之:《中国人口通史》,山东人民出版社 2000 年版。

[12] 冯天瑜、何晓明、周积明:《中华文化史》,上海人民出版社 2010 年版。

[13] 史仲文、胡晓林:《中国全史百卷本》,人民出版社 1994 年版。

[14] 萧公权:《中国政治思想史》,新星出版社 2005 年版。

[15] 路遇、腾泽之:《中国人口通史》上、下册,山东人民出版社 2000 年版。

责任编辑：王世勇　李怡然

封面设计：汪　莹

图书在版编目（CIP）数据

赓续·转化：唐代至近代国民素质与素质文化演进／单培勇　著 . —北京：
人民出版社，2020.2

ISBN 978－7－01－022135－9

I.①赓…　II.①单…　III.①国民教育－素质教育－研究－中国－
　唐代－近代　IV.① G522.3

中国版本图书馆 CIP 数据核字（2020）第 086227 号

赓续·转化：唐代至近代国民素质与素质文化演进

GENGXU ZHUANHUA: TANGDAI ZHI JINDAI GUOMIN SUZHI YU SUZHI WENHUA YANJIN

单培勇　著

人民出版社 出版发行
（100706　北京市东城区隆福寺街 99 号）

北京汇林印务有限公司印刷　新华书店经销

2020 年 2 月第 1 版　2020 年 2 月北京第 1 次印刷
开本：710 毫米 ×1000 毫米 1/16　印张：18.5
字数：260 千字

ISBN 978－7－01－022135－9　定价：59.00 元

邮购地址 100706　北京市东城区隆福寺街 99 号
人民东方图书销售中心　电话（010）65250042　65289539